HISTOIRE

DE

L'IMPRIMERIE ROYALE

DU LOUVRE.

HISTOIRE

DE

L'IMPRIMERIE ROYALE

DU LOUVRE,

PAR AUGUSTE BERNARD.

PARIS.

IMPRIMÉ PAR ORDRE DE S. M. L'EMPEREUR,

A L'IMPRIMERIE IMPÉRIALE.

—

M DCCC LXVII.

AVANT-PROPOS.

Il y a quelques années, je formai le projet de recueillir des matériaux pour une histoire de l'Imprimerie royale, dans laquelle j'étais alors employé comme correcteur. Je me mis au travail avec toute l'ardeur dont je suis capable ; mais au bout de peu de temps je m'aperçus que je faisais fausse route en me renfermant dans le cercle étroit des faits historiques ; car, pour un établissement de ce genre, ils ne devaient pas être assez abondants pour former la matière d'un livre. Il me parut alors que la véritable histoire de l'Imprimerie royale c'était la liste des ouvrages qu'elle a publiés, et qui ont enrichi toutes les branches des connaissances humaines. Je résolus donc de rédiger le catalogue des livres imprimés dans cet établissement depuis son origine. Je ne me rebutai pas en présence des difficultés que devait rencontrer un semblable travail ; mais, comme il devait être long, je me munis de patience, et, suivant mon usage, je me mis à la besogne sans me préoccuper du temps qu'il me faudrait pour atteindre mon but.

Pendant que j'étais occupé à ce rude labeur, il surgit un événement qui faillit anéantir l'établissement même objet de mes recherches. Deux mois après la révolution de février, il fut question de supprimer l'Imprimerie royale, devenue *nationale*. Je crus devoir pour un instant faire trêve à mes études rétrospectives, et venir défendre à ma manière un établissement que les hommes les plus compétents ont soutenu depuis bientôt un siècle. Mettant de côté tout amour-propre d'auteur, je rédigeai rapidement, et je publiai avec une hâte excessive, dont se ressent malheureusement mon travail, une *Notice historique sur l'Imprimerie nationale* [1].

Ce petit volume, d'un prix fort bas, était destiné, dans ma pensée, à populariser l'établissement en le faisant connaître. Il parut au commencement du mois de mai 1848, avec une dédicace à Béranger, l'ex-apprenti typographe de Péronne.

Béranger m'adressa à cette occasion une lettre bienveillante et spirituelle, qu'on me pardonnera de reproduire ici. Faisant allusion au titre d'*Imprimerie du Gouvernement*, que j'avais proposé, dans mon petit livre, de donner à l'Imprimerie ci-devant *royale*, comme plus rationnel et moins sujet aux changements que celui d'*Imprimerie nationale* [2], il m'écrivait :

Mon cher monsieur, je vous dois des remercîments pour le fruit et le plaisir que j'ai retirés de la lecture de votre petit volume, sans compter que vous m'y donnez une place qui m'associe presque à la

---

[1] In-32 de deux feuilles d'impression (128 pages), Paris, imprimerie Dondey-Dupré, 1848; avec une gravure représentant la statue de Gutenberg par David (d'Angers).

[2] En effet, depuis 70 ans cette imprimerie a changé au moins seize fois de nom. Voici une nomenclature, probablement incomplète, de ses différentes dénominations : imprimerie royale (1640-1790), — du Louvre (1791), — nationale exécutive du Louvre (1792), — nationale du Louvre (1793), — nationale (1794), — de la République (1795-1804), — impériale (1804-1814), — royale (1814), — impériale (1815), — royale (1815-1830), — du Gouvernement (1830), — royale (1830-1848), — du Gouvernement (1848), — nationale (1848-1852), — impériale (1852). Je ferai remarquer que dans toutes les crises politiques elle reprend pour un jour au moins son véritable nom d'*Imprimerie du Gouvernement*.

AVANT-PROPOS.

gloire du grand établissement dont vous faites ressortir les avantages. Sous ce dernier rapport, votre travail peut être très-utile à l'*Imprimerie du Gouvernement;* il ne pouvait venir plus à propos, quand ce ne serait que pour lui faire donner le titre qui lui convient le mieux. Mais votre livre peut davantage, car il fera comprendre à ceux qui nous gouvernent de quel prix est la conservation de ce bel établissement. Les ouvriers eux-mêmes devraient vous lire. Je ne doute pas qu'ils n'y trouvassent des raisons, nouvelles pour beaucoup d'entre eux, de lui porter un vif intérêt.

Je souhaite, mon cher monsieur, que tout le personnel dont vous faites partie sente le service que vous venez de rendre à cette première imprimerie du monde, et que la France elle-même apprenne à connaître enfin le trésor qu'elle possède. En faisant œuvre d'érudit et de savant, vous avez fait œuvre de bon citoyen, ce qui est dans vos habitudes.

A vous de cœur. BÉRANGER.

Passy, 22 mai 1848.

Après la publication de ma brochure, je me remis au travail avec plus d'ardeur que jamais. La lettre de Béranger me porta bonheur. Je fis coup sur coup plusieurs découvertes précieuses pour moi. Aujourd'hui je crois pouvoir livrer au public la première partie de mon travail, celle qui est relative à l'Imprimerie du Louvre, qui forme un ensemble complet, et je le fais sans hésiter, non parce que je crois avoir tout relevé (quoi que je fasse, il y aura toujours des omissions, ce livre étant de ceux qui ne sont jamais finis), mais parce que j'espère être arrivé à un résultat satisfaisant, et qu'il ne faut pas ici chercher la perfection. Au reste, je préviens le lecteur que je n'ai pas même enregistré tout ce que j'ai vu ou tout ce que j'aurais pu mentionner. Ainsi l'Imprimerie du Louvre a publié une foule d'actes et de documents administratifs et législatifs qu'il serait impossible de cataloguer ici, car leur simple nomenclature remplirait plusieurs volumes.

Voici les principales sources auxquelles j'ai puisé pour la rédaction de ce travail :

1° *Catalogue chronologique des livres imprimés au Louvre depuis l'établissement de cette imprimerie en 1640.* Tel est le titre ou plutôt le faux titre d'une brochure in-8° que le père Adry a vue et copiée dans un petit volume in-12 que possède aujourd'hui la Bibliothèque impériale, et qui fut acheté en 1818, par ordre du directeur de cet établissement, M. Van Praet, à la vente des manuscrits du père Adry, où il figurait sous le n° 43. Il y avait une autre copie grand in-8°, renfermant des additions et rectifications, et qui fut également achetée par la Bibliothèque alors royale, mais qu'on n'a pu me montrer.

Adry a écrit sur l'un des feuillets du manuscrit que nous possédons, et qui est la copie du *Catalogue chronologique :* « Il y a beaucoup de fautes d'impression, etc. des doubles emplois, à ce qu'il paraît, des omissions, etc. » Il avait le droit de parler ainsi de ce livre, car il a ajouté dans son manuscrit beaucoup d'articles omis dans le volume imprimé, et en a corrigé plusieurs autres.

Voici, au reste, la description matérielle qu'il a donnée de cet ouvrage : Les titres courants portent d'un côté (folios pairs) : IMPRESSIONS, et de l'autre (folios impairs) : DU LOUVRE EN (ici l'année suivant la page). La nomenclature se compose d'abord de 615 articles rangés dans un ordre chronologique, et à la page 113 commencent les OMISSIONS, qui prolongent la série jusqu'au n° 678. Ce chiffre n'indique pas celui des ouvrages, mais celui des

AVANT-PROPOS.

diverses dates auxquelles les différents volumes imprimés au Louvre ont été publiés. Ainsi il y a des ouvrages en 2, 3, 4, 5 volumes, qui fournissent 2, 3, 4, 5 numéros à la nomenclature, parce que ces volumes ont été publiés dans des années différentes.

La page 126, qui est la dernière du *Catalogue chronologique*, porte au titre courant : IMPRESSIONS DU LOUVRE, ETC. et au-dessous 17.. (l'année 1792 est la dernière citée). A la page suivante, qui est sans folio, mais qui est la 127e, on lit un faux titre ainsi conçu : « Catalogue systématique des livres imprimés au Louvre depuis l'établissement de cette imprimerie en 1640. » Et derrière, une page blanche.

Ensuite devait venir le résumé systématique du catalogue précédent; mais cette seconde partie du livre n'a probablement pas été achevée. Le livre lui-même n'a pas de grand titre, de sorte qu'on ne saurait pas en quelle année il a été imprimé, si l'on ne pouvait fixer la date de l'impression d'après celle où finit la nomenclature; cette année est celle de 1793, en laquelle l'auteur de ce catalogue mourut; car cet auteur, dont le père Adry ne dit pas un mot, est A. M. Lottin, qui avait publié en 1789 le *Catalogue des libraires et des libraires-imprimeurs de Paris* (2 volumes petit in-8°), et qui mourut le 6 juin 1794. Son dernier livre fut comme le testament de l'Imprimerie du Louvre, et, comme un testament, resta fermé au public. J'ignore le motif qui empêcha la famille de Lottin, également dans la librairie et l'imprimerie [1], de publier ce dernier livre. Les circonstances dans lesquelles on se trouvait

---

[1] Le livre s'imprimait sans doute chez Jean-Roch Lottin, de Saint-Germain, imprimeur du *Catalogue des Libraires*, etc. et parent de l'auteur.

alors y furent sans doute pour beaucoup, et les feuilles tirées disparurent, si bien qu'on n'en connaît pas un seul exemplaire aujourd'hui.

2° *Catalogue des livres imprimés à l'Imprimerie royale.* Tel est le titre d'un volume manuscrit que possède la Bibliothèque impériale. Ce catalogue, rédigé dans l'ordre systématique, forme un gros volume in-folio, et est écrit dans des cadres imprimés. Il a été rédigé par Jacques Anisson, le dernier directeur de l'Imprimerie du Louvre, qui avait formé une collection des impressions de cet établissement. Malheureusement cette collection était beaucoup moins importante qu'elle ne le semble à en juger par la grosseur du volume en question ; on y a mentionné une foule d'ouvrages qui ne sortent pas de l'Imprimerie royale, et on y a enregistré un nombre immense de simples documents administratifs sans intérêt pour le public lettré. De plus, pour les livres réellement importants, les indications sont si sommaires, qu'il est presque impossible de s'en servir. Ce volume a été probablement acheté par la Bibliothèque à la vente des livres d'Anisson en 1795.

3° *Catalogue de la bibliothèque d'Anisson Duperon*, in-8°, publié en 1795 par le libraire Debure. Anisson, qui était bibliophile, avait mis dans sa bibliothèque une foule de curiosités typographiques, recommandables soit au point de vue de la qualité, soit au point de vue de la rareté. De plus, en sa qualité de directeur de l'Imprimerie du Louvre, il avait formé, avec les feuilles des ouvrages inachevés, des volumes très-précieux, et souvent uniques. Tel est, par exemple, le tome II de la Jurisprudence du *Catalogue des livres imprimés de la Bibliothèque royale*. L'exemplaire d'Anisson, acquis par l'auteur du *Manuel du libraire*, est plus complet que ceux mêmes que possède la Bibliothèque impériale. Ce serait parfait si Anisson s'en était tenu là ; mais, poussant jusqu'à la puérilité l'amour des livres uniques, il avait formé une foule d'exemplaires particuliers, en y ajoutant ceci ou cela, un dessin, un portrait, une épreuve ; de sorte qu'on trouvait chez lui des ouvrages en trois ou quatre *états* différents. Ce ne sont plus des livres de lecture ou de travail, mais de simples curiosités.

Un fait étrange, c'est qu'on ne retrouve dans ce catalogue imprimé que fort peu des livres indiqués dans le précédent. Que sont devenus ceux qui ont été omis dans celui-ci ? Je ne saurais le dire. Ils ne sont certainement pas restés à l'Imprimerie royale ; car on les retrouverait, en majorité au moins, dans le *Catalogue de la Bibliothèque de l'Imprimerie nationale*, dont nous parlons plus bas.

4° *Catalogue des livres qui se trouvent au dépôt de l'Imprimerie impériale*, in-4°, 1811. Ce catalogue de vente, que j'ai vu aux Archives de l'empire, ne renferme pas moins de 258 articles [1].

5° [*Catalogue de la*] *Bibliothèque de l'Imprimerie nationale*, in-4° de 138 pages. (Paris, Imprimerie nationale, 1849.) Ce catalogue, d'une rédaction fort peu bibliographique, doit son origine à une circonstance tout à fait étrangère à la science, ce qui excuse jusqu'à un certain point l'imperfection de sa rédaction. En 1849, on imprima à l'Imprimerie nationale, dans le format in-folio, avec colonnes

---

[1] Il y a un autre catalogue du même genre publié en 1812 (in-8°, Debure, libraire) ; mais il ne renferme que 136 articles ; les autres avaient sans doute été vendus l'année précédente.

pour les chiffres, l'inventaire de la Bibliothèque de l'établissement, pour figurer dans l'inventaire général de l'Imprimerie nationale. Le bibliothécaire eut la bonne idée d'utiliser la composition de cet inventaire, en imprimant le texte à part dans le format in-4°.

L'ouvrage, en tête duquel on n'a pas même mis un avis au lecteur, est divisé en deux parties. La première comprend les ouvrages imprimés avec les types grecs de François Ier dans divers établissements et les ouvrages en toutes langues exécutés à l'Imprimerie du Gouvernement depuis 1640. Elle est fort incomplète; on n'y mentionne aucun des ouvrages d'administration publiés par cette dernière imprimerie depuis son origine, mais surtout depuis la révolution de 1789, tels que budgets, statistiques, etc. La deuxième partie de ce catalogue comprend les ouvrages imprimés hors de l'établissement, mais acquis par lui pour les besoins du service.

Il y a à la fin du volume une table par ordre alphabétique des titres. Il n'y a ni table des matières, ni table des auteurs. Du reste, le nom de ceux-ci figure fort rarement dans le catalogue lui-même, rédigé par ordre chronologique.

6° Je me suis beaucoup aidé encore d'un volume très-précieux qui est à la Bibliothèque impériale. C'est un inventaire officiel de tout ce qui se trouvait à l'Imprimerie royale en 1691, lorsque Jean Anisson, célèbre imprimeur de Lyon, en fut nommé directeur. Outre quelques copies d'actes relatifs à l'Imprimerie royale, on trouve dans ce grand volume in-folio l'épreuve de toutes les gravures sur cuivre que possédait l'établissement en 1691. Ce document est d'autant plus intéressant que beaucoup des pièces qui y figurent se sont égarées depuis[1].

7° Par ordonnance royale du 28 décembre 1814, Louis XVIII, voulant revenir aux anciens usages de la monarchie, supprima la régie, aux frais de l'État, de l'Imprimerie ci-devant impériale, et décida que l'administration de l'Imprimerie royale serait « rétablie sous la conduite et au compte d'un directeur garde des poinçons, matrices, etc. » Le 31 du même mois, M. Anisson Duperon, fils du dernier directeur de l'Imprimerie royale du Louvre, fut nommé au nouvel emploi. Ce fonctionnaire fit alors imprimer dans l'établissement confié à son administration, et pour l'usage des chefs de service, un *Recueil de lois et actes relatifs à la publication des lois et à l'administration de l'Imprimerie royale*, in-4°. Ce recueil, dont le premier acte est daté de 1642, et qui se terminait primitivement par l'ordonnance royale du 28 décembre 1814, était achevé, mais non livré, lorsque Napoléon remonta sur le trône, et remit l'Imprimerie, redevenue impériale, sous le régime de la régie par l'État, comme auparavant. Mais les choses n'étaient pas encore rétablies que la Restauration vint rendre à Anisson Duperon l'administration de l'Imprimerie redevenue royale. Ce dernier fit alors continuer son Recueil, qui se terminait à la page 240 par le mot FIN, et le poussa jusqu'à la page 265, en y ajoutant un certain nombre d'actes relatifs tant à lui qu'à l'Imprimerie royale

---

[1] Ce recueil est au département des imprimés; il y en a un autre au département des estampes, qui porte le titre de *Recueil de frontispices de l'Imprimerie royale*; il est moins complet, attendu qu'il provient de Marolles, mort en 1681; mais il est disposé d'une manière plus artistique, et renferme plusieurs dessins originaux du Poussin et autres.

même; le dernier est une ordonnance du roi du 3 juillet 1816. On mit en tête une table chronologique des pièces, composée de 12 pages, et un titre, sur lequel on lit : « On n'a tiré que cinq exemplaires de ce Recueil. » Je n'en connais plus que deux exemplaires, dont un est en ma possession. J'y ai puisé beaucoup de renseignements. Il n'a été publié qu'en 1816, comme on a pu le voir plus haut, quoique on lise sur le titre : « A Paris, de l'Imprimerie royale, 1815. »

Tels sont les documents qui m'ont fourni les éléments du catalogue que je livre aujourd'hui au public. Le plus difficile pour moi n'a pas été de trouver l'indication de livres imprimés au Louvre, mais d'en éliminer au contraire une foule d'attribution fausse ou dont l'existence n'est fondée que sur une erreur de chiffre. Peut-être même n'ai-je pas été assez rigoureux à cet égard; mais, pour agir avec rigueur, il aurait fallu voir tous les livres cités, et la chose, on le comprend, n'était pas facile. Ici je suis dans le cas de tous les bibliographes, qui sont bien obligés de citer des ouvrages sur la foi d'autrui. Seulement je puis certifier que j'ai fait tout mon possible pour arriver à l'exactitude. Tous les bibliothécaires de Paris, que j'ai mis à contribution, pourraient au besoin me servir de garants.

Ce livre se compose de deux parties bien distinctes :

La première, divisée en trois sections, renferme un précis historique de l'Imprimerie du Louvre;

La seconde contient le catalogue chronologique des éditions publiées par cette imprimerie.

ADDITIONS ET RECTIFICATIONS.

Durant le cours de l'impression de ce volume, j'ai eu communication de deux nouvelles sources d'informations relatives à son objet :

1° Une correspondance de Jean Anisson avec Ducange, pendant l'impression du Glossaire de la basse grécité, de ce dernier (de 1682 à 1688), correspondance dont je dois la connaissance à M. Ambroise Firmin Didot, et qui se trouve à la Bibliothèque impériale ;

2° Un dossier de lettres et de pièces adressées aux Anisson ou les concernant, dossier qui m'a été obligeamment confié par M. Gabriel Chavaray, expert en autographes.

J'ai tiré quelques nouvelles lumières de ces documents ; elles font l'objet de la plupart des notes suivantes.

P. 38, note 3. L'*Épître sur les progrès de l'imprimerie*, de Pierre Didot fils aîné, est de 1785 (in-8°), mais elle a été reproduite dans son *Essai de fables nouvelles*, 1786 (in-18).

P. 82, note 2. Le *point typographique* est de l'invention de Pierre Didot, comme on le voit dans l'*Épître sur les progrès de l'imprimerie* à lui dédiée par son fils aîné, et que nous mentionnons plus haut. Voyez également l'*Essai sur la typographie*, par M. Ambroise Firmin Didot, col. 845-846.

P. 89, note 1, ajoutez : «Quelques lettres adressées par M. de Saint-Florentin à Anisson, en 1757, nous apprennent qu'il fut fait alors pour une vingtaine de mille francs de constructions ou réparations à l'Imprimerie royale ; mais elles ne nous en apprennent pas l'objet.»

P. 89, après la dernière ligne des notes, ajoutez : «En outre, le roi payait des pensions à plusieurs employés ou à leurs veuves ou enfants. Ainsi, en 1738, nous voyons accorder 75 livres par quartier (soit 300 livres par an) à la veuve du sieur de la Barre, correcteur, pour l'aider à élever ses enfants. En 1749, le roi ordonne de continuer, dans le même but, à la veuve du sieur Collas les 200 livres de gratification annuelle qu'il recevait comme correcteur chargé spécialement de la lecture du *Catalogue de la Bibliothèque du roi*.

P. 93, avant-dernière ligne du texte, ajoutez : «L'Imprimerie royale avait aussi un fondeur particulier. En 1765, le roi accorde à la veuve et à l'enfant du sieur Boucher, qui avait eu cet emploi, 300 livres de pension par an.»

P. 94, note, ajoutez : «Il y avait déjà eu quelque chose d'analogue précédemment pour le ministère de la guerre seul ; car je lis dans une lettre

écrite à Anisson, le 4 avril 1768, par le duc de Choiseul : «Vous m'avez de-
«mandé, monsieur, de supprimer l'imprimerie que j'avois fait établir dans
«l'hôtel de la guerre pour la facilité du service de ce département. Je l'ai
«fait avec d'autant plus de plaisir (dès l'instant que vous m'avez offert de
«fournir tout ce dont on auroit besoin au même prix qu'il en auroit coûté
«au roy dans ce nouvel établissement), que j'étois d'ailleurs bien aise de
«vous conserver en particulier la prérogative dont vous jouissez depuis
«longtemps d'imprimer pour les bureaux. Comme vous êtes convenu de
«prendre la presse, les lettres et tous les attirails qui en sont la suite, à la
«charge d'en tenir compte au roy, je vous envoye l'état de la dépense......
«Quant à la presse en taille-douce, elle sera réunie à celle qui existoit dans
«le bureau des fortifications.»

P. 96, lignes 29 et dernière, lisez *Pierre-François*, ou mieux *François*
tout court. L'objection faite par François Didot est très-fondée. Il est certain
que la forme des caractères adoptée par l'Imprimerie royale fut assez généralement suivie, et cela s'explique précisément par l'importance qu'avait
alors cet établissement. J'ai vu naguère une *Vie privée du cardinal Dubois*, en
1 vol. in-8°, avec la rubrique *Londres, 1789*. Ce livre, exécuté certainement à
Paris, est imprimé avec un caractère portant à l'*l* le trait qui distingue ceux
de l'Imprimerie impériale. L'*Almanach impérial* est même encore aujourd'hui
exécuté avec un vieux cicéro semblable que possède l'imprimeur de ce livre.

P. 97, note 2, *Étienne-Alexandre-Jacques* ou mieux *Jacques* tout court.

P. 101, dernière ligne du compte, ajoutez : «Outre ces chiffres, nous
voyons qu'en 1775 le roi payait 2,000 livres au *survivant du directeur*, deux
pensions de 400 livres, et une de 300 à divers ouvriers.»

P. 114, ligne 25. Duboy-Laverne est sans doute le même individu que
nous voyons cité dans une lettre adressée à Anisson par le baron de Breteuil, le 6 août 1786, et portant que «le sieur Laverne est admis comme
correcteur, en remplacement du défunt Joubert, au traitement ordinaire de
300 livres.»

P. 145, ligne 13, lisez *Uranienbourg*.

P. 269, ligne 18, lisez *Sancti* au lieu de *Sancta*.

Nota. Il s'est glissé quelques inexactitudes dans l'orthographe des noms
propres, mais la *Table* les rectifie, en même temps qu'elle distingue les personnes portant le même nom de famille.

DIVISIONS DE L'OUVRAGE.

Précis historique... 1
   Ire section. — Les types grecs de François Ier............... 1
   IIe section. — Les caractères orientaux de Louis XIII........ 40
   IIIe section. — Fondation de l'Imprimerie royale du Louvre. —
   Les caractères romains de Louis XIV.................. 65
Catalogue chronologique... 121
   Supplément comprenant les ouvrages de dates incertaines, etc.. 257
Appendices.. 265
   I. Dépenses de l'Imprimerie royale de 1716 à 1736........ 267
   II. Extrait de l'inventaire de l'Imprimerie royale fait en 1691. 278
   III. Inventaire de l'Imprimerie royale en 1791............ 280
   IV. Liste des directeurs de l'Imprimerie royale du Louvre.... 288
Table générale.. 293

PRÉCIS HISTORIQUE.

PRÉCIS HISTORIQUE

DE

L'IMPRIMERIE ROYALE

DU LOUVRE.

PREMIÈRE SECTION.
LES TYPES GRECS DE FRANÇOIS Ier.

A peine monté sur le trône (le 1er janvier 1515), à l'âge de vingt et un ans, François Ier s'entoura de savants, auxquels il confia les plus honorables charges et dont il fit ses conseillers habituels. Grâce à l'imprimerie, dont la découverte était encore récente, les lettres jetaient alors un éclat tout nouveau sur l'Europe occidentale. De tous les côtés, les princes s'empressaient de favoriser cet art merveilleux, qui donnait à leur règne plus de gloire que les plus brillantes conquêtes. Quelques-uns, comme Pic de la Mirandole, abandonnèrent même leur couronne politique pour briguer celle de la science. François Ier, moins enthousiaste, essaya d'allier la gloire des armes à celle des lettres. Malheureusement, il faut l'avouer, ses entreprises militaires ne furent guère favorables à la France, et son titre de *Père des lettres* est le seul qui puisse aujourd'hui sauver son nom de l'oubli. Non-seulement il s'entoura des savants qui étaient en France, mais il en attira de l'étranger. C'est lui qui fit venir à Paris, en 1519, pour y enseigner l'hébreu et l'arabe, le fameux Augustin Giustiniani, qui avait publié en 1516, à Gênes, alors sous la domination française, un psautier polyglotte.

Parmi les autres savants qui illustrèrent le règne de François Ier, et auxquels ce prince accorda des faveurs particulières, il convient de mentionner Geofroy Tory, dont je fais connaître ailleurs les nombreux travaux[1]. Son principal ouvrage est le *Champ fleury*, «auquel est contenu l'art et science de la deue et vraye proportion des lettres attiques, qu'on dit autrement lettres antiques.» Ce livre fut exécuté par Gilles Gourmont, le premier imprimeur en grec de Paris. Il fut achevé le 28 avril 1529, et valut à son auteur le titre d'*imprimeur du roi*. Il était naturel de donner cet emploi à celui qui montrait une si parfaite entente des théories de l'art typographique.

Tory reçut sans doute le titre d'imprimeur du roi en 1530; mais nous ne le lui voyons prendre qu'en 1531, faute de monuments, et il ne le garda guère, car il mourut en 1533. Il eut pour successeur, en 1536, Olivier Mallard, qui fut remplacé lui-même en 1544 par Denis Janot, comme on l'apprend des lettres patentes données à cette occasion par le roi, et dont voici un extrait[2] :

«François, etc. savoir faisons que nous, ayant esté bien et deuement adverti de la grande dextérité et expérience que nostre cher et bien amé Denis Janot a en l'art d'imprimerie..... et mesmement en la langue françoise, et considérant que nous avons ja retenu et fait deux nos imprimeurs, l'un en la langue

---

[1] *Geofroy Tory*, 2ᵉ édit. in-8°, Paris, 1865.

[2] Voyez la copie de cette pièce dans l'ouvrage mentionné à la note précédente, p. 384.

grecque, et l'autre en la latine, et ne voulant moins faire d'honneur à la nostre... iceluy (Denis Janot)... avons retenu... nostre imprimeur en ladite langue françoise... »

Nous venons de voir que François Ier mentionnait en 1544 la création d'imprimeurs royaux pour le grec et le latin. Voici dans quelle circonstance cette création eut lieu.

En 1530, sur le conseil de Guillaume Budé et d'un proscrit grec que j'ai déjà eu occasion de nommer ailleurs, Janus Lascaris, attiré en France par Louis XII, François Ier fonda le Collége royal, qui fut l'origine du Collége de France. On l'appela alors le Collége des Trois-Langues, parce qu'il n'y eut d'abord que trois chaires, une pour l'hébreu, une pour le grec, et la troisième pour le latin. Cette dernière, dont le besoin ne se faisait pas aussi vivement sentir, grâce aux écoles de l'Université, ne fut même remplie qu'en 1534.

Mais ce n'était pas tout que d'avoir des chaires d'hébreu et de grec, il fallait des livres dans ces langues. Pour encourager ce genre d'impressions, qui était encore fort négligé, François Ier nomma deux nouveaux imprimeurs du roi : l'un pour l'hébreu et le latin, Robert Estienne; l'autre pour le grec, Conrad Néobar.

Nous n'avons pas l'acte qui conféra à Robert Estienne le titre d'imprimeur du roi; mais nous avons la preuve qu'il le possédait dès 1539. Maittaire prétend[1], je ne sais sur quel fondement,

---

[1] *Stephanorum historia*, p. 35. M. Renouard (*Ann. des Est.* 3ᵉ édit. p. 297) a suivi en cette occasion Maittaire, qui cite à tort et à travers des titres d'ouvrages, suivant sa méthode. Ainsi, pour cette date du 24 juin 1539, il renvoie au privilége du *Dictionariolum puerorum* de 1542 et à l'*initium* du volume de la grande Bible hébraïque qui renferme les petits prophètes. Or le premier ouvrage n'a point de privilége, et les petits prophètes n'ont point d'autre *initium* que ce qu'on lit sur le titre, où il n'y a point d'autre date que celle de l'*année* (1539). Toutefois je dois reconnaître que cette date du 24 juin 1539 est aussi indiquée pour la nomination de Robert Estienne dans un des registres de la chambre ou communauté des libraires

que Robert fut nommé le 24 juin de cette année. Je crois que sa nomination est antérieure, c'est-à-dire qu'elle remonte, comme celle de Néobar, à 1538, ou pour mieux dire au commencement de 1539. Nous lui voyons en effet prendre le titre d'imprimeur du roi (*typographus regius*) sur plusieurs ouvrages imprimés par lui cette année. J'en citerai particulièrement trois que j'ai vus[1] :

1° Un *alphabet*[2] hébraïque, formant 20 pages;

2° Un alphabet grec, formant 27 pages[3];

3° Le volume de la grande Bible hébraïque qui renferme les petits prophètes, et qui parut sous les auspices de François Ier, comme nous l'apprend l'imprimeur sur le titre même du livre : «Favore et auspiciis christianissimi Galliarum regis Francisci primi, qui in linguarum et studiosæ juventutis gratiam amplis stipendiis et professorum opera redimit, et labores compensat.»

De plus, je ferai remarquer que, dans un édit fort intéressant, touchant les imprimeurs de France, daté du 31 août 1539, le roi rappelle déjà qu'il a «naguieres créé et ordonné... pour procurer copiosité de livres utiles et nécessaires.... imprimeurs royaux en langue latine, grecque et hébraïque[4].» Le

---

(aujourd'hui à la Bibliothèque impériale); mais peut-être a-t-elle été empruntée au livre de Maittaire. Quoi qu'il en soit, il m'a été impossible de retrouver le texte de cet acte aux Archives.

[1] Les deux premiers, que M. Renouard n'avait jamais vus, se trouvent à la Bibliothèque impériale; le troisième se trouve partout.

[2] On appelait ainsi de petits livrets de quelques feuillets, où étaient réunis tous les éléments d'une langue. C'étaient en réalité de petites grammaires à l'usage des étudiants. Il en est qui ont plus de 50 pages d'impression.

[3] Ce second livret est ordinairement réuni au précédent, quoique portant un titre spécial. La pagination se suit, en effet, de 1 à 47 sur les deux opuscules. On lit à la 46° page : «Excudebat Rob. Stephanus Parisiis, anno M.D.XXXIX. xi kal. decembris.» Cette date répond au 21 novembre 1539.

[4] Crapelet, *Études pratiques*, p. 48. — M. Renouard (*Ann. des Est.* 3° édit.

rang que François Ier donne ici à la langue latine semble bien indiquer qu'elle ne fut pas la dernière pourvue d'un imprimeur.

Si nous n'avons pas le titre de Robert Estienne, nous sommes plus heureux en ce qui concerne Néobar, car nous possédons encore les lettres patentes qui le créèrent imprimeur du roi pour le grec; elles sont datées du 17 janvier 1538 (1539 nouveau style), et ont été publiées par lui-même dans le temps, et depuis réimprimées dans plusieurs ouvrages [1].

On y voit que Néobar devait recevoir annuellement 100 écus d'or dits *au soleil,* être exempt d'impôts et jouir des autres priviléges attribués au clergé et aux membres de l'Université de Paris. Défense y est faite à tout autre de réimprimer avant cinq ans les ouvrages édités par lui pour la première fois, et avant deux ans ceux réimprimés seulement par lui.

Le même jour le roi accorda à Conrad Néobar des lettres de naturalisation qui devaient, en cas de mort, soustraire son héritage au droit d'aubaine, au profit des siens. Par ce document, qui se trouve aux archives de l'Empire [2], on apprend que *Conrade Neobare* (sic), fils de Geoffroy, était natif du diocèse de Cologne, qu'il était «homme d'estude et faisant profession de bonnes lettres,» qu'il demeurait depuis longtemps à Paris, et

---

p. 296) dit que ce fut pour récompenser Robert de ses impressions hébraïques que François Ier le nomma imprimeur royal pour l'hébreu; mais c'est une erreur, car Robert prend le titre d'imprimeur du roi sur ces livres mêmes. Ils furent donc, non la cause, mais la conséquence de son titre, comme on le voit ici, et comme le prouve bien mieux encore la nomination de Néobar au titre d'imprimeur royal avant qu'il eût rien imprimé. La Caille (*Hist. de l'imp.* p. 110) dit en effet que Néobar fut reçu libraire juré en 1538, «et que le recteur (de l'Université), en le recevant, le congratula en des termes très-obligeants.»

[1] Voy. *Études pratiques,* par M. Crapelet, p. 88, et *Les Estienne,* etc. par Aug. Bernard, p. 11. On peut voir la traduction en français de cette pièce dans mon ouvrage intitulé *Geofroy Tory,* 2e édit. in-8°, 1865.

[2] JJ. registre 253, pièce 60.

qu'il avait un frère appelé Gilles, *cousturier,* résidant également dans cette ville.

Non content d'avoir nommé un imprimeur spécial pour le grec, le roi voulut encore avoir des caractères grecs particuliers, et il donna ordre d'en faire graver trois corps complets de la forme la plus gracieuse, empruntée aux plus beaux manuscrits qu'on pourrait trouver dans sa bibliothèque.

Tous ceux qui se sont occupés de ce sujet disent que ce fut Conrad Néobar qui fut chargé de cette mission. M. Crapelet[1] va même jusqu'à dire, après Maittaire, il est vrai, qu'un des caractères grecs du roi était gravé en 1540, et que Néobar s'en servit dans un petit volume qu'il imprima cette année, et dont voici le titre exact : *Aristotelis et Philonis de mundo.* Tout cela est entièrement dénué de fondement. Le livre *De mundo,* qui semble à lui seul avoir servi de base à cette opinion, n'est pas du tout imprimé avec les caractères connus sous le nom de *types royaux*[2]. C'est un petit in-8° divisé en deux parties. La première, qui renferme le grec, porte sur le titre, et au-dessous de la marque de Néobar, la souscription suivante : PARISIIS. PER CONRADVM NEOBAR. REGIVM TYPOGRAPHVM. M.D.LX[3]. Cette date, erronée par suite de la transposition de l'L (lisez M.D.XL), se rectifie d'elle-même par la date de la seconde partie du volume, qui renferme la traduction latine (par Guillaume Budé), et qui est datée de 1541; c'est-à-dire que ce livre, commencé par Néobar, a été achevé par sa veuve, Edme Tusan ou Toussaint,

---

[1] *Études pratiques,* p. 108.

[2] Il suffisait de le regarder pour s'en convaincre. Malheureusement M. Crapelet a trop souvent cru pouvoir parler de choses qu'il n'avait pas vues, sur la foi d'autres personnes qui n'avaient ni son aptitude ni ses connaissances particulières en typographie.

[3] M. Renouard (*Annales des Est.* 3ᵉ édit. p. 301) dit que ce livre est de «1540, sans nom d'imprimeur ni souscription aucune,» ce qui fait voir qu'il ne l'avait pas eu sous les yeux.

qui continua d'exercer l'imprimerie pendant un ou deux ans[1], puis céda son atelier à Jacques Bogard[2]. C'est ce qui explique pourquoi la seconde partie ne porte rien autre à la souscription que : Parisiis. M.D.XLI. Mais la marque de Néobar, qui s'y trouve, indique suffisamment l'origine du livre.

Ainsi s'évanouissent devant les faits positifs les détails erronés donnés par M. Crapelet sur l'origine des grecs du roi, « commencés, suivant lui, par Néobar, assisté des conseils d'un professeur royal de grec, qui était sans doute Jacques Tusan ou Toussaint, son beau-père[3]. »

Tout ce que l'on sait de Néobar, c'est qu'il mourut à la peine[4] dans les premiers mois de 1540, sa veuve ayant commencé à imprimer en son nom propre dès le mois d'avril[5].

Néobar mort, Robert Estienne hérita de son titre, c'est-à-dire que ce dernier réunit à la fois, en sa personne, les fonctions d'imprimeur pour le latin, le grec et l'hébreu. Quand eut lieu cette réunion de titres? Nous ne sommes guère mieux renseignés à cet égard qu'au sujet de la première nomination de Robert Estienne au titre d'imprimeur royal, car nous n'avons pas non plus

---

[1] C'est sans doute elle qui publia, en 1541, in-8°, en grec, OEconomicorum Aristotelis libri et Poetica Aristotelis (per Conr. Neobarium, regium typographum).

[2] Renouard, *Ann. des Est.* 3ᵉ édit. p. 300 et suiv.

[3] Crapelet, *Études pratiques*, p. 108.

[4] On voit par l'épitaphe poétique que lui a consacrée Henri (II) Estienne (Bibl. Mazarine, 16029, fol. 242) qu'il succomba à de violents maux de tête. Nous croyons devoir copier ici cette pièce intéressante, qui complète le peu qu'on sait sur Néobar.

Conradi Neobarii epitaphium.

Doctrina paucis, nulli probitate secundus,
    Conradus fato hic accelerante jacet.
Nanque typographiæ labor, hunc, labor improbus artis
    Incolumem Musis noluit esse diu :
Sed tandem, longo capitis comitante dolore,
    Illum, Musarum spem pariterque rapit.

[5] Renouard, *Ann. des Est.* 3ᵉ édit. p. 301.

l'acte qui lui conféra ses nouvelles attributions. Toutefois nous possédons deux pièces qui peuvent en tenir lieu. Ces pièces semblent prouver qu'il était déjà, de fait, imprimeur royal pour le grec au mois d'octobre 1541[1]. Elles prouvent du moins positivement que c'est lui qui fut chargé par François Ier de faire graver ses caractères grecs[2].

La première est un mandement de François Ier, du 1er octobre 1541, pour faire payer, par les mains de Robert Estienne, imprimeur du roi, à Claude Garamond, graveur et fondeur de caractères d'imprimerie, la somme de 225 livres tournois, à compte sur le prix des poinçons des grecs du roi. (Original en parchemin, à la bibliothèque du Louvre, manuscrit F. 145, fol. 136.)

La seconde est la quittance même de Robert Estienne, datée du 1er mai 1542. (Original en parchemin, en la possession de M. Eugène Dauriac, employé à la Bibliothèque impériale.)

On voit en outre par ces deux pièces que François Ier n'attendit pas que ses caractères grecs fussent gravés pour en payer les frais. En effet, ils ne furent achevés que longtemps après.

Le premier ouvrage imprimé avec les types grecs du roi fut une édition de l'Histoire ecclésiastique d'Eusèbe, achevée le 31 juin 1544[3], et à la suite de laquelle Robert Estienne a placé

---

[1] Je dis *de fait;* car il ne paraît pas qu'il en ait eu le titre avant 1542, puisque dans cette année encore il se qualifie seulement imprimeur du roi pour le latin et l'hébreu sur une édition de Fabius Quintilianus publiée par lui le IIII des nones (c'est-à-dire le 4 du mois) de mars.

[2] Voy. *Les Estienne,* etc. par Aug. Bernard, p. 15.

[3] M. Greswel (*A view of the early Parisian greek press,* t. I, p. 236) mentionne un *alphabet* grec de 1543; mais il est le seul qui parle de ce livret, et il n'indique pas où il l'a vu. Suivant lui, c'est un in-8° de 60 feuillets. Il ajoute : « After some remarks on the nature, divisions and mutations of the greek letters, exhibits a very copious table of the *litterarum nexus et compendiosa scribendi ratio,* adapted to the newly prepared *characteres regii.* Subjoined to the whole we find certain prayers, the Creed, and the Decalogue, *grœce,* and lastly *numerus Grœcorum.*»

un *monitum* où il énumère les efforts faits par François Ier pour le progrès des sciences et des lettres.

Ce livre, comme tous ceux qui furent publiés alors avec ces types grecs par les imprimeurs royaux, porte pour marque typographique sur le titre un basilic à tête de salamandre s'enroulant, ainsi qu'un rameau d'olivier[1], sur une pique[2], et pour devise ces mots grecs imités d'Homère[3] :

Βασιλῆΐ τ' ἀγαθῷ κρατερῷ τ' αἰχμητῇ.
Regique bono fortique bellatori.

On lit au bas : «Lutetiæ Parisiorum, ex officina Roberti Stephani, typographi regii, *regis typis.*» Cette mention des *types royaux* figure également sur tous les livres imprimés avec les mêmes caractères vers cette époque.

On a remarqué que, à partir de l'impression de l'Eusèbe, Robert ne prend plus que le titre d'*imprimeur du roi,* sans spécification de *lettres hébraïques ou latines,* qu'il avait quelquefois mentionnées jusque-là.

L'Eusèbe est imprimé avec le caractère de moyenne grosseur, autrement dit *gros-romain,* qui fut le premier achevé.

Deux ans après, Robert Estienne publia le Nouveau Testament in-16, avec le plus petit caractère, autrement dit *cicéro.* Cet ouvrage fut réimprimé en 1549[4] dans le même format.

---

[1] Cette circonstance semble prouver que Robert Estienne fut l'inventeur de la marque en question. On sait, en effet, que sa marque particulière était un olivier.

[2] Cette explication, donnée par M. Didot (*Nouvelle biographie*, t. XVI, col. 495), est bien préférable à celle de M. Renouard. Le basilic fait allusion au premier mot de la devise grecque, l'olivier et la pique au rôle du roi faisant la guerre ou la paix.

[3] *Iliad.* III, 179.

[4] Le IIII des ides d'octobre. Quelques mois avant (aux ides de mars), Benoît Prévôt (*Prevotius*) avait imprimé pour la veuve d'Arnould Birkman un Nouveau Testament grec, aussi in-16, que M. Renouard (*Ann. des Est.* 3ᵉ édit. p. 73) croit exécuté avec une fonte des mêmes caractères. Les deux éditions ont en effet beaucoup de ressemblance;

Enfin, en 1550, le même imprimeur publia, avec le gros caractère, autrement dit *gros-parangon,* un Nouveau Testament in-folio.

A partir de ce moment la typographie grecque du roi fut complète. Elle fut mise libéralement à la disposition de l'imprimerie française, c'est-à-dire qu'il fut loisible à tout imprimeur français de s'en servir, à la seule condition de rappeler sur le titre du livre qu'il était exécuté avec les types royaux (*typis regiis*). Le but poursuivi n'eût pas été atteint si ces caractères fussent restés en la possession d'un imprimeur unique. Le seul avantage réservé à l'imprimeur royal était dans les appointements à lui attribués, comme on a pu le voir dans les lettres de 1539, pour la garde de ces caractères ou plutôt des matrices de ces caractères, car les poinçons furent immédiatement déposés à la chambre des comptes, où ils furent malheureusement perdus de vue, mais où on les retrouva au dix-septième siècle.

Quant aux matrices royales, dont on a jusqu'ici ignoré l'existence[1], mais dont j'ai enfin retrouvé la trace, elles étaient mises à la disposition des imprimeurs qui désiraient faire une impression grecque, ou du moins il leur en était délivré facilement une fonte, à la charge d'en payer les frais et de rappeler sur le titre du livre l'origine royale de ces caractères.

Suivant M. Renouard[2], les grecs du roi furent gravés sous la

toutefois je ferai remarquer que le livre de Prévôt ne peut avoir été imprimé avec les types royaux, car rien ne le rappelle, et ce n'est pas à ce moment-là qu'on se serait dispensé d'insérer les mots *typis regiis* sur un livre imprimé avec ces caractères. Au lieu de la marque au basilic, nous ne voyons sur ce livre que la marque de Prévôt, une palme et une épée en sautoir avec un livre ouvert brochant sur le tout et au-dessus une étoile. Il y a bien aussi une devise grecque, mais elle diffère essentiellement de celle des ouvrages des imprimeurs royaux. La traduction latine, inscrite au-dessous, est *Imperium mortis et vitæ*, faisant allusion sans doute à l'épée et au livre.

[1] M. Crapelet (*Études pratiques*, p. 111) et M. Renouard (*Annales des Est.* 3ᵉ édit. p. 335) l'avaient pressentie, mais n'avaient pu en fournir aucune preuve.

[2] *Annales des Est.* 3ᵉ édit. p. 306.

direction de Robert Estienne. Quelques-uns des plus petits furent, dit-on, dessinés par Henri, son fils, alors à peine âgé de quinze ans; les autres, par le fameux calligraphe crétois Ange Vergèce, dont Henri reçut les leçons, et dont la Bibliothèque impériale conserve encore de beaux manuscrits grecs. L'artiste chargé de la gravure de ces caractères fut Claude Garamond, qui s'était déjà signalé par la gravure et la fonte de beaux caractères romains qui portent encore son nom[1]. Cet artiste avait eu pour maître le graveur Geofroy Tory, auteur du *Champ fleury*. Garamond fut reçu libraire vers 1545 [2] et mourut en décembre 1561. Il avait épousé Guillemette Gaultier, sans doute fille de Pierre Gaultier, imprimeur, chez lequel il fit exécuter en 1545 l'*Histoire des successeurs d'Alexandre le Grand*, par Claude Seyssel[3]. Ce Pierre était probablement parent de Léonard Gaultier, célèbre graveur auquel on attribue les portraits de Garamond et de Robert Estienne reproduits par M. Renouard[4].

Voici ce qu'on lit au sujet de la gravure des caractères grecs du roi dans un curieux mémoire publié par Antoine Vitré vers l'an 1655[5] :

« Le roy François Ier...... ayant appris qu'il y avoit à Paris un excellent graveur de caractères d'imprimerie appelé *Garamond*, qui avoit fait les poinçons et les matrices de ces belles

---

[1] Les premiers caractères romains de l'imprimerie du Louvre, dont on conserve encore aujourd'hui les poinçons à l'Imprimerie impériale, portent en effet son nom. Lottin (*Catalogue chronologique*, etc. t. II, p. 68) le fait commencer à graver en 1510, ce qui paraît tout à fait improbable.

[2] Comme le prouve le livre mentionné à la note suivante.

[3] C'est un in-16 fort gracieux, sur le titre duquel on lit : « Imprimé à Paris, par Pierre Gaultier, pour Jehan Barbé et Claude Garamond, 1545. »

[4] *Annales des Est.* 3e édit. p. 24 et 114.

[5] « Mémoire qu'Antoine Vitré a donné à messeigneurs les commissaires nommés par l'Assemblée générale (du clergé) pour avoir soin des impressions des pères grecs qui doivent être imprimés par ordre du clergé. » In-4°, sans lieu ni date, mais imprimé chez Antoine Vitré entre les années 1654 et 1656.

lettres romaines dont on imprime à présent, au lieu des lettres gothiques dont on se servoit auparavant luy, désira de voir cet excellent ouvrier. Ce grand prince ayant luy-mesme veu l'admirable travail de Garamond, il luy commanda..... de graver les caractères de la langue grecque, dont nous n'avions point encore en France[1]. Garamond exécuta ce commandement avec... succez. » Antoine Vitré ajoute en marge : « Garamond a fini dans la dernière misère ; mais il est vrai qu'il a été mis au rang des hommes illustres, et qu'il a été récompensé de quantité de beaux éloges après sa mort! »

Quoi qu'il en soit des traditions relatives au dessin des caractères grecs royaux, il est certain que ces types furent dès lors considérés comme les plus beaux qu'on connût. Robert Estienne en eut la garde tant qu'il resta en France, ce qui ne se prolongea guère après la publication de son Nouveau Testament in-folio de 1550.

Déjà vers l'année 1548, poussé à bout par les tracasseries que la Sorbonne lui suscitait pour ses Bibles latines et grecques, il avait fait un voyage d'exploration à Genève, où il s'était mis en relation avec les savants les plus distingués. Enfin, en 1550, il alla s'établir en cette ville, où il avait monté un établissement, sans préjudice de celui de Paris, qui continua pendant quelque temps à fonctionner en son nom, puis au nom de son frère Charles. Celui-ci, pour sauver, s'il était possible, la fortune de ses neveux, n'hésita pas à abandonner la profession de médecin, qu'il avait exercée jusque-là, et à embrasser celle d'imprimeur, avec l'aide de Robert II, second fils de Robert Ier. Il se fit même nommer imprimeur ordinaire du roi. On espérait

---

[1] On peut voir par mon Mémoire sur les premières impressions grecques, imprimé dans l'Appendice du livre intitulé *Les Estienne et les types grecs de François Ier*, que Vitré se trompe. Il y avait des caractères grecs à Paris longtemps avant la gravure de ceux de François Ier; mais ils étaient très-défectueux.

par là sauver les apparences; mais le fisc ne se laissa pas endormir. En vertu des lois de proscription rendues contre les protestants émigrés, le procureur général du parlement fit saisir les biens de Robert Ier. Charles s'opposa vivement à cette saisie comme tuteur des enfants de son frère, et eut le bonheur de la faire révoquer aussitôt par un acte de l'autorité royale. Toutefois, comme la retraite de Robert Ier avait jeté quelque défaveur sur la famille des Estienne, le roi Henri II, au lieu de transporter à Charles le titre d'imprimeur royal pour le grec, que ne pouvait conserver Robert Ier, son frère, établi à Genève, le donna à un savant helléniste, Adrien Turnèbe, étranger à la typographie, comme Conrad Néobar, nommé par François Ier.

Cela n'empêcha pas Charles Estienne de continuer à imprimer avec les types royaux; car, indépendamment des fontes qu'il en possédait, il pouvait facilement s'en procurer d'autres à l'aide des matrices royales qu'il avait trouvées dans l'imprimerie de son frère, et dont il resta détenteur jusqu'au 22 septembre 1555, jour auquel, suivant Vitré[1], il les remit à Adrien Turnèbe.

Dès l'année 1552 celui-ci publia avec les types royaux plusieurs ouvrages sur lesquels il prend le titre d'imprimeur royal : *Philonis Judæi opera* (1er septembre); *Apollinarii interpretatio Psalmorum* (octobre), etc. Mais, comme il n'était pas typographe, il s'adjoignit le célèbre imprimeur Guillaume Morel, avec lequel il resta associé près de quatre ans. Turnèbe publiait le grec, et Morel le latin; quelquefois pourtant les rôles étaient intervertis, et Guillaume Morel publiait le grec avec ses propres types. Bientôt après cependant il se servit des types royaux, comme on le voit par une édition des Apophthegmes des sept sages de la Grèce, imprimée par lui en 1554.

[1] Mémoire déjà cité. Vitré dit positivement que Charles Estienne remit ce jour-là toutes les fontes et matrices des caractères grecs à Adrien Turnèbe.

Turnèbe, ayant été nommé professeur de philosophie grecque et latine en 1555, abandonna tout à fait l'imprimerie, et fit nommer imprimeur royal à sa place son associé Guillaume Morel, auquel il remit également les matrices grecques du roi. Le dernier ouvrage qu'ils publièrent ensemble est *Aristotelis de moribus libri X,* in-folio, sur lequel on lit : « Adrianus Turnebus excudebat, et cum græcis latina conjungebat Guil. Morelius, M.D.LV. cal. mart. » (1ᵉʳ mars.)

A partir de ce moment Guillaume Morel imprima seul; mais il ne resta pas longtemps unique imprimeur royal pour le grec. Michel de Vascosan reçut également ce titre le 2 mars 1560 (1561 nouveau style), et Robert Estienne II, vers le même temps, c'est-à-dire lors de la retraite forcée[1] de son oncle Charles, dont le titre lui fut transféré avec plus d'étendue[2]. Néanmoins Morel resta seul détenteur des matrices royales, comme on l'apprend d'une lettre de Turnèbe[3] écrite au chancelier Michel de l'Hospital, aussitôt après la mort de cet illustre typographe, arrivée le 13 février (aux ides) 1564, et que nous croyons devoir reproduire ici[4] :

Lettre d'Adrien Turnèbe au chancelier Michel de l'Hospital pour lui recommander la famille de Guillaume Morel. (Copie à la Biblioth. imp. Collect. Dupuy, t. XVI, *Epist. clar. vir.* n° 8.)

Adr. Turnebus Mich. Hospitali cancellario Galliæ S. P. D.
Obsecro, vir amplissime, ut ignoscas mihi, si literis intempestivis tua

---

[1] Voyez Renouard, *Annales des Est.* 3ᵉ édit. p. 361.

[2] Des lettres patentes du 8 octobre 1561, destinées à assurer spécialement à Robert Estienne II le privilége de l'impression des édits et ordonnances durant trois mois, nous apprennent que le roi l'avait nommé précédemment son imprimeur « en langues hebrée, chaldée, grecque, latine et françoise. » (Voyez mon livre intitulé *Les Estienne*, p. 56.)

[3] Je dois la connaissance de cette pièce à M. Baudement (de la Bibliothèque impériale), qui prépare un travail sur Turnèbe.

[4] Cette lettre ne porte pas de date d'année; mais, comme elle dut être écrite

tempora interpellare ausus sim. Jus et fas cogit me, ut apud te potius solitudini et inopiæ patrociner, quam tacendo desim. Gullielmus Morelius magno literarum incommodo idibus februariis obiit, magnumque sui desiderium bonis omnibus et acerbum mœrorem amicis reliquit. Is quandiu vixit, in iis edendis elaboravit libris, qui rem magis publicam juvarent quam privatam augerent. Uxori et liberis nihil nummorum reliquit, æris vero alieni multum. Demosthenem ingenti ærumnosoque labore, plurimis excussis bibliothecis, collatisque exemplaribus inchoavit, longeque jam progressus erat. Nunc tuam istam non tantum nostræ Galliæ, verum etiam orbi terrarum notam, imploramus fidem et æquitatem, ne præclara opera, ereptis viduæ mulieri matricibus regiis, irrita et inchoata jacere sinas : quod illi non majore damno quam doctis omnibus esset futurum. Hic etiam vere commemorare possum, literas regias ætate detritas et fugientes ejus sumtibus fusas atque renovatas esse. Est iniquum ex demortui et viduæ incommodis homines alios sua comparare commoda conari. Non enim dubito quin jam ad vos multi advolarint petitores : sed qui ambitione nescio qua capti tituli regiæ typographiæ, malint etiam atque etiam ipsas literas, quam operosas, habere, ut regis typographi dicantur, qui quidem eis non magis uti possent quam gladio pueri. Quam ob rem a te peto ut viduam tua justitia ab omni injuria tuearis, alios petitores negligas. Equidem me petitorem libenter ferrem : et si per te hæc nunc fero et profiteor, ut viduæ potius et pupillis consulatur, quam subsidia vitæ per alienos homines eis eripiantur [1] :

aussitôt après la mort de Morel, qui y est fixée au 13 février (1564), nous pensons que la date du 16 février (xiiii kal. mart.) qu'elle porte doit se rapporter aussi à l'année 1564. Elle serait forcément de 1565, s'il était vrai, comme le dit Maittaire (*Hist. typogr. Paris.* p. 42) que Morel ne soit mort que le 19 février (xi kal. mart.). En tout cas, elle ne peut être que de l'une ou l'autre année, puisque Turnèbe mourut lui-même le 19 mai (xiiii kal. quintil.) 1565.

[1] Non content de cette lettre au chancelier de l'Hospital, Turnèbe dit à peu près la même chose au roi Charles IX dans une épître publiée en tête d'une édition des OEuvres de S. Cyprien, à laquelle Morel avait consacré beaucoup de soins, mais qui ne parut qu'après sa mort, in-folio, 1564 : «Jamque feliciter Dionysium (Areopagitam) ejusque interpretem et paraphrasten ediderat (Gullielmus Morelius[a]); Cyrilli catecheses ad umbilicum pene perduxerat[b]; Cyprianum, multis undique conquisitis et corrogatis exemplaribus, libris etiam auctum, prope absolverat, cum repente

[a] 3 vol. in-8°, 1561-62.
[b] In-8°, 1564. M. Brunet ne cite pas cette édition dans son *Manuel*.

sed, ut exorsus eram dicere, obsecro te iterum, vir amplissime, ut ignoscas mihi, si amicitia mortui impulsus, dum ejus uxori et liberis consultum cupio, tuæ amplitudinis non satis rationem habuisse videar, qui te his de rebus interpellare ausus sim. Vale. Lutetiæ Parisiorum, xiiii kal. martias.

On peut voir par ce document que c'était le chancelier de l'Hospital qui avait la haute garde des *matrices royales,* puisque Turnèbe prie ce magistrat de les laisser à la veuve de Guillaume Morel, pour qu'elle pût achever les ouvrages commencés par lui, et particulièrement sa grande édition de Démosthène[1], qui ne fut terminée qu'en 1571. Ce fut Jean Bienné, devenu le mari de la veuve de Morel, qui acheva le livre, commencé par celui-ci en 1558, et qui fut par conséquent douze ans sous presse. Lorsque Morel mourut, l'ouvrage n'en était encore qu'au discours de l'Ambassade, c'est-à-dire à la moitié du volume environ. La révision du reste fut confiée à Denis Lambin, dont le travail est beaucoup moins estimé que celui de son devancier.

horum auctorum editioni immortuus, familiam ære alieno coopertam, uxorem orbam, liberos inopes reliquit. Is nunc pro sua familia Cyprianum ad te, Rex christianissime, allegat, quem in tuo nomine apparere voluit, per eumque te supplex rogat et obsecrat, suorum ut liberorum solitudinis et inopiæ miserearis ; aliquidque elargiaris ad æs alienum, non nequitia sed studio de republica bene merendi contractum, luendum atque dissolvendum. Erant ei annua a patre tuo augustissimo rege Errico constituta, sed hisce proximis annis communium temporum iniquitas et angustiæ ærarii non permiserunt ut illa liberalitate frueretur.» Turnèbe fait sans doute allusion ici au traitement assigné à Guillaume Morel comme imprimeur royal, et qui était de 225 livres par an.

[1] Cette belle édition est in-folio; elle a 26 feuillets préliminaires, 798 pages chiffrées, et 1 feuillet pour la souscription, ainsi conçue : «Lutetiæ Parisiorum, kalendis febr. M.D.LXX. (1ᵉʳ février 1571 nouveau style) Joannes Benenatus absolvit.» Le titre porte : «Demosthenis orationes..... cura et stud. Guill. Morelii et Dion. Lambini..... Lutetiæ Parisiorum, *Jo. Benenatus.* 1570.» Il y a aussi des exemplaires au nom de *Mich. Sonnius,* d'autres au nom de *Jac. Dupuys.* Après la préface, on trouve, au verso du 3ᵉ feuillet, une lettre de Lambin au lecteur, où sont expliquées les vicissitudes de ce livre. Le retard apporté dans sa publication est attribué aux guerres civiles.

La veuve de Guillaume Morel publia plusieurs autres ouvrages où paraissent les types royaux. Je citerai particulièrement : *Orationes Æschinii et Demosthenis*, etc. in-4°, 1565, avec dédicace au chancelier Michel de l'Hospital, sans doute en reconnaissance de ce que ce magistrat avait fait droit à la requête de Turnèbe.

Comme on vient de le voir, la veuve Morel épousa Jean Bienné, qui imprima en son nom dès 1566 avec les types du défunt. Il se servit même quelquefois de la marque des imprimeurs royaux pour le grec, quoiqu'il ne paraisse pas avoir eu jamais ce titre. L'atelier de Guillaume Morel passa ensuite à son gendre, Étienne Prevosteau, mari de Jeanne Morel, qui fut plus tard aussi imprimeur du roi pour le grec.

Quant aux matrices royales, la garde en fut confiée à Robert Estienne II. « Son père, dit La Caille, le déshérita par son testament, pour ne l'avoir pas suivi à Genève ; mais il fut récompensé de la perte de cette succession par la garde et la direction qu'on lui donna des caractères et poinçons [1] du roi, et par la commission qu'il eut du roi Charles IX d'aller en Italie et autres lieux pour chercher des manuscrits et livres rares, comme il paraît par une lettre patente de ce prince, en date du 5 juin 1569, portant sauvegarde pour toute la famille de ce Robert Estienne pendant sa commission [2]. »

Robert II étant mort en octobre 1570, à Genève, où il s'était rendu pour un motif ignoré, son titre d'imprimeur royal pour le grec fut donné, le 4 mars 1571, à Federic Morel, gendre de Vascosan, qui l'était aussi. Ils portaient tous deux ce titre en 1572, comme on le voit sur le privilége de la traduction des Œuvres

---

[1] La Caille confond ici les poinçons avec les matrices. Nous avons vu que les poinçons étaient conservés à la Chambre des comptes.

[2] La Caille, *Hist. de l'impr.* p. 145. Je n'ai pu retrouver cette pièce ; mais le fait me paraît d'autant plus admissible que le roi Henri III accorda un privilége analogue à Henri Estienne II. (Voyez La Caille, *Hist. de l'impr.* p. 135, où l'on a imprimé *lignes* au lieu de *ligues* pour désigner les cantons suisses.)

morales et mêlées de Plutarque, par Amyot, publiée en 1575[1]. Au reste, ce titre n'engageait plus à rien depuis qu'il y avait plusieurs titulaires à la fois. En effet, d'un côté, les imprimeurs du roi n'imprimaient pas toujours avec les types royaux; de l'autre, au contraire, de simples imprimeurs se servaient des types royaux sans l'indiquer sur le titre de leurs livres. La marque typographique qui servait autrefois aux impressions royales était presque abandonnée. Nous voyons même les caractères royaux employés par des imprimeurs étrangers : témoin une édition de Denys d'Halicarnasse et une autre des petits auteurs grecs de l'histoire romaine, publiées, la première en 1586, la seconde en 1590, à Franfort-sur-le-Main, par les héritiers d'André Wéchel, qui avait été obligé, comme Robert Estienne Ier, de fuir de Paris pour cause de religion.

C'est sans doute à cette circonstance qu'il faut attribuer la perte des matrices royales, qui, au milieu des troubles de cette époque, ont disparu sans qu'on sache ce qu'elles sont devenues. Elles tombèrent probablement, après la mort de Robert II, entre les mains de quelque imprimeur ignorant, qui les aura laissé détruire sans en connaître la valeur [2].

[1] Voici un extrait du privilége qui se trouve à la fin de ce beau volume in-folio : « Charles, etc. Nos chers et bien amez Michel de Vascosan et Federic Morel... nous ont fait dire... que, par nos lettres patentes du second jour de mars 1560... nous aurions fait élection de la personne dudit Vascosan... pour nostre imprimeur, lui donnant privilége général.... de imprimer tous et chacuns livres grecs, latins ou françois et autrement... et que... un libraire estranger... à Anvers, se seroit ingéré d'imprimer le livre des Vies de Plutarque... traduit de grec en françois par Jacques Amyot... Nous, par autres nos lettres patentes du 12 de novembre 1563, aurions ordonné defenses estre faites, etc... Et le 4 mars 1571, nous, ayant esgard aux grands et laborieux travaux que Federic Morel... a employés à l'impression de plusieurs beaux et recommandables livres grecs, latins, françois et autres, l'aurions retenu en l'estat de nostre imprimeur ordinaire, tant en hebrieu, grec, françois, que autres langues, vacquant par le trespas de feu Robert Estienne... Donné à Paris, le 26° d'aoust 1572. »

[2] Antoine Vitré, confondant les faits, dit, dans le Mémoire cité déjà, que les ma-

Toutefois il convient de faire remarquer que les caractères grecs du roi ne manquèrent pas à Paris jusqu'à l'époque où on recouvra les matrices de Genève, dont nous parlerons bientôt. Il en faut conclure, ou que les matrices royales continuèrent longtemps encore à fonctionner, ou qu'elles avaient produit beaucoup de fontes avant leur disparition. Peut-être même étaient-elles encore entre les mains d'Étienne Prevosteau à la fin du xvie siècle; car nous voyons ce typographe se qualifier d'héritier de Guillaume Morel, imprimeur du roi pour le grec, sur un livre imprimé par lui en 1596 : « Paradigmata de quatuor linguis orientalibus, præcipuis arabica, armena, syra, æthiopica, auctore P. V. Cajetano Palma, » in-4°, Paris, 1596 [1]. Nous trouvons même encore plus tard un imprimeur du roi pour le grec, c'est Pierre Pautonnier, qui exerçait en 1605 avec ce titre. Faut-il penser que les matrices royales ont subsisté jusque-là?

En se retirant à Genève, Robert Estienne Ier emporta une série de matrices des deux plus petits caractères royaux, qu'il avait fait frapper pour son usage particulier [2]. C'est un fait incontestable, quoique nié par quelques auteurs peu au courant de la question. Maittaire [3] va même jusqu'à nier que cet impri-

trices royales tombèrent, *il ne sait comment*, entre les mains de Paul Estienne, qui les engagea à Genève. Il ajoute : « Pour le regard des fontes qui avoient été faites aux depens du roy, elles passèrent toujours ainsi d'imprimerie en imprimerie, et achevèrent enfin de s'user chez Prevostaux, à qui Federic Morel, aussi professeur du roy et imprimeur de sa majesté en langue grecque, les remit, en vertu d'un contrat passé entre eux, pardevant Fardeau et Belot, le 2 novembre 1587. »

[1] En 1599, la compagnie des libraires de la Grand'Navire ayant aux mâts les lettres AL. BM. AD. MLI. fit imprimer, probablement chez Prevosteau, *Sibyllina oracula*, in-8°, où on retrouve les trois caractères royaux. Le privilége d'impression est au nom d'Abel l'Angelier, dont les initiales figurent au premier mât.

[2] S'il n'emporta pas de matrices du gros caractère (gros-parangon), c'est que ce caractère ne fut achevé qu'en 1550, au moment où il quittait Paris.

[3] *Stephanorum historia*, p. 134-135: « Præterea, si Robertus regios typos secum Genevam asportâsset, velim mihi ostendi librum in quo excudendo Robertus ipse, Henricus, aut Paulus Genevæ iis typis usi fuerint. »

meur se soit servi des caractères grecs du roi à Genève. « Si Robert, dit-il, a emporté les types royaux, qu'on me montre un seul ouvrage où il les ait employés à Genève! » Ce raisonnement est radicalement faux, d'abord parce que Robert Estienne aurait pu emporter des matrices sans avoir eu occasion ensuite de s'en servir, puis parce qu'il aurait pu imprimer des livres avec les grecs du roi sans avoir emporté des matrices. Pour prouver que Maittaire est dans l'erreur en prétendant que Robert Estienne ne s'est pas servi des types royaux à Genève, il suffit de mentionner un petit volume fort curieux qui se trouve à la Bibliothèque impériale (8° X, 273, réserve). Parmi les Alphabets grecs que renferme ce volume, il y en a deux imprimés par Robert Estienne, l'un à Paris en 1550, sous ce titre, *Alphabetum græcum regis trium generum caracteribus postremo excusum*; l'autre à Genève, en 1554, sous un titre un peu différent : *Alphabetum græcum. Addita sunt Theodori Bezæ scholia, in quibus de germana græcæ linguæ pronunciatione disseritur*. Or ces deux opuscules sont imprimés avec les mêmes caractères. Au reste, dans le second Alphabet, en tête duquel on lit une lettre de Théodore de Bèze, datée de Lausanne, le 1er octobre (cal. oct.) 1554, Robert nous apprend lui-même que le petit caractère qui figure au recto du feuillet 15 est ce grec royal qui lui a servi à imprimer le Nouveau Testament in-16 de 1546 : « Caracteres regii secundo loco sculpti, quibus Novum D. N. Jesu Christi Testamentum minore forma excudit Rob. Steph. » Même observation pour le gros caractère qui figure au folio 16 verso, et qui, dit-il, lui a servi à imprimer le Nouveau Testament in-folio de 1550 : « Caracteres regii posteriores, quibus Novum D. N. Jesu Christi Testamentum majore forma excudit etiam R. Steph. »

Cette preuve est péremptoire et dispense d'entrer dans de plus amples détails. Il se peut, en effet, quoique la chose paraisse bien extraordinaire, que Robert et ses descendants aient imprimé parfois avec d'autres types grecs; mais cela ne fait rien à la question. Il est certain que Robert avait emporté à Genève une série de matrices des grecs du roi. Nous verrons plus loin s'il en avait le droit.

Robert mourut en 1559, laissant neuf enfants, tous nés à Paris. Henri, l'aîné, succéda à son père. Il se maria trois fois, et eut de ses diverses femmes quatorze enfants, dont dix moururent fort jeunes. Des quatre survivants, un seul était en état de perpétuer le nom des Estienne, c'est Paul, né en janvier 1567, et successeur de son père en 1598. Paul eut également plusieurs enfants; mais deux seulement survécurent : ce sont Antoine, né à Genève le 28 juin 1592, et dont nous aurons occasion de reparler, et Joseph, né le 23 septembre 1603, lequel fut nommé le 15 juin 1629 imprimeur du roi à la Rochelle, faveur dont il jouit peu, car il mourut au mois d'octobre suivant.

Au milieu des tracas que suscita à Henri Estienne II sa vie errante et son caractère difficile, il fut forcé d'engager à Nicolas Le Clerc, l'un de ses amis, pour sûreté d'un prêt de 400 écus d'or, les matrices[1] des grecs du roi que Robert Ier, son père, avait emportées à Genève. Henri ne se libéra point de cette dette, et, à sa mort le payement ayant été demandé, le conseil renvoya à se pourvoir contre l'hoirie du défunt. Cette décision contraria fort Isaac Casaubon, gendre d'Henri, ainsi qu'on le voit dans plusieurs de ses lettres. Suivant lui, elle réduisait à rien le faible avoir de sa femme. Le Clerc reçut alors 200 écus d'or en à-compte de sa créance; mais, resté créancier pour le surplus de la dette, il ne se dessaisit point du gage; et plusieurs années après, le 16 novembre 1612, à la suite de quelques réclama-

---

[1] Le petit-fils de Nicolas Le Clerc, de mêmes noms que lui, racontant le fait à sa façon, dans la Bibliothèque choisie, t. XIX, p. 120, dit par erreur que Henri Estienne avait engagé *les poinçons*.

tions de la part du gouvernement du roi Henri IV, qui, ayant eu vent de l'existence de ces matrices, les revendiquait comme une propriété nationale, le conseil de Genève défendit que ce gage sortît des mains du dépositaire, tant pour sa sûreté que pour celle d'autres créanciers. En 1613, la créance de Le Clerc fut vendue aux frères Chouet, libraires, moyennant une somme équivalant à peu près aux trois quarts de ce qui restait dû. En 1616, le gouvernement français fit de nouvelles instances pour ravoir ces matrices. Le garde des sceaux du Vair, par l'entremise du conseiller Anjorrant, envoyé de la République à Paris, et d'après l'ordre exprès du roi Louis XIII, «qui souhaitait de ravoir ces matrices *pour l'honneur de la France,*» fit offrir de payer les créanciers des Estienne qui les retenaient; mais, comme elles servaient de gage à plusieurs créanciers, on ne pouvait en disposer autrement que par une vente judiciaire dont le produit leur appartiendrait jusqu'à concurrence de leur dû, ce qui fut convenu et s'exécuta le 16 juillet 1616. Ces matrices furent adjugées à l'agent de la France pour le prix de 5,005 florins. La créance des frères Chouet fut liquidée à 3,888 florins, intérêt et principal, et celle de l'hôpital de Genève fut réduite à 500 florins; de sorte que la somme à prendre sur le prix d'adjudication n'était que de 4,388 florins, le reste revenant à Paul Estienne.

Il semblerait qu'il n'y avait plus qu'à payer et à prendre livraison; mais l'ambassade d'Angleterre, qui avait reçu de sa cour l'ordre de faire acheter ces types à Genève, promettait mille écus à Paul, qui aurait bien voulu vendre et régler lui-même avec ses créanciers[1]. L'envoyé de Genève à Paris, instruit de ces tentatives par les démarches faites auprès de lui à ce sujet, en informa le garde des sceaux de France, qui, pour sauver aux Génevois l'embarras d'un refus à l'Angleterre, «fit entendre

---

[1] Voyez à ce sujet deux lettres de Paul, publiées par M. Renouard, *Annales des Est.* 3ᵉ édit. p. 576 et suiv.

à l'ambassade que ces matrices appartenoient au roi, ayant esté dérobées à François Ier, ce que lesdits ambassadeurs ont écrit à leur maître, n'espérant pas de les pouvoir plus obtenir [1]. »

Tout ne se termina pas là. La seigneurie de Genève offrait d'envoyer ces matrices à Lyon, à Dijon ou à Paris, pour y être livrées en échange des trois mille livres promises par le gouvernement français; mais il y avait à craindre que Paul, irrité de l'adjudication qui l'expropriait, ne fît saisir juridiquement les matrices une fois qu'elles ne seraient plus aux mains des dépositaires. Le temps se passait en pourparlers et on ne concluait rien, lorsqu'en 1629 le clergé de France, prenant occasion d'un grand projet, la réimpression des Pères de l'Église, demanda au roi que les matrices grecques fussent rachetées et rapportées en France. Sur cette requête intervint l'arrêt suivant [2] :

Arrest du Conseil d'Estat du roy, du 27 mars 1619, rendu sur les remonstrances des agens généraux du clergé, par lequel le roy ordonne une somme de 3,000 livres pour retirer les matrices grecques que le roy François Ier avoit fait [faire] en faveur des lettres et des universités de France, et que Paul Estienne avoit depuis vendues ou engagées à la seigneurie de Genève moyennant pareille somme, et ce pour s'en servir à l'impression des Pères grecs entreprise par le clergé.

Sur ce qui a esté remonstré au Roy en son conseil, par les agens généraux du clergé de France, qu'une des plus grandes gloires de ce royaume estoit d'avoir de tout temps tellement chéry les arts et les sciences, que les estrangers les seroient venus chercher dans ses universités comme en leur séjour naturel; et que non seulement cedit royaume auroit surpassé les autres par la splendeur des lettres, mais aussi par la quantité et curiosité des bons livres et belles impressions tant grecques que latines. Que maintenant les dicts estrangers, jaloux de ceste gloire, ne pouvans rompre l'amitié et l'habitude que les lettres ont avec les esprits qui naissent en ce royaume,

[1] J'emprunte tout ce récit à M. Renouard (*Annales des Est.* 3ᵉ édit. p. 502 et suiv.), qui l'a puisé dans les documents copiés pour lui dans les registres du conseil de Genève.

[2] Cet arrêt a été imprimé dans les *Actes et Mémoires du clergé de France*, de 1645 et 1646, t. II, p. 250; mais j'en ai collationné le texte sur l'original, aux Archives générales de France, Conseil d'État, E. 61.

s'efforcent d'en oster les impressions, qui sont la voix et les parolles des sciences, par lesquelles elles traittent et confèrent avec les hommes : auquel effet quelques estrangers ont depuis peu acheté de Paul Estienne, pour le prix et somme de 3,000 livres, les matrices grecques que le feu roy François Ier avoit fait tailler [1] pour ornement de ses universités et commodité des lettres, avec tant de frais qu'il ne seroit ny juste ny raisonnable, mesme qu'il importe à la grandeur et à l'honneur de ce royaume, d'en laisser emporter choses si rares et si riches, inventées par le bonheur et diligence des feus roys, ce qui seroit funeste à tous les bons esprits, et qui inviteroit les Muses à suivre ceux qui possèderoient ces ornemens, et à abandonner ce royaume. Au moyen de quoy lesdicts agens supplient Sa Majesté vouloir ordonner que ladicte somme de 3,000 livres sera prise de son espargne, pour estre payée comptant audit Paul Estienne, afin que lesdictes matrices soient apportées en ceste université de Paris, pour servir à l'impression des Pères et auteurs grecs.

Le Roy, en son conseil, ayant esgard à ladicte remonstrance, a ordonné et ordonne que de la somme de six vingt mille livres naguères fournie es mains de maistre François de Castille, receveur général du clergé, par le trésorier de son espargne, pour subvenir au payement des rentes de l'hostel de ville, assignées sur ledict clergé, suivant l'arrest du dernier mars 1618, il en sera pris et employé la somme de 3,000 livres pour retirer lesdictes matrices des mains de la seigneurie de Genève ou dudict Estienne. Et d'autant qu'il est nécessaire qu'elles soient rendues fidèlement, veut Sadicte Majesté lesdictes matrices estre retirées par le sieur de Vic, conseiller audict conseil d'Estat, et à cest effet lesdictes 3,000 livres luy estre baillées comptant par ledict de Castille, et qu'il soit payé presentement sur ladicte somme 400 livres audict Estienne, lequel se transportera en la ville de Genève pour les recognoistre et rendre au plus tost fidèle rapport de tout l'estat et conditions d'icelles. Et rapportant par ledict de Castille quittance dudict sieur de Vic de ladicte somme de 3,000 livres, elle luy sera passée et allouée en ses comptes, qu'il rendra par devant les sieurs du clergé.

Du 27e jour de mars, à Paris. (Suivent quatre signatures illisibles.)

Ainsi donc plus d'obstacles ni d'oppositions de la part de Paul Estienne, devenu l'agent de cette négociation. Mais long-

---

[1] On ne taille pas des matrices de caractères : on les frappe avec le poinçon, qui seul est taillé, autrement dit gravé.

temps avant il avait été compromis dans une fâcheuse affaire [1] : sorti de prison sur sa parole de ne point quitter Genève, Paul s'était sauvé à Paris, et il ne pouvait rentrer dans Genève sans un sauf-conduit que le conseil refusait. Le roi crut devoir écrire, pour l'obtenir, une lettre expresse, dont voici la teneur :

Lettre de Louis XIII au Conseil de la République de Genève, au sujet des matrices grecques.

A nos très chers et bons amys les Syndiques et Conseil de Genève.

Très chers et bons amys, ayant advisé de faire retirer quelques matrices d'imprimerie qui furent portées à Genève par feu Robert Estienne, comme nous appartenans, nous avons commandé à Paul Estienne, son petit-fils, de se transporter par delà pour les recognoistre et nous les faire rapporter; de quoy nous espérons que de vostre part vous nous ferez paroistre toute favorable disposition, et ayderez en cela à l'effect de nostre intention, comme à chose que nous avons à cœur, donnant à cette fin tout seur et libre accès audict Paul Estienne dans ladicte ville de Genève, et tout bon et favorable traitement. Et n'estant la presente pour autre effect, nous prions Dieu, très chers et bons amys, qu'il vous ait en sa saincte et digne garde.

Escrit à Sainct-Germain en Laye, le 29° jour de novembre 1619.

Signé LOUIS. Et plus bas : BRULART.

En conséquence de cette lettre, le sauf-conduit fut promis. Paul vint à Genève sur la fin de février 1620, présenta requête pour obtenir ce sauf-conduit, qui lui fut accordé pour deux mois, et probablement prolongé ensuite. Il reçut les matrices, qu'il reconnut en bon état, et consentit à payer les dettes liquidées lors de l'adjudication de 1616. Le conseil écrivit à M. Anjorrant, le 5 mars 1621, que l'on avait fait ce que Paul avait désiré. Et tout fut terminé là quant à l'affaire de Genève [2]. Toutefois, avant

---

[1] Voyez Renouard, *Annales des Est.* 3ᵉ édit. p. 501.

[2] Si l'on en croyait Vitré, ce n'est pas avec l'argent du clergé qu'auraient été acquises les matrices de Genève. Voici en effet ce qu'on lit dans le mémoire déjà cité : « Vitré ne sçait que devinrent les trois mille livres; mais il sçait qu'elles n'ont

de livrer les matrices, il paraît qu'on avait fait faire dans cette ville une fonte [1] de chacun des deux caractères qu'elles représentaient, car nous avons vu que Robert Estienne n'avait pas de matrices du plus gros grec, terminé seulement en 1550, au moment où il allait quitter Paris. Paul réclama ces fontes, offrant d'en payer la valeur. On ignore quel fut le résultat de cette demande.

Les matrices grecques furent alors confiées à Antoine Estienne, fils de Paul, déjà imprimeur du roi à Paris depuis plusieurs années [2], et qui, par brevet du 30 décembre 1623, reçut, pour ce dépôt sans doute, une pension de 600 livres sur l'épargne. Antoine, déjà gratifié d'une pension de 500 livres par le clergé de France, qui l'avait nommé son huissier audiencier, en récompense de l'abjuration du protestantisme qu'il avait faite en 1612 entre les mains du cardinal du Perron, son patron, reçut de plus un logement gratuit au Collége royal, à titre de gardien des matrices grecques, qu'on voulut probablement rattacher à cet établissement littéraire, comme convenant mieux que la Chambre des comptes, où M. Renouard dit à tort qu'elles furent déposées [3].

pas esté employées à cela, et que ce n'a pas esté par ceste voie que les matrices ont esté retirées, selon l'intention du clergé; car les choses ont demeuré en l'estat où elles estoient jusqu'au temps de M. de Noyers, qui employa l'autorité du roy auprès de la seigneurie de Genève pour les faire revenir en France.» Les faits rapportés plus haut d'une façon si précise donnent tort à Vitré.

[1] M. Renouard dit qu'on avait fait deux fontes; mais c'est parce qu'il a mal compris les termes du document qu'on lui a communiqué. Les deux fontes se rapportent aux deux seuls caractères dont on avait les matrices à Genève, c'est-à-dire celles de cicéro et de gros-romain.

[2] M. Renouard (*Annales des Est.* 3ᵉ éd. p. 212) a parfaitement prouvé qu'Antoine était déjà imprimeur du roi. Le brevet du 30 décembre 1623, mentionné par La Caille (p. 217), ne doit donc pas se rapporter à la charge d'imprimeur du roi, comme le croit cet auteur, mais bien à celle de garde des matrices grecques.

[3] *Annales des Est.* 3ᵉ édit. p. 505.

Le logement d'Antoine devait être dans ces vieilles constructions que l'on a abattues en 1836 et 1837 pour faire au Collége royal (aujourd'hui Collége de France), dans la rue Saint-Jacques, la belle entrée maintenant existante, depuis longtemps désirée, et projetée dès 1610, année où furent achetés les premiers terrains sur lesquels, après plus de soixante ans, on construisit cet établissement scientifique [1].

Une sentence du lieutenant civil, du 28 mai 1631, « ordonne que l'imprimerie d'Antoine Estienne sera rendue au Collége royal, en présence des syndics et agents des libraires. » M. Renouard dit qu'il ne peut être ici question que du local et non de l'imprimerie même [2]. Je suis d'un autre avis. En voyant la gêne constante d'Antoine, dont les dettes nécessitèrent plusieurs actes judiciaires [3], je ne suis pas éloigné de penser que les directeurs du Collége royal s'étaient rendus adjudicataires de son imprimerie pour la lui conserver, et crurent devoir faire constater leurs droits devant les chefs de sa corporation. En effet, la preuve qu'il ne s'agit pas ici du local, c'est qu'Antoine resta toujours dans ce logement, où il se trouvait du moins encore en 1663, comme nous le verrons plus loin, quoique ce fait fût contraire aux règlements qui défendaient aux libraires d'habiter les colléges [4]. La revendication indiquée plus haut, loin donc d'être une mesure rigoureuse à l'égard d'Antoine de la part des directeurs du Collége royal, prouve, au contraire, suivant moi, leur bienveillance pour lui. Au reste, Antoine Estienne n'était pas le seul qui eût un logement dans ces bâtiments. Je trouve dans un *Recueil chronologique des lettres patentes*, etc. *sur l'imprimerie,*

---

[1] *Annales des Est.* 3ᵉ édit. p. 518.

[2] *Ibid.*

[3] *Ibid.* p. 515.

[4] Il y eut à ce sujet plusieurs déclarations du roi, une entre autres du 6 février 1625, portant que tous les libraires doivent habiter dans l'Université, et non dans les colléges. (Voyez le *Recueil chronologique* cité au bas de la page suivante.)

une note ainsi conçue : « 16 juillet 1617, délibération de la communauté qui arrête qu'il sera loué une salle au Collége royal pour la somme de 40 livres, pour y visiter les livres des libraires du dehors. » La communauté conserva même fort longtemps cette salle, où elle tenait aussi ses assemblées, et qui paraît lui avoir été cédée gratis en 1655. Voici en effet ce qu'on lit dans le Recueil déjà cité, à la date du 10 mars de cette année : « Concession d'une partie de la salle basse du Collége royal faite par l'évêque de Coutance, grand aumônier de France, à la communauté, pour y tenir ses assemblées et y visiter les livres. » Le 5 décembre 1670, la communauté « eschangea cette chambre contre celle de Cambrai [1]. » Cet échange eut lieu pour satisfaire à un ordre du roi qui prescrivit cette année aux libraires de déguerpir du Collége royal, mais qui cependant ne fut pas rigoureusement exécuté, si l'on s'en rapporte à un mémoire qu'il convient de publier ici.

Mémoire conservé dans les archives de la Bibliothèque impériale (papiers relatifs à l'Imprimerie royale), *concernant les imprimeurs royaux*[2].

Les anciens imprimeurs ordinaires du roy ont eu leur logement au Collége royal; Robert Estienne a été le premier qui y fut logé, par le roy François Ier, en 1525[3]. Plusieurs autres imprimeurs du roy, successeurs de Robert Estienne, ont esté pareillement logés dans ledit Collége royal, sous les règnes des roys Henry II, Charles IX et Henry III.

Dans la suite, les imprimeurs du roy [4] eurent la foiblesse de prester leur

---

[1] *Recueil chronologique*, etc. Manuscr. de la Bibl. imp. Supp. franç. 5030.

[2] Je dois la connaissance de cette pièce à M. Olivier Barbier, l'un des sous-directeurs de la Bibliothèque impériale.

[3] On fait ici sans doute allusion au domicile des premiers Estienne, situé dans le haut de la rue Saint-Jean-de-Beauvais (au clos Bruneau), près du Collége royal; mais il est bon de faire remarquer que ce logement a été occupé d'abord par Henri Ier, qui n'était pas imprimeur du roi, et ensuite par Robert avant la création du Collége royal, qui n'eut lieu qu'en 1530.

[4] Cela se rapporte peut-être à Antoine Estienne, chez qui la communauté se serait

logement à la communauté des marchands libraires, qui voulurent se l'approprier, et en ont jouy jusqu'à l'année 1670, que le feu roy [1], estant informé que le logement que les libraires occupoient dans le Collége royal ne leur appartenoit pas, envoya un ordre aux libraires d'en sortir, auquel n'ayant pas obéy, feu M. Colbert envoya un second ordre le 4 décembre 1672, qui fut signifié au syndic par un garde du roy de la prevosté, auquel ils refusèrent encore d'obéir.

Enfin, le 24 octobre 1679, M. Colbert envoya un exempt des gardes de la prévosté, avec un troisième ordre, pour les faire sortir de force, ce qui fut exécuté. Ils ont fait depuis ce temps plusieurs tentatives, dont ils ont toujours esté rebutés, avec justice.

Présentement, la communauté des libraires sollicite auprès de son Altesse Royale monseigneur le duc d'Orléans, pour avoir la place qui reste à bâtir dudit Collége royal, ce qui ne seroit pas juste de leur accorder, attendu que tout le terrain du Collége royal est destiné pour loger les professeurs royaux et les imprimeurs du roy, et non pour une communauté de marchands libraires qui en a esté chassée en 1679. Il est très-important que monseigneur le duc d'Antin soit informé de la démarche des marchands libraires, afin qu'il s'oppose à leur injuste demande. Il y a bien plus de justice d'accorder le même terrain aux imprimeurs ordinaires du roy, qui ont l'honneur d'avoir monseigneur le duc d'Antin pour supérieur, et qui donnent tout leur temps, peines et soins pour le service du roy et de l'Estat.

A partir du jour de la rentrée en France des matrices achetées à Genève, les *grecs du roi* reparurent avec tout leur éclat dans un grand nombre de belles et savantes éditions. Je citerai particulièrement une collection des Pères de l'Église, en 10 volumes in-folio, publiée en 1624 par la compagnie des libraires connue sous le nom de *Société de la Grand'Navire,* et composée de Michel, Laurent, Jean Sonnius et Jérôme Drouart. Cette édition, ordinairement reliée en huit volumes, est copiée sur celle donnée précédemment par Margerin de la Bigne; mais elle est augmentée des Pères grecs.

---

réunie; toutefois nous avons vu que cette dernière possédait déjà une salle au Collége royal en 1617.

[1] Cette mention fixe approximativement la date de ce mémoire à l'an 1715.

La même année Antoine Estienne publia, pour une autre grande compagnie appelée *Societas græcarum editionum* [1], une édition de Plutarque, en 2 volumes in-folio. Il a soin de constater sur le titre que cette impression est faite avec les types royaux (*typis regiis*).

En 1625, le même imprimeur exécuta pour la même compagnie, que La Caille dit composée de Morel, Sonnius, Cramoisy et Buon, une édition de Xénophon; en 1629, une d'Aristote, etc.

Une nouvelle compagnie de libraires à la *Grand'Navire*, ayant pour associés Étienne Richer, Sébastien Cramoisy, Denis Moreau, Claude Sonnius, Gabriel Cramoisy et Gilles Morel, publia en 1638, *typis regiis*, les œuvres de saint Cyrille d'Alexandrie; en 1641, celles de Clément d'Alexandrie, etc.[2]

Vers le même temps la fondation de l'Imprimerie royale, et l'impression dans cet établissement de la collection de la *Byzantine*, donnaient un nouveau relief aux types de François Ier, dont les matrices restèrent toutefois encore dans les mains d'Antoine Estienne. Ce typographe prenait alors (1649) le titre de *premier imprimeur et libraire ordinaire du roi*, titre qu'il rendait en latin par les mots : « Prototypographus regius et christianissimi regis bibliocomus ordinarius[3]. »

Mais bientôt après, poussé sans doute par la gêne qui, de 1650 à 1654, semble avoir arrêté l'essor de son imprimerie,

---

[1] Des exemplaires de ce livre portent sur le titre, *Apud Societatem græcarum editionum*; d'autres, *Apud Antonium Stephanum*. L'épître dédicatoire, adressée au roi Louis XIII, est signée par Antoine Estienne, *suo et societatis nomine*.

[2] En présence de ces faits, je ne m'explique pas le passage suivant des *Études* de M. Crapelet (p. 189) : « En 1637, le docteur Chartier, professeur de médecine, voulant publier une édition en grec et en latin des ouvrages d'Hippocrate, ne put trouver aucun correcteur à Paris capable de lire les épreuves de son livre, et il fut obligé de confier à plusieurs savants de ses amis ce pénible et minutieux travail. »

[3] Renouard, *Annales des Est.* 3e édit. p. 224 et 225.

Antoine Estienne commit un abus de confiance assez grave. Ce fait[1] nous est révélé par un arrêt du conseil dont il convient de donner ici le texte[2], quoiqu'il renferme quelques inexactitudes chronologiques.

Arrêt du Conseil portant défense de vendre les caractères grecs du Roi sans l'autorisation de Sa Majesté.

Sur ce qui a esté représenté au Roy estant en son conseil, que le roy François Ier, ayant fait graver des poinçons et frapper des matrices de plusieurs sortes de caractères grecs, entre autres celui appelé de *gros-romain*, et d'un autre plus petit appelé grec de *cicéro*, lesdits caractères furent trouvés si parfaits, qu'ils furent appelés les *grecs du roy*, et ont esté depuis employés aux impressions des ouvrages des Pères de l'Église grecque et des autres anciens auteurs grecs catholiques ; mais ces matrices ayant esté, par succession de temps, diverties et dispersées, mesme transportées dans les pays estrangers par la mauvaise conduite de ceux auxquels ces caractères avoient esté confiés, elles auroient, de l'autorité de Sa Majesté, et avec beaucoup de dépense et d'application, esté recueillies, et enfin déposées au Collége royal, et mises en la garde des Estienne, lesquels ayant fait fondre quantité des deux sortes de grecs aux despens de Sa Majesté, Antoine Estienne les auroit vendus à vil prix à un libraire nommé Lucas, faisant profession de la religion prétendue réformée, qui dit les avoir envoyés à Jean Berthelin, libraire à Rouen, faisant profession de la mesme religion prétendue réformée ; et d'autant qu'il importe de prévenir les abus desdits caractères contre

---

[1] Ce n'est malheureusement pas la seule indélicatesse qu'on puisse lui reprocher. En 1623, il publia un volume in-4°, sous ce titre : «Cardinalis Barberini, nunc Urbani VIII, Poemata ; *editio secunda.*» Cette mention de *seconde édition* est un mensonge qui a dû tourmenter plus d'un bibliophile, car il n'y a pas d'édition antérieure. Antoine Estienne a voulu par là cacher un abus de confiance, comme on l'apprend du passage suivant d'une lettre de Peyresc à Jacques Dupuy, bibliothécaire du roi, datée d'Aix en Provence, le 28 décembre 1623 : «..... Antoine Estienne est un grand frippon d'avoir osé imprimer les vers de N. S. Père, sous le nom d'Urbain VIII, puisque je le luy avois si estroitement deffendu, et qu'il me l'avoit si solemnellement promis. Il ne m'en a pas envoyé seulement une feuille de sa grâce, et n'en ay rien sceu que par vous. Il mériteroit bien d'estre traitté comme on traitte les fripons.....» (Bibl. imp. Collect. Dupuy, t. 716, folio 8 verso.)

[2] Archives imp. arrêts du Conseil, E. 1718, fol. 93. Voyez aussi ci-après, p. 72.

la religion catholique, apostolique et romaine, et qu'ayant esté fondus aux despens du roy, ledit Estienne n'en a pu disposer sans sa permission;

A quoi Sa Majesté voulant pourvoir, le Roy estant en son conseil, a ordonné et ordonne qu'à la diligence des procureurs généraux de Sa Majesté, lesdits caractères grecs seront saisis et arrestés en quelques lieux du royaume qu'ils se rencontrent, pour, les procès-verbaux de saisies rapportés, y estre pourveu par Sa Majesté ainsy qu'il appartiendra; a fait tres expresses inhibitions et deffense audit Estienne et à tous autres de faire faire aucune fonte desdits caractères grecs sur lesdites matrices, et à tous fondeurs desdites lettres d'en fondre sans permission de Sa Majesté, à peine de prison; fait pareillement deffense à tous libraires et autres de transporter hors du royaume lesdites lettres grecques, à peine d'être procédé extraordinairement contre ceux qui auront fait ou favorisé ledit transport.

A Paris, le vingtiesme juillet 1663. Signé Poncet et Seguier.

D'après ce document, on voit qu'Antoine Estienne n'avait pas le droit de faire faire des fontes des grecs du roi sans la permission de Sa Majesté. Peut-être, pour le punir de sa faute, lui retira-t-on la garde des matrices; cependant il semble l'avoir eue jusqu'à sa mort; mais il n'en fit plus usage à partir de 1664, époque où il paraît avoir cessé d'imprimer. Il mena encore pendant dix ans une vie misérable, et mourut en 1674, presque aveugle de vieillesse, à l'Hôtel-Dieu de Paris, où il s'était depuis peu retiré.

Je viens de dire qu'Antoine Estienne semblait avoir conservé la garde des matrices des grecs du roi jusqu'à sa mort. En effet, elles ne sont pas mentionnées dans un inventaire de l'Imprimerie royale fait en 1670, lorsque cet établissement passa de la direction de Sébastien Cramoisy à celle de son neveu Sébastien Mâbre-Cramoisy, qui en avait obtenu la survivance dix ans auparavant. Dans cet inventaire, il n'est question que de caractères grecs et non de matrices.

Quoi qu'il en soit, il est certain qu'aussitôt après la mort d'Antoine Estienne, sinon un peu avant, l'Imprimerie royale reçut en dépôt les matrices génevoises, car nous les y retrouvons en effet quelque temps après. Non content de cela, le gouvernement songea à y faire entrer les poinçons mêmes, dont l'existence avait été récemment révélée au public dans le curieux Mémoire de Vitré, déjà cité, et où on lit le passage suivant :

« Je dois rendre ce témoignage à l'honneur de messieurs de la Chambre des comptes, que les poinçons y sont encore aujourd'huy très-soigneusement conservés, dans des boëtes toutes garnies de veloux. Je sçay mesme que quelques grands, les ayant obtenues du roy en don, pour en tirer de l'argent, ils s'y sont fortement opposez. Il est vray que je fis considérer à quelques-uns de messieurs de cette compagnie, qui me firent l'honneur de m'en parler, de quelle importance estoient ces choses-là, et leur dis qu'il pourroit venir un temps auquel on puniroit comme des sacriléges ceux qui auroient donné les mains au transport de ces poinçons-là; qu'il y avoit lieu d'espérer qu'enfin on se lasseroit de tant ferrailler, et que Dieu peut-estre nous donneroit sa paix; qu'alors on ne les laisseroit pas là sans les faire servir, quand on en auroit besoin, ou en France ou aux autres pays catholiques, avec l'agrément du roy, en leur permettant d'en faire frapper des matrices, à la charge de mettre aux ouvrages qu'ils en feroient les mots : *typis regis christianissimi.* »

Mais, si on avait retrouvé la trace des poinçons grecs, on avait alors si complétement perdu de vue les circonstances de ce dépôt, que M. de Louvois, dans une lettre du 10 décembre 1683, crut devoir demander à la Chambre des comptes « comment la cassette qui le renfermoit avoit été portée à la Chambre, comment la Chambre en étoit chargée, en vertu de quel ordre, et copie de cet ordre, s'il se pouvoit[1]. »

Il ne paraît pas qu'on ait pu répondre d'une manière satis-

---

[1] De Guignes, *Essai*, etc. p. xcii du premier volume de la collection des *Notices et extraits des manuscrits de la Bibliothèque royale* (Paris, Impr. royale, in-4°, 1787).

faisante à ces diverses demandes, car la Chambre des comptes ignorait elle-même d'où lui venait ce dépôt.

Cinq jours après, Louis XIV écrivait aux gens de la Chambre des comptes la lettre suivante, qui prouve qu'on ignorait même de quoi se composait au juste le dépôt en question :

Lettre du Roi aux gens tenant la Chambre des comptes, pour leur ordonner de remettre au directeur de l'Imprimerie royale une layette renfermant des poinçons de caractères grecs.

Louis, etc. à nos amés et féaux les gens tenant notre Chambre des comptes à Paris, salut. Ayant été informé qu'il y a dans le greffe de notre dite chambre une layette remplie de *poinçons ou matrices* de lettres grecques et autres, déposées audit greffe depuis longtemps, lesquelles pourroient s'y gâter [1], et qu'elles peuvent servir à notre imprimerie pour en faire des caractères, voulant qu'elles soient mises entre les mains de notre amé Sébastien Mâbre-Cramoisy, directeur de notre dite imprimerie, et pour cet effet tirées du greffe de notre dite Chambre;

A ces causes, nous vous mandons et ordonnons de faire incessamment remettre cesdits *poinçons et matrices* entre les mains dudit Cramoisy, desquels il se chargera au bas du procès-verbal que vous en ferez faire, pour, par lui, être conservés en notre dite imprimerie; car tel est notre plaisir.

Donné à Versailles, le quinzième jour du mois de décembre, l'an de grâce mil six cent quatre-vingt-trois, et de notre règne le quarante-unième.

Signé LOUIS. Et plus bas : Par le roi, COLBERT.

Avant de s'exécuter, la Chambre des comptes exigea trois lettres de cachet, une pour la compagnie, une pour le premier président, et une pour les avocat et procureur généraux. Ces formalités remplies, la layette fut remise. Elle consistait en huit paquets de poinçons, dont on fit faire presque aussitôt des matrices; c'est du moins ce qu'il est permis de conclure des inventaires de l'Imprimerie royale qui furent dressés par la veuve de Sébastien Mâbre-Cramoisy, pour être remis au nouveau directeur,

---

[1] Ce dépôt aurait probablement péri dans l'incendie de la Chambre des comptes, en 1727, s'il y fût resté.

Jean Anisson, nommé le 15 janvier 1691. L'inventaire signé par ce dernier le 29 janvier nous apprend, en effet, qu'il y avait alors à l'Imprimerie royale deux assortiments de matrices des deux plus petits caractères, c'est-à-dire l'assortiment provenant de Genève et celui exécuté récemment à Paris.

Voici les chiffres donnés par cet inventaire, où on voit figurer le gros-parangon, qui ne se trouvait pas dans les matrices de Genève :

Gros-parangon.. 82[1] poinçons................ 497 matrices.
Gros-romain ... 447 poinçons.. { 1er assortiment... 614
                                 2e assortiment... 537
Cicéro........ [2] poinçons.. { 1er assortiment... 481
                                2e assortiment... 350 (désassorties).

Dans un inventaire général du 8 février 1691, signé Muguet et Cognard, on retrouve le même détail de poinçons et de matrices des caractères grecs; malheureusement on n'a fait que copier le premier, et nous ne pouvons par conséquent rectifier les erreurs de celui-ci.

Dès le début de la direction de Jean Anisson, on songea à réparer ce qui pouvait manquer dans les caractères grecs du roi. Le 7 février 1692, dit de Guignes [3], M. de Pontchartrain passa avec le graveur Grandjean un marché par lequel celui-ci « s'engagea de faire cent cinquante-six poinçons de lettres grecques de gros-romain, plus d'en frapper deux matrices de chacun en beau cuivre rouge, avec une fleur de lis marquée, ainsi que sur le poinçon. L'une de ces matrices sera justifiée au premier assorti-

---

[1] Ce chiffre est évidemment inexact; il a été emprunté à un *état* où on a fait suivre d'un *p* certaines lettres, comme devant indiquer celles dont on avait des poinçons, mais où l'on a omis tout le gros de l'alphabet. Il y avait certainement plus de 300 poinçons pour le gros-parangon.

[2] Ici on a mieux fait que de se tromper de chiffre, on n'en a point mis du tout. Il y avait plus de 300 poinçons de ce corps.

[3] *Notices et extraits des manuscrits*, etc. t. I, p. xciii.

ment des matrices de gros-romain grec, et l'autre au second assortiment du même gros-romain grec. »

On se proposait aussi de faire plusieurs autres corps de grec, comme on le voit par un marché détaillé de Grandjean; mais ce marché ne reçut qu'un commencement d'exécution. Grandjean commença un quatrième corps de grec de même style; mais ce caractère, plus fort que les autres, est resté imparfait, et le nombre de poinçons qu'on en possède est très-restreint. Il grava aussi des majuscules et quelques lettres longues raccourcies, destinées à permettre de fondre le gros-romain sur le corps Saint-Augustin, afin de remplacer un caractère de ce nom que possédait l'Imprimerie royale, mais dont elle n'avait ni poinçons ni matrices.

Nous avons vu que l'Angleterre n'avait pu s'approprier les matrices grecques de Robert Estienne, malgré les démarches de son ambassadeur à Genève. Plus tard, l'université de Cambridge, qui déjà s'était procuré en France de vieilles fontes des deux plus petits caractères des grecs du roi, avec lesquelles elle imprimait ses livres, désira s'en procurer de nouvelles fontes plus considérables. Les curateurs de l'imprimerie fondée dans cet établissement s'adressèrent pour cela à Clément, garde de la Bibliothèque du roi, et demandèrent quatre ou cinq cents livres de chacun de ces caractères, offrant de reconnaître cette faveur dans une préface des premiers ouvrages qu'ils imprimeraient, et d'en payer le prix en livres. De plus, ils s'offraient de s'entremettre pour faire obtenir à l'Imprimerie royale de France, en telle quantité qu'elle voudrait, et aux conditions auxquelles l'obtenait l'université de Cambridge, une encre à imprimer particulière, luisante, dont le secret appartenait à une société anglaise[1].

---

[1] Voyez les différentes pièces relatives à cette affaire dans mon livre intitulé *Les Estienne*, etc. p. 40 et suivantes.

Si l'on en croit M. de Guignes, cette affaire échoua parce que M. l'abbé Bignon ne voulut pas se relâcher de la condition imposée, c'est-à-dire qu'outre la préface où l'on s'offrait de mentionner la concession faite par l'Imprimerie du Louvre, chaque volume de la collection porterait sur le titre : *Characteribus græcis e typographeio regio parisiensi.* L'amour-propre national des curateurs de l'imprimerie universitaire de Cambridge ne crut pas pouvoir l'accepter. J'ai fait de vains efforts pour éclaircir ce point intéressant de l'histoire des types grecs de François Ier. Il paraît qu'il ne reste plus aucune trace de cette négociation dans les archives de l'université de Cambridge, où on a bien voulu faire quelques recherches, sur ma demande [1].

Nous avons vu que, lorsqu'on retira les poinçons grecs de la Chambre des comptes en 1683, on ignorait leur origine. Un fait plus extraordinaire, c'est que, quarante ans après, l'administration elle-même avait perdu de vue ce retrait, au point de demander de nouveau à la Chambre des comptes ces poinçons, dont l'existence lui avait sans doute été révélée plus tard par quelque document officiel. C'est ce que nous apprenons par une lettre de M. de Foncemagne, datée du 30 septembre 1727, et dont M. de Guignes avait vu l'original au dépôt de la Bibliothèque royale. N'ayant pu retrouver cette pièce, non plus que celles qui s'y rapportaient, je transcris ici littéralement ce que dit sur cette affaire M. de Guignes lui-même : « M. de Foncemagne, dit-il, s'exprime en ces termes, qui sont positifs, mais contraires à tout

---

[1] C'est ce que m'a appris M. J. Power, principal bibliothécaire de l'université de Cambridge, dans une lettre datée du 20 octobre 1851, dont voici un passage relatif à la personne du principal négociateur de cette affaire : « I conclude you have seen the letter of M. Prior from your mention of Whitehal (probably the palace of White Hall), which name does not occur in printed history to which you refer me. I have no doubt this person was Matthew Prior, our celebrated comic poet, who was a great favourite at the French court, and particularly patronised by Louis XIV, on which account he was much employed as a diplomatist by the English government. »

ce que je viens de dire : «Celui des greffiers de la Chambre « des comptes que M. le premier président avoit chargé de traiter « avec M. Anisson pour la restitution du dépôt des poinçons grecs « que j'ai decouverts à la Chambre est en campagne depuis quel- « que temps. Cette affaire n'est point finie, et ce délai, que je « n'avois pas prévu, a reculé la réponse que je dois à M. Grand- «jean. » M. de Foncemagne, qui savoit que François Ier avoit déposé es poinçons grecs à la Chambre des comptes, aura parlé de ce dépôt, et en aura sollicité la restitution; on les aura cherchés, parce qu'on a pu avoir oublié alors ce qui s'étoit passé quarante ans auparavant. Je n'ai trouvé, sur cette demande de M. de Foncemagne, que cette simple lettre : il y auroit eu alors des lettres patentes et diverses formalités dont je ne découvre aucune trace [1]. »

N'est-il pas surprenant, en vérité, que des savants comme Foncemagne, qui avaient tous les jours sous les yeux les livres imprimés au Louvre, n'aient pas reconnu dans ces caractères les types grecs de François Ier? L'insuccès bien naturel de la démarche de M. de Foncemagne ne fit pourtant que donner plus de consistance à l'opinion déjà répandue de la perte des types royaux. Cette opinion devint à peu près générale dans le XVIIIe siècle. En 1768, Fournier le jeune, habile fondeur et graveur de Paris, auteur de plusieurs ouvrages sur l'origine de l'imprimerie, déplore vivement cette perte dans son *Manuel* [2]; Pierre Didot exprimait le même regret en 1786, dans une épître sur les progrès de l'imprimerie [3]. Il est vrai que, pendant tout le XVIIIe siècle, l'Imprimerie royale n'eut que fort peu d'occasions de

---

[1] *Notices et extraits des manuscrits*, etc. t. I, p. xcv.
[2] Tome II, p. xxii.
[3] A la suite d'un *Essai de fables nouvelles* par Didot fils aîné (Paris, 1786, in-18), p. 105 :

Et ses beaux types grecs ne se retrouvent plus!

se servir de ses types grecs [1]. Depuis la publication de la *Byzantine* ils dormaient dans les casses, lorsque, peu de temps avant la Révolution, le roi Louis XVI ordonna la publication du grand recueil intitulé : *Notices et extraits des manuscrits de la Bibliothèque du roi*. La nécessité de se procurer pour cette publication des caractères orientaux fit faire des recherches à l'Imprimerie royale, et on y retrouva non-seulement les poinçons et matrices des types royaux, mais encore ceux des caractères arabes, persans, etc. provenant de Savary de Brèves, et qu'on croyait perdus également.

Nous allons parler de ces derniers caractères dans la section suivante.

---

[1] Je vois dans un Mémoire remis au roi par le directeur Anisson, en 1789, et qui se trouve aux Archives de l'Empire, «qu'en 1731 le roi Louis XV fit exécuter à chacun des anciens corps grecs plusieurs suites de grandes lettres et capitales qui y manquoient.» C'est tout ce que j'ai pu recueillir d'historique sur les types du roi durant le XVIIIe siècle.

DEUXIÈME SECTION.

LES CARACTÈRES ORIENTAUX DE LOUIS XIII.

François Savary de Brèves, ambassadeur de France à Constantinople sous les rois Henri III et Henri IV, ayant pris goût à l'étude des langues orientales, fit graver dans cette ville, d'après les plus beaux manuscrits qu'il avait pu se procurer, des caractères arabes, persans, syriaques et turcs, avec lesquels il se proposait de faire imprimer certains ouvrages. Rappelé en France vers la fin du règne de Henri IV, il n'eut pas l'occasion de réaliser son projet en Orient; mais il le fit à Rome, où il fut envoyé, peu de temps après, par Louis XIII. En attendant, il profita de son séjour de quinze mois à Paris pour faire perfectionner ses poinçons par le célèbre graveur Le Bé. C'est du moins ce qu'il est permis d'induire du passage d'une lettre d'Erpenius où, faisant allusion aux impressions de Savary de Brèves, il dit à Isaac Casaubon, en lui envoyant son petit recueil de proverbes arabes, imprimé à Leyde, qu'il a été exécuté avec les types de Raphelingue, et non avec ceux de Le Bé, comme on pourrait le croire (*typis Raphelingianis, non Lebeanis, ut futurum putabas*), par suite de la perfection de cette impression.

Savary arriva à Rome en 1613, et la même année il publia le catéchisme de Bellarmin. On lit sur la première page de ce livre en commençant par la fin, suivant l'usage arabe :

« Doctrina christiana illustrissimi et reverendissimi D. D. Roberti S. R. E. Card. Bellarmini, nunc primum ex italico idiomate in arabicum, jussu S. D. N. Pauli V, pont. max. translata. — Per Victorium Scialac Accurensem, et Gabrielem Sionitam Edeniensem, Maronitas e monte Libano, etc. — Munificentia illustrissimi et excellentissimi D. D. Francisci Savary de Breves, regis christianissimi a consiliis, ejusque apud eumdem Summum Pontificem oratoris, et serenissimi ducis Andegavensis regis fratris unici gubernatoris, ad fidei propagationem et orientalium christianorum commodum. »

Au verso de ce titre, ou pour mieux dire au recto du feuillet, sont les armes du pape Paul V. Puis vient la dédicace à ce pape, et à la fin les armes de M. de Brèves. Le tout forme une feuille in-8°; après quoi viennent le texte latin et la traduction arabe formant 171 pages, plus un feuillet portant l'approbation, et un autre sur lequel on lit : « Romæ, ex typographia Savariana, excudebat Stephanus Paulinus. M.DC.XIII. » En tout 12 feuilles petit in-8°.

En 1614, M. de Brèves publia un psautier arabe avec traduction latine. On trouve sur la première page de ce livre, qui est in-4°, à peu près les mêmes indications que sur le catéchisme de Bellarmin, c'est-à-dire que le livre fut imprimé à Rome, aux frais de M. de Brèves, par l'imprimeur Étienne Paulin, et par les soins de Scialac et Sionita[1]; seulement on voit ici paraître les armes de France au lieu de celles du pape.

Le titre arabe du psautier est en gros et magnifiques caractères. Ceux du texte sont plus petits, mais les uns et les autres sont plus élégants que ceux de l'imprimerie de la Propagande, fondée à Rome par les papes, et de l'imprimerie des Médicis, fondée à Florence par les princes de cette maison.

Vers la fin de cette année, M. de Brèves revint à Paris, et y

---

[1] Quelques exemplaires ont reçu un titre daté de 1619.

ramena avec lui l'imprimeur Étienne Paulin et deux Maronites, Gabriel Sionita et Jean Hesronita, qui étaient à son service depuis quelque temps. Scialac resta à Rome, pour une raison qui m'est inconnue.

Pour récompenser et encourager les deux Maronites qui avaient suivi M. de Brèves, le roi leur accorda, l'année suivante, à la demande de celui-ci, une pension de six cents livres chacun, par brevet daté du 24 janvier 1615.

De plus, le roi ordonna de leur donner un logement dans quelque collége, où ils pussent travailler paisiblement. Ils choisirent le collége des Lombards, situé rue des Carmes.

Cette année même, M. de Brèves fit imprimer par les soins de ces deux Maronites les « Articles du traicté faict en l'année 1604, entre Henry le Grand, roy de France et de Navarre, et le sultan Amat, empereur des Turcs, par l'entremise de messire François Savary, seigneur de Brèves, conseiller du roy en son conseil d'Estat et privé, lors ambassadeur de Sa Majesté à la Porte dudit empereur. » (En arabe et en français.) « Paris, de l'imprimerie des langues orientales, arabique, turquesque, persique, etc. par Estienne Paulin, rue des Carmes, au collége des Lombards, 1615. » Petit in-4° de 148 pages. Au frontispice on voit les armes de France et de Navarre.

Étienne Paulin abandonna bientôt après la France pour retourner à Rome; mais son départ n'empêcha pas de continuer à Paris les impressions arabes. En 1616, Sionita et Hesronita y firent imprimer une grammaire arabe, chez Jérôme Blageart, au collége des Lombards, avec la suscription *ex typographia Savariana*, comme au psautier de Rome. L'épître dédicatoire, adressée à Jacques de Thou et au cardinal du Perron, est datée du 7 janvier 1616.

En 1617, des difficultés s'étant élevées au sujet du local occupé par Sionita au collége des Lombards, le roi, par brevet du 27 janvier 1618, lui accorda deux mille livres de rente, pour le mettre à même d'en choisir un autre à son gré.

Cet acte explique le changement de domicile de la *Typographie savarienne*, qui fut alors transférée du collége des Lombards près du collége de Reims, comme on le voit par le titre d'un livre imprimé l'année suivante.

Ce livre, publié en 1619 par les mêmes éditeurs, sous le titre de *Geographia Nubiensis*, est la traduction latine d'un ouvrage arabe imprimé à Rome à la fin du siècle précédent (1592). Cette traduction forme un volume in-4° de 278 pages, non compris la table des matières, et une addition de 54 pages. Quelques noms de lieux ont été laissés en arabe par suite de l'impossibilité où se sont trouvés les traducteurs de rétablir le texte, par trop corrompu. Les indications portées sur le titre de ce livre nous apprennent que Sionita avait été nommé professeur d'arabe depuis l'octroi du brevet de 1618; on y lit en effet : « A Gabriele Sionita, syriacarum et arabicarum litterarum professore atque interprete regio, et Joanne Hesronita, earumdem regio interprete, maronitis. Parisiis, ex typographia Hieronymi Blageart, prope collegium Rhemense. »

En 1622, Jean-Baptiste Duval, également professeur des langues orientales, donna un vocabulaire latin-arabe, mais en renvoyant pour le mot arabe au psautier de M. de Brèves. Il a mis seulement en caractères arabes les titres des psaumes à la fin de l'ouvrage, imprimé chez Antoine Vitré, qui y prend le titre de *linguarum orientalium typographus regius*.

Antoine Vitré (ou Vitray, car il écrit quelquefois son nom de cette façon, qui paraît être la bonne, mais qui n'a pas prévalu) était le fils aîné [1] de Pierre Vitré, libraire à Paris de 1606 à

---

[1] Il avait un frère appelé Barthélemy, qui fut également libraire à Paris, et qui mourut en 1683, laissant un fils, reçu libraire en 1662, sous le nom de Martin Vitré.

1610. Il devint libraire à son tour, et acheta vers 1620 l'imprimerie de Jacques Duclou, que gérait la veuve de ce dernier. Il prit également l'enseigne de ce libraire, *Hercule terrassant un monstre*, avec ces mots : *Virtus non territa monstris*. Le premier livre imprimé par lui paraît être *Le Bruslement des moulins des Rochelois*, in-8°, 1621. Nous venons de voir qu'en 1622 il se qualifiait déjà imprimeur du roi pour les langues orientales, ayant succédé à Étienne Paulin et à Jérôme Blageart dans l'emploi des caractères de M. de Brèves.

En 1625, Antoine Vitré imprima un psautier syriaque et latin à l'usage des chrétiens du Levant, aux frais de Sionita. Nous en reparlerons plus loin.

On projetait alors l'impression d'un dictionnaire arabe, mais on voulait d'abord publier une Bible, comme nous l'apprend Duval dans la préface de son vocabulaire de 1622 : «Unde noscant omnes (dit-il) Gallos nostros aquilas veteres, volatu suo, non æquasse modo, sed altius penetrasse.» Cette Bible est celle que Le Jay fit imprimer quelques années après. Malheureusement M. de Brèves n'eut pas la satisfaction de voir commencer ce travail : il mourut en 1627.

En 1628, Vitré imprima pour Sionita un ouvrage intitulé : *Veteris philosophi Syri de sapientia divina, poema ænigmaticum*, in-4° de 36 pages (texte syriaque avec traduction latine), dédié au garde des sceaux Michel de Marillac.

En 1630, il imprima encore la Grammaire turque de Du Ryer, ancien vice-consul de France en Égypte.

Mais ce fut la dernière publication de ce genre faite dans ces conditions, car la mort de M. de Brèves, ou plutôt celle de sa femme, arrivée peu de temps après, faillit priver la France de cette typographie orientale. Les héritiers de M. de Brèves mirent les caractères en vente, en 1632, avec le reste de sa succession, et les Anglais et les Hollandais, qui en connaissaient la valeur, les marchandaient déjà, et étaient sur le point de les obtenir, lorsque le roi ordonna à Vitré de les acheter à ses dépens.

« Le feu roy, dit Vitré, dans un Mémoire imprimé vers l'année 1656 [1], ayant esté adverty que les héritiers de M. de Brèves vouloient vendre les poinçons des caractères syriaques, arabes de trois sortes et persans de deux sortes, avec les matrices toutes frappées, au nombre de plus de deux mille chacun, que ledit sieur de Brèves avoit fait faire en Levant, pendant le temps de son ambassade à Constantinople, outre plusieurs beaux manuscrits arabes, turcs et persans, qu'il avoit fait amasser avec beaucoup de soin en divers endroits de l'Orient, Sa Majesté envoya querir Vitré, son imprimeur aux langues orientales, et luy commanda d'avoir soin que des choses uniques, si belles et si admirables, ne fussent point vendues à des estrangers ny à d'autres personnes qui les emportassent hors de France, tant parce qu'ils

---

[1] Vitré a écrit trois Mémoires sur ce sujet. Le premier est intitulé : « Mémoire qu'Antoine Vitré a donné à messeigneurs les commissaires nommés par l'assemblée générale, pour avoir soin des impressions des PP. grecs qui doivent être imprimés par l'ordre du clergé. » Une feuille in-4°. Le second, de 12 pages in-4°, ne porte pas de titre ; mais il se trouve entièrement fondu dans le troisième, intitulé : « Histoire du procez qu'on renouvelle de temps en temps à Antoine Vitré, à cause de l'achapt que le roy l'a obligé de faire des poinçons, des matrices et des manuscripts turcs, arabes et persans que feu M. de Brèves avoit apportez du Levant pendant son ambassade à Constantinople, avec les pièces justificatives de l'estat où il est encore à présent. » 28 pages in-4°. Aucun de ces Mémoires ne porte de date ni de nom d'imprimeur ; mais ils ont certainement été imprimés chez Vitré vers 1656, c'est-à-dire avant la solution de son procès, que nous ferons connaître. Le premier de ces mémoires me semble aujourd'hui tout à fait inconnu ; j'en ai donné quelques passages dans mon travail sur les types grecs de François Ier. Le second a été mentionné par Chevillier, qui le cite p. 299 de son livre sur l'imprimerie de Paris. Le troisième a été connu par M. de Guignes, qui l'a utilisé dans son *Essai historique sur l'origine des caractères orientaux de l'Imprimerie royale* (*Notices et extraits des manuscrits de la Bibliothèque du roi*, in-4°, t. I). C'est ce dernier que j'invoque ici comme le plus complet. Il se trouve à la Bibliothèque du Louvre, dans le volume in-4° coté 663 du Recueil A.

en pourroient faire beaucoup de mal à la religion, qu'à cause que c'est un des beaux ornemens de son royaume...

« Vitré, obéissant d'autant plus volontiers au roy qu'il avoit connoissance du prix d'une chose si rare, se rendit adjudicataire en son nom, tant desdits poinçons, matrices, que manuscrits, pour le prix seulement de quatre mil trois cens livres, quoyqu'en un autre temps M. de Noyers en eust fait offrir jusqu'à vingt-sept mil livres.

« L'adjudication faite, ledit Vitré le fit savoir au seigneur cardinal duc, qui, l'ayant dit au roy, commanda qu'on lui délivrast une ordonnance de la somme de six mil livres pour payer ledit achapt, qui montoit à la somme de quatre mil trois cens livres seulement, le reste devant estre employé pour faire graver les poinçons et frapper les matrices des langues éthiopienne et arménienne, que le roy y vouloit adjouter, pour faire que Sa Majesté eust en sa possession les caractères de tous les peuples de la terre. Voicy l'ordonnance qui luy fut mise entre les mains :

Ordonnance du Roi pour faire payer 6,000 livres à Antoine Vitré, son imprimeur, comme prix de l'acquisition des matrices des caractères orientaux de Savary de Brèves.

Thrésorier de mon espargne, payez comptant à Antoine Vitré, mon imprimeur es langues orientales, la somme de six mil livres tournois, que j'ay ordonné estre mise en ses mains, pour estre par luy employée au payement des poinçons et des matrices des caractères de gros, moyen et petit arabe, syriaques, persans, arméniens et éthiopiens, avec les livres manuscripts en arabe, turc, persan et syriaque, qu'il a achetés par mon exprès commandement, en la vente qui s'est cy-devant faite des meubles du feu sieur de Brèves; en ce compris quelques autres caractères et livres arméniens, qui ont été par luy achetés de quelques particuliers, selon que le tout est contenu en l'inventaire cy-attaché; lesquels poinçons et matrices seront mis en ma Chambre des comptes, pour y estre gardés avec les caractères grecs qui y sont desjà; et quant aux livres manuscripts, ils seront mis en ma Bibliothèque. Laquelle somme de six mil livres sera employée au premier acquit de comptant qui sera expédié à vostre descharge. Fait à Saint-Germain en Laye, le 6ᵉ jour de may 1632. — *Signé* LOUIS. Et plus bas : DE LOMENIE.

«Pour exécuter le commandement du roy, Vitré, espérant qu'on payeroit l'ordonnance, veu que c'estoit pour une chose si utile, et où il n'avoit aucun intérêt en son particulier, fit marché au sieur de Sanlecque, excellent graveur et fondeur de lettres d'imprimerie, pour graver les poinçons et frapper les matrices desdites lettres éthiopiennes et arméniennes, à commencer par les arméniennes.

«Ledit de Sanlecque, ayant achevé les arméniennes (comprenant cinquante poinçons), demanda son payement à Vitré, qui le pria d'avoir patience qu'il eust receu les fonds qu'on luy avoit destinés. Enfin ledit de Sanlecque ayant tesmoigné ne vouloir pas attendre les longueurs de messieurs des finances, Vitré fut contraint, pour éviter procès, de lui faire cette promesse :

Je soussigné, imprimeur du roy es langues orientales, confesse que, suivant le commandement que j'en ay receu de Sa Majesté, j'ay fait marché à monsieur de Sanlecque pour graver les poinçons, frapper et justifier les matrices de la langue arménienne, moyennant la somme de cent soixante livres. Et parce que ledit sieur Sanlecque estoit en résolution de me poursuivre, pour éviter les frais qui eussent pu tomber sur Sadite Majesté, j'ay retiré lesdits poinçons et matrices, moyennant ladite somme, que je luy promets payer en mon nom ; sçavoir : trente livres par mois jusques à la fin de payement de ladite somme de cent soixante livres ; le premier payement desdites trente livres commençant au 12ᵉ jour de may prochain, et ainsi continuer de mois en mois sans discontinuer, jusques à l'entier payement. Fait à Paris, ce douziesme jour d'avril mil six cens trente-trois. *Signé* ANTOINE VITRÉ.

Voici les payements faits par Vitré, écrits de la main de Sanlecque, sur le dos de ladite promesse :

Ce 25 may [1633], j'ai receu, sur le contenu de l'autre part, la somme de trente-deux livres seize sols.

Plus, ce   juin, j'ay encore receu, sur la partie escrite de l'autre part, trente-quatre livres.

Plus, ce 18 juillet 1633, j'ai receu, sur le contenu de l'autre part, la somme de trente-deux livres seize sols, en deux quadruples d'Italie.

Plus, j'ay encore receu une pistole d'Espagne, valant huit livres dix sols.

Plus, ce 24 octobre, j'ay encore receu quatre pistoles d'Italie, valant ensemble trente-trois livres quatre sols.

Plus, ce 3 décembre 1633, j'ay receu quarante-deux livres dix sols, en cinq pistoles d'Espagne.

Il s'est trouvé vingt-quatre livres plus payé que ce qui estoit deu sur la promesse que j'ay fait escrire sur le livre du sieur Sanlecque.

A bon compte, ce 3 décembre 1633.

Signé JACQUES DE SANLECQUE.

Vitré, cependant, averti que les héritiers de feu M. de Brèves le voulaient poursuivre en justice pour obtenir le payement de son acquisition, le fit savoir au cardinal duc de Richelieu, qui l'assura que le roi mettrait ordre à cette affaire, et qu'il n'en aurait jamais déplaisir; au contraire, qu'il serait récompensé du service qu'il rendait au roi et au public.

Voyant qu'on ne le payait que de paroles, que tous les jours il était pressé par l'huissier qui avait fait la vente, et que M. l'Escuyer, créancier de la succession de M. de Brèves, avait eu sentence par défaut aux requêtes du palais, Vitré appela de ladite sentence, pour avoir le temps de faire payer, comme on le lui promettait tous les jours.

Pendant ce temps-là, M. le président Sanguin, tuteur honoraire de MM. de Brèves, fit mettre le procès dans sa chambre, et distribuer à M. Nevelet, parent de M. l'Escuyer, à la requête de qui Vitré était poursuivi. Vitré présenta alors à M. de Noyers, que le roi avait chargé de l'affaire, une requête dans laquelle il demandait qu'on le déchargeât au moins des poursuites, puisqu'on ne pouvait le rembourser des frais de l'acquisition qu'il avait faite au nom de Sa Majesté, s'offrant de rendre aux héritiers de

M. de Brèves les matrices des caractères orientaux, quoiqu'elles soient dans un meilleur état que lorsqu'il les a achetées.

Quelque temps après, M. Arnoul, alors commis de M. de Noyers, et depuis l'un des intendants des bâtiments du roi, avertit Vitré qu'il y avait arrêt sur sa requête. Cet arrêt, daté du 20 juin 1633, « fait très-expresses inhibitions et défenses à tous huissiers et sergens de mettre à exécution aucuns arrests et jugemens contre ledit Vitré pour raison de ce, à peine de mil livres d'amende, et de tous dépens, dommages et intérests, jusques à ce que autrement par Sadite Majesté en ait été ordonné. »

A partir de là, MM. de Brèves furent longtemps sans rien demander, mais les poursuites recommencèrent en 1644, et le 31 mars 1645 fut rendu un arrêt qui condamnait Vitré à payer aux héritiers de Brèves la somme de 4,300 livres, avec dépens.

Vitré attendit quelque temps, après quoi il fit imprimer, en une brochure de 12 pages in-4° [1], toutes les pièces de cette affaire, et pria M. de Priezac, conseiller d'État, d'y jeter les yeux, et de le faire voir au chancelier, pour le disposer à recevoir favorablement la prière que Vitré avait à lui faire, de vouloir remédier aux conséquences du dernier arrêt qu'on lui avait donné à signer, parmi une infinité d'autres, à la fin du quartier. M. de Priezac eut la bonté de tout voir, et de le faire voir ensuite au chancelier.

Celui-ci, qui savait que Vitré avait donné les manuscrits pour être placés dans la bibliothèque du cardinal duc de Richelieu, par l'ordre du roi, et qui se rappelait lui en avoir lui-même donné un arrêt de décharge, attendant que les affaires de Sa Majesté permissent qu'on pourvût au payement, témoigna n'avoir pas désagréable que Vitré donnât sa requête au conseil, et qu'il la mît entre les mains de M. d'Étampes, conseiller d'État. Il se

---

[1] C'est en effet là que s'arrête le premier mémoire de Vitré, qui a 12 pages.

chargea même volontiers de la requête de Vitré, qui ne demandait d'ailleurs autre chose que ce qu'il avait toujours demandé, c'est qu'il plût au roi de payer ou de rendre les caractères de M. de Brèves.

L'affaire fut rapportée en plein conseil. M. d'Étampes y fit bientôt comprendre de quelle importance il était pour l'honneur du roi que ces beaux caractères ne sortissent pas du royaume. Après le rapport, la compagnie rendit, le 8 mai 1647, un arrêt portant que les parties seraient assignées au conseil, et qu'il serait « cependant sursis à l'exécution de l'arrêt du dernier mars 1645, et à toutes poursuites au parlement de Paris, jusqu'à ce qu'autrement par Sa Majesté en ait été ordonné. »

Vitré fit signifier cet arrêt à MM. de Brèves le 16 mai 1647.

Après tant d'arrêts qui avaient retenu la cause au conseil, la partie elle-même, qui avait promis de s'y présenter et de solliciter, de concert avec Vitré, sur l'assignation qui lui avait été donnée à sa requête dès le 16 mai 1647, se pourvut au contraire de nouveau au parlement en 1654, sept ans après cette assignation. Elle y remontra qu'elle avait perdu les pièces de son procès, et demanda jugement sur la sentence rendue par défaut aux requêtes du palais dès l'année 1633, et sur l'arrêt rendu au rapport de M. Le Gras, en 1645, taisant celui de 1647 et l'assignation qui lui avait été donnée au conseil.

M. Hébert, conseiller en la cinquième chambre, à qui ce procès avait été distribué, fit avertir Vitré qu'on le poursuivait; celui-ci remercia M. Hébert, et lui dit quelque chose de l'affaire en gros; mais, comme il fallait plus de temps que le sieur Hébert n'en pouvait donner alors, Vitré lui laissa seulement les deux premières feuilles de son Mémoire, parce qu'il n'y avait encore que cela d'imprimé.

Vitré, cependant, n'ayant pas les pièces de ce procès (elles étaient chez l'avocat au conseil qui s'y était présenté pour lui), fit dresser une requête narrative du fait, à laquelle il attacha tous les arrêts. M. de Lamoignon eut la bonté de s'en charger, et, à son rapport, le conseil rendit son arrêt (c'est le cinquième), qui porte défense aux parties de se pourvoir ailleurs.

« Voilà, dit Vitré en terminant, toute l'histoire justifiée par pièces authentiques, qui font assez voir combien il a eu de peine et combien il luy couste d'argent, au lieu de la récompense qu'il devoit attendre.

« Pour conclusion, il supplie nosseigneurs du conseil de vouloir au moins le tirer de la peine où il est depuis plus de vingt ans pour sçavoir seulement s'il plaidera au conseil ou ailleurs, et de considérer aussi que tant de sollicitations qu'il luy a fallu faire en tous les tribunaux où il a esté traduit l'ont empesché de travailler comme il eust bien pu s'il n'avoit point eu ce procès.

« Il croit qu'il est encore obligé de représenter auxdits seigneurs que, si les poinçons et les matrices de ces caractères-là sont une fois transportez hors de France, l'Église en recevra des dommages qui ne se peuvent exprimer, outre que la postérité aura sujet de s'estonner comme il se sera peu faire que tant de si grands, de si illustres et si sçavans personnages, comme le sont ceux qui composent aujourd'huy le conseil du roy, n'ayent pas assez considéré une chose qui est si rare et si précieuse, qu'il n'y en a pas encore autant en nulle part du monde. »

Dans son premier Mémoire, Vitré est encore plus pressant; voici de quelle manière il le termine :

« Vitré a pensé qu'il ne seroit pas hors de propos de faire sçavoir le motif qui porta feu Son Éminence d'empescher que les poinçons et les matrices de M. de Brèves ne fussent transportés hors du royaume, outre que ce sont des choses uniques et les plus belles du monde, afin qu'on voye que ce qu'il faisoit estoit honorable au roy et advantageux à la religion.

« Les estrangers qui les avoient voulu achepter autresfois sont huguenots, qui, par le moyen des matrices d'un petit arabe qui estoit au feu duc de Boukinchen, et qui n'est en rien comparable au moindre des trois dont est question, firent imprimer une partie de la Bible en arabe, sur la version huguenote, et en envoyèrent grand nombre d'exemplaires à Constantinople au patriarche Cyrille, que tous les gens de lettres sçavent avoir esté l'ennemy capital des pauvres catholiques et la peste de la religion en Levant.

« Si tost que le patriarche les eust receus par les mains de l'ambassadeur de Hollande, il les distribua pour rien à tous ces peuples, qui s'empoisonnèrent l'esprit d'autant plus facilement que cela estoit imprimé en une langue qui leur estoit familière. En moins de rien aussi survint le trouble à Constantinople que tout le monde sçait, et qui obligea le roy de commander à son ambassadeur près le Grand Seigneur de demander la destitution de ce patriarche, ce qu'il obtint enfin, après plusieurs instances réitérées à la Porte.

« Son Éminence, prévoyant un plus grand mal si on laissoit emporter hors ce royaume la chose la plus belle et la plus rare qui soit au monde en ce genre-là, et qui avoit esté faite par les soins et aux despens d'un des sujets de Sa Majesté, creut estre obligée, pour l'honneur du roy, de les faire achepter pour Sa Majesté.

« Si les sentimens de messeigneurs du conseil sont autres à présent qu'ils n'estoient pas alors, Vitré n'y trouve rien à dire, pourveu qu'il leur plaise au moins le descharger, soit en rendant les dits poinçons et matrices à ceux à qui elles appartiennent, soit en leur payant le prix, ou en telle autre manière que les dits seigneurs adviseront. »

Quoi qu'ait pu dire Vitré, il n'aurait pu se dépêtrer de ce malheureux procès, tant les rouages de la justice étaient alors embrouillés, si le clergé n'était venu à son secours. Mais il eut la bonne idée de s'adresser aux agents de ce dernier, dont il était l'imprimeur ordinaire, et leur remit même les poinçons et les matrices en question, pour qu'ils les conservassent. En 1656, le clergé s'entremit directement pour faire cesser cette longue iniquité, qui durait depuis près de trente ans. Durant cette période, la créance de Vitré avait déjà plusieurs fois changé de titulaire : lui seul survivait toujours à ses poursuivants, et cela par un grand bonheur, car sa mort aurait certainement ruiné ses héritiers.

Ici finit la longue procédure relative aux caractères de M. de Brèves. Ses héritiers, désintéressés par le clergé, laissèrent Vitré tranquille, et celui-ci continua à garder chez lui jusqu'à sa mort les poinçons et les matrices. Quant aux manuscrits, il fut impossible de les retirer des mains de Mme d'Aiguillon, héritière du cardinal de Richelieu, desquelles ils passèrent à la Sorbonne, où ils sont restés jusqu'à la Révolution. A cette époque seulement ils firent retour à la Bibliothèque du roi, devenue Bibliothèque *nationale*, ainsi que la meilleure partie des livres de la Sorbonne.

Aussitôt que Vitré fut devenu acquéreur, au nom du roi, des caractères de M. de Brèves, on songea à les utiliser. Il se forma pour cela une société typographique, sous le patronage du cardinal de Richelieu.

« Le roi Louis XIII, lit-on dans différents priviléges, a jugé nécessaire de donner le soin et l'intendance de l'impression des bréviaires et livres d'église au cardinal de Richelieu, auquel il accorde le droit de faire choix de tels libraires et imprimeurs qu'il jugera capables, à condition que lesdits libraires, au nombre de dix-huit, imprimeront en même temps les Nouveaux Testaments, les Catéchismes, et les Grammaires ès langues orientales, et en donneront gratuitement certain nombre, qui sera envoyé aux missionnaires d'Orient, pour distribuer à ceux qu'ils désireroient instruire dans la religion; à quoi lesdits libraires se sont engagés.» Voici les noms de ces dix-huit libraires :

1° Claude Chapellet, 2° Michel Sonnius, 3° Robert Fouet, 4° Jean Sonnius, 5° Sébastien Cramoisy, 6° Antoine Vitré, 7° Sébastien Chapellet, 8° Claude Cramoisy, 9° Claude Sonnius, 10° Gabriel Cramoisy, 11° Charles Morel, 12° la veuve Nicolas Buon, 13° Guillaume Le Bé, 14° Étienne Richer, 15° Eustache Foucault, 16° la veuve Mejat, 17° Denis de la Noue, 18° la veuve d'Olivier de Varennes.

Dès 1633, cette société publia un dictionnaire arménien intitulé : *Dictionarium armeno-latinum*, par François Rivola, de Milan, un volume in-4° de 406 pages, imprimé par Antoine Vitré, détenteur des caractères de M. de Brèves. Le livre est dédié au cardinal de Richelieu, patron de la société typographique, aux frais de laquelle il fut imprimé : «Impensis societatis typographicæ librorum officii ecclesiastici jussu regis constitutæ.»

La même année Vitré publia une deuxième édition de la Grammaire turque de Du Ryer, sous ce titre : *Rudimenta linguæ turcicæ*, in 4° de 96 pages. Cet ouvrage fut imprimé par ordre du cardinal de Richelieu, pour l'usage des missions, et distribué gratis chez Vitré. Du Ryer nous apprend dans sa préface qu'on trouvait à Paris diverses personnes qui entendaient et parlaient les langues de l'Asie et de l'Afrique, et même de l'Amérique.

Vitré publia encore vers le même temps le texte arabe et la traduction latine des conditions imposées par Mahomet aux chrétiens : *Testamentum et pactiones initæ inter Mahommedem apostolum Dei et christianæ fidei cultores*, in-4° de 32 pages.

En 1635, Vitré publia un autre ouvrage qui contient les alphabets des langues orientales, hébraïque, rabbinique, samaritaine, syriaque, arabe, arménienne, turque, avec l'alphabet grec et quelques exercices sur la lecture. Les caractères turcs dont il est ici question sont les mêmes que ceux des Arabes, que les Turcs ont adoptés. Ce livre forme 54 pages in-4°, sous ce titre : *Linguarum orientalium hebraicæ, rabinicæ, samaritanæ, syriacæ, græcæ, arabicæ, turcicæ, armenicæ alphabeta.* C'est l'ensemble des alphabets dont se servait Vitré dans la Bible polyglotte de Le Jay, dont nous allons parler.

On voit par les différents volumes de cette Bible qu'en 1632, 1633 et 1635, il y en avait déjà plusieurs d'imprimés; mais elle ne parut qu'en 1645, sous le titre de *Biblia hebraica, samaritana, chaldaica, græca, syriaca, latina et arabica,* 10 vol. grand in-folio. C'est Le Jay qui avait formé cette entreprise, et qui l'acheva à ses frais. Il avait fait graver pour cela des caractères samaritains, que son fils donna plus tard à la Bibliothèque du Roi, d'où ils passèrent à l'Imprimerie royale.

Le Jay choisit Antoine Vitré pour son imprimeur, et lui ordonna de préparer tout ce qui était nécessaire pour exécuter cette édition. Vitré fit graver par Le Bé, fils du fameux graveur de ce nom, qui avait travaillé à la Bible polyglotte du roi d'Espagne, imprimée à Anvers par notre compatriote Plantin, vers la fin du siècle précédent, des caractères hébreux, chaldéens, grecs, latins (romains et italiques); Jacques de Sanlecque grava les caractères samaritains et syriaques, et frappa une partie des matrices arabes sur les poinçons de M. de Brèves. Tout cela se fit aux dépens de Le Jay. On fabriqua même un papier particulier, qui parut si beau qu'on lui donna le nom de *carta imperialis.*

Le premier volume renferme deux préfaces : l'une de Le Jay, datée du 1er octobre 1645, où il rend compte de son entreprise; l'autre, du père Morin, traite de ce qui concerne le texte et la version des Samaritains.

La Bible de Le Jay peut être considérée comme formant deux corps.

Le premier comprend les cinq premiers tomes, divisés en six volumes. Les quatre premiers tomes contiennent l'Ancien Testament en hébreu, en chaldéen, en grec, en latin, de la même manière que les quatre premiers de la Polyglotte de Philippe II, et dans la même disposition. Quant au cinquième tome, partagé en deux volumes, il contient le Nouveau Testament grec, latin et syriaque, qui compose le cinquième tome de la Bible d'Anvers; mais on y a ajouté les quatre épîtres canoniques et l'Apocalypse en syriaque, aussi bien que tout le Nouveau Testament en arabe.

Le second corps renferme, dans les quatre derniers tomes, l'Ancien Testament en syriaque et en arabe, avec les traductions latines, et, en outre, le Pentateuque et la version des Samaritains, qui n'ont qu'une seule version latine qui leur réponde.

Lorsque Vitré mourut, en 1674, les poinçons des caractères de M. de Brèves passèrent à la Bibliothèque du roi; le même établissement reçut aussi les poinçons et les matrices des caractères gravés pour Le Jay, comme on l'apprend d'une lettre de son fils conservée encore dans les archives de la Bibliothèque impériale, et dont voici la copie :

Ayant toujours eu la volonté de donner à la Bibliothèque royale les poinçons et matrices qui sont restés après l'impression de la Bible de feu mon père, comme le sait parfaitement M. Clément, à présent bibliothécaire, ce que je ne fis pas alors, par la mauvaise disposition contre moi de M. Thevenot, son prédécesseur, et ce que je fis enfin au commencement de cette année, sollicité par ledit sieur Thevenot, que je trouvai dans d'autres sentimens, je les lui donnai, suivant la disposition que j'en avois faite. Je lui portai d'abord à la Bibliothèque du roi tout ce que j'avois de samaritain, qui consistoit en trente-quatre poinçons et trente-trois matrices; je lui donnai depuis une matrice de la langue susdite, si je ne me trompe, qui s'étoit égarée, avec soixante-onze poinçons de syriaque et soixante-huit matrices de la même langue justifiées, trente-cinq matrices syriaques seulement frappées, dix-sept matrices d'arménien justifiées, vingt-neuf matrices même langue, seulement frappées; plus, sept matrices d'accents arabes justifiées. Je lui portai mon Alphabet des langues, imprimé par le sieur Vitré, et dédié à mon frère aîné[1]; plus, le Testament de Mahomet [2], en arabe, où le sieur Vitré reconnoit que ces caractères venoient de mon père. Il m'avoit promis de rendre ces deux livres, que je n'ai pu avoir, prétextant la confusion où étoient ses livres à cause de son déménagement au sortir de la Bibliothèque du Roi. C'est une vérité que j'atteste, et que je n'ai rien reçu de lui que des promesses d'offices auprès de messieurs les directeurs de cette bibliothèque royale, sans en avoir ouï parler du depuis jusqu'à présent.

Fait à Paris, le 15 septembre de 1692. *Signé* LE JAY, ancien doyen de Vezelay.

Cette lettre demande quelques explications. L'abbé Le Jay paraît attribuer à son père la gravure des caractères syriaques dont ce dernier s'est servi dans sa Bible; mais il est certain que les syriaques de la Bible polyglotte sont ceux qu'avait fait faire M. de Brèves, et qui figurent déjà dans le psautier syriaque de 1625. Il fit seulement graver un certain nombre de poinçons pour compléter ce corps; mais l'ensemble de l'alphabet provenait de M. de Brèves. Il est bien vrai que Vitré, dans la préface du *Testament de Mahomet,* dont il est parlé dans la lettre précédente, a l'air d'attribuer tous les caractères orientaux dont il se servait à M. Le Jay; mais c'est une simple flatterie à l'adresse de sa plus importante pratique; voici les termes dont il se sert : «Cum liberalitate eximia generosi illius viri... typographeium jam habeam arabicis, samaritanis, aliisque id genus caracteribus elegantissimis instructum, etc. » Dans le fait, le samaritain est le seul caractère que Le Jay ait fait graver pour sa Bible.

C'est ce qui ressort, au reste, des discussions qui eurent lieu entre Vitré et Sionita, au sujet de la Bible polyglotte. On lit dans un des Mémoires publiés par le premier :

«Quant aux caractères que ledit Sionita dit avoir fournis, il ne faut que voir le sieur Le Bé, et sçavoir de lui si je ne lui ay

---

[1] Voyez ce que j'ai dit précédemment de ce livre, p. 54.
[2] Voyez p. 54.

pas payé les hébreux, chaldéens, grecs, latins et les lettres italiques de l'argent du sieur Le Jay, dont j'ay les parties acquittées. Voir le sieur Jacques de Sanlecque, et sçavoir de lui s'il n'a pas gravé les caractères *syriaques,* les *samaritains,* poinçons, matrices et lettres, et s'il n'a pas frappé partie des matrices arabes sur les poinçons du roy qui étoient alors à M. de Brèves, aux dépens dudit sieur Le Jay ; et si ledit de Sanlecque n'a pas encore gravé l'autre partie des poinçons arabes, et frappé toutes les matrices de même aux dépens dudit sieur Le Jay; et si ce n'est pas moy qui l'ay payé de l'argent dudit sieur Le Jay, dont j'ay aussy les parties acquittées [1]. »

A cela Sionita répond :

« Il est faux que de Sion ait, comme le dit Vitré, pris et emporté les matrices des caractères arabes et syriens de chez maître Michel Le Jay. Vitré les a renvoyées par un de ses compagnons imprimeurs lui-même. Les arabes, de Sion les a fournies audit Le Jay, et n'oseroit l'avoir dénié, car, luy n'ayant pas fait graver les poinçons du caractère arabe, et l'impression de la Bible ayant été commencée longtemps avant que le roy eût acheté ceux de feu M. de Brèves, qu'il die sur quel caractère on a travaillé, qu'il die aussi combien on eût dépensé à faire tailler cinq cents poinçons avec leurs matrices, puisque ceux du syriaque, pour être plus faciles et à meilleur marché, leur ont coûté neuf livres pièce, et il verra comme il est vrai que de Sion lui a épargné plus de six mille livres. Si Vitré ne représente 500 poinçons arabes travaillez par Sanlecque, il sera justement déclaré pour imposteur. Les *matrices* syriaques aussi appartiennent audit de Sion, car Le Jay les luy délaissa lorsqu'elles furent faites, pour la peine que de Sion avait prise à former les lettres sur lesquelles ont été taillés les poinçons, conduire le graveur pendant la taille, et assister depuis le matin jusqu'au soir chez le graveur pendant

---

[1] Le Long, *Dissertation sur les Bibles polyglottes*, p. 418.

tout le temps qu'il a été employé à les tailler et frapper les matrices. Si la chose ne fût allée de la sorte, pourquoy Le Jay auroit-il retenu tous les poinçons et matrices de tous les autres caractères à l'exclusion des syriens et arabes? Vitré a les matrices arabes que le roy a depuis achetées des héritiers de M. de Brèves, frappées des mêmes poinçons que celles dudit de Sion, dont il se pourroit servir. De Sion, toutefois, est prêt d'en aider comme cy-devant, sous condition qu'elles lui seront rendues après avoir fondu ce qui sera nécessaire à l'impression de la Bible [1]. »

On peut conclure, je crois, de ces assertions contradictoires et peu précises, que Sionita avait une série de matrices des caractères arabes de M. de Brèves (soit qu'elle lui appartînt réellement, soit qu'il l'eût reçue en prêt de M. de Brèves pour faire exécuter ses impressions), et qu'il les prêta à Vitré pour faire faire la fonte dont ce dernier avait besoin. Ce fut sans doute Le Bé qui fit cette fonte, comme ce fut lui qui fournit les caractères hébreux, chaldéens, grecs, latins (romains et italiques) nécessaires à l'impression de la Bible. Jacques de Sanlecque, de son côté, qui avait déjà gravé pour le roi des caractères arméniens, fut chargé de graver pour Le Jay des caractères samaritains et un certain nombre de poinçons syriaques, dont Sionita avait fourni les modèles et surveillé la gravure, en récompense de quoi il reçut une série de matrices. Sanlecque fut aussi chargé de préparer des matrices nouvelles d'arabe lorsque Vitré eut acheté, au nom du roi, les poinçons de M. de Brèves.

Quoi qu'il en soit, en 1691, dit M. de Guignes, MM. Thevenot et Clément, gardes de la Bibliothèque du roi, eurent ordre de remettre à l'Imprimerie royale les poinçons des caractères orientaux qui s'y trouvaient. « Ces caractères, disait M. de Pontchartrain dans un Mémoire joint à une lettre à l'archevêque de Reims, datée du 13 novembre 1691, seront nécessaires à l'édi-

---

[1] Le Long, p. 492.

tion du livre (le Glossaire) du P. Thomassin, que le roi a permis d'imprimer; c'est un meuble d'imprimerie royale pour mettre avec les autres. »

L'année suivante, ajoute M. de Guignes, tous ces poinçons et leurs matrices [1] furent remis à l'Imprimerie royale.

Il est bien entendu qu'il ne s'agit ici que des caractères du roi et de ceux donnés par Le Jay, car les caractères hébreux, chaldéens, etc. fournis par Le Bé, et qui lui appartenaient, restèrent sa propriété.

Le fond de l'Imprimerie royale en caractères étrangers ne comprenait donc encore que les trois arabes, les deux persans et le syriaque de M. de Brèves, l'arménien gravé par ordre du roi et le samaritain de Le Jay, à quoi nous pouvons ajouter les trois grecs du roi gravés par Garamond, et qui furent apportés à l'Imprimerie royale vers le même temps.

En 1697, M. de la Croix, professeur royal en arabe, qui avait voyagé dans le Levant, fut chargé de dresser un inventaire des caractères orientaux de l'Imprimerie royale. Il en fit un état, imprimé sur 21 pages in-folio, mais dans lequel les caractères sont placés au hasard, sans ordre, mêlés les uns avec les autres, répétés jusqu'à trois ou quatre fois et même plus, tandis que d'autres ont été négligés. « N'ayant aucune idée de la typographie, dit M. de Guignes, il ne réfléchit pas assez sur la nature et la marche de l'écriture arabe. Il trouva des poinçons de plusieurs lettres liées ensemble en plus ou moindre nombre, et il en conclut que ces liaisons devoient avoir lieu également pour toutes les lettres. Il n'a pas senti que plusieurs de ces combinaisons pouvoient même être contraires à l'analogie de la langue, et n'a pas considéré que, si l'on compte dans cette langue vingt-huit

---

[1] Durant le transport, un des ouvriers déroba une certaine quantité de matrices, et les vendit sans doute comme vieux cuivre, car elles n'ont servi dans aucune autre imprimerie.

lettres, il n'y a proprement que seize figures, que l'on multiplie par le moyen des points qui servent à les distinguer. D'après ces fausses idées, il a supposé pour toutes les lettres les mêmes liaisons et les mêmes combinaisons, et en a présenté le rapport le plus extravagant que l'on puisse faire. Afin de compléter tous ces caractères, M. de la Croix exige plus de 300,000 poinçons pour un seul corps arabe, et il y en a trois! Le ministre, d'après un pareil examen, dut regarder ces caractères comme un reste imcomplet qui méritoit peu d'attention, puisque, pour le compléter, il auroit fallu dépenser des sommes prodigieuses; d'ailleurs de quel emplacement n'auroit-on pas eu besoin pour placer les lettres en plomb, que l'on fond ordinairement en grande quantité, et pour les mettre sous la main de l'ouvrier? Cet examen n'étoit donc propre qu'à faire abandonner et négliger les poinçons qui restoient; mais heureusement les ministres n'ont pas adopté les calculs de M. de la Croix. Et, en effet, sans cette multitude de caractères, il est possible d'imprimer des livres entiers. Ceux qui, sous M. de Brèves, ont présidé à la confection de tous ces poinçons, après avoir fait un choix des plus beaux manuscrits, après avoir examiné le génie de la langue arabe et son système d'écriture, ont su, par deux procédés différents, ménager le nombre des combinaisons. Dans le gros et le moyen corps, ils ont souvent supprimé de la figure de la lettre tous les points distinctifs, ce qui réduisoit ces lettres à environ seize figures, qui peuvent se multiplier par les points composés séparément, et qu'on ajoute à volonté à chaque figure. Mais, dans le petit caractère, où il serait difficile d'ajouter cette ligne de points intermédiaire, on a mis sur un même poinçon, formé de plusieurs lettres, tous les points dont chaque lettre étoit susceptible, et pour la composition ou impression d'un mot on enlève, sur le plomb, les points qui sont inutiles au mot qu'on veut imprimer, comme nous enlèverions l'accent d'un *e* accentué pour en faire un *e* simple. »

Voici quel était, sous Vitré, l'ensemble des poinçons des caractères orientaux du roi :

Gros arabe	324	
Moyen arabe	445	1,024
Petit arabe	255	
Persan, gros et petit		353
Syriaque		161
Voyelles pour l'arabe, le persan et le turc		68
Arménien		50
Total		1,656

Un état dressé le 14 mai 1714, sous la direction de M. l'abbé Bignon, donne les chiffres suivants :

Gros arabe	329	1,218
Moyen et petit arabe	889	
Syrien		143
Arménien	47	108
Dans une autre boîte	61	
Persan		444
Total		1,913

Un autre état dressé en 1725, par M. de Foncemagne, donne ceux-ci :

Gros arabe	329		
Moyen	426	1,265	
Petit	510		
Matrices		560	
Syrien		150	
Matrices			61
Arménien		46	
Matrices justifiées			48
Persan		445	
Total		1,906	

On ne voit pas figurer ici le samaritain de Le Jay, parce qu'il a été longtemps perdu à l'Imprimerie royale. M. de Guignes écrivait en 1787 (p. LII de sa *Notice*), en parlant des poinçons de ce caractère : «Nous regrettons de ce qu'on n'a pu les trouver jusqu'à présent, quoiqu'ils aient dû être portés à l'Imprimerie royale avec les autres qu'on y a remis vers le même temps.» Heureusement on a fini par les retrouver après la Révolution, et ils font encore un bon service.

«En général, dit M. de Guignes, ces états n'ont pas été faits exactement : Vitré atteste qu'il y avoit plus de 2,000 poinçons; j'en trouve à présent (en 1787) 1,920, ce qui diffère peu.»

En 1720, on projeta de faire une fonte d'arabe pour l'impression de quelques livres. M. de Fourmont, l'aîné, eut ordre de visiter tout ce qui restait de ces caractères à l'Imprimerie royale et chez la veuve de Grandjean, graveur de cette imprimerie, et d'en dresser une *police*, ce qu'il fit, en effet, mais d'une façon exagérée. Il semble, dit M. de Guignes, que tous ceux qui ont examiné ces caractères se sont toujours écartés d'une sage économie, qui a fait échouer les bonnes intentions des ministres. Fourmont proposait aussi de graver onze poinçons, et dans les états de Villeneuve, chargé par le régent de graver des caractères hébreux pour l'Imprimerie royale, on voit en effet figurer quelques poinçons arabes; mais on distingue aisément ces poinçons d'avec ceux de M. de Brèves, qui sont beaucoup plus élégants. Comme on n'avait pas bien étudié le système de ceux-ci, on n'a pas fait les derniers sur le même plan, et ils semblent n'appartenir ni au gros ni au moyen corps.

A partir de ce moment, il ne fut plus question d'arabe en France jusqu'en 1774, que l'imprimeur Lambert en mit quelques passages dans le Voyage de Niebuhr. On croyait les caractères de M. de Brèves perdus, lorsqu'en 1785 le roi Louis XVI, ayant décidé, comme je l'ai déjà dit, la publication d'un recueil intitulé *Notices et extraits des manuscrits de la Bibliothèque du roi,* pour lequel on avait besoin de caractères orientaux, on fit des recherches à l'Imprimerie royale, et on y trouva les poinçons dont nous venons de parler. Quant aux caractères, il n'y en avait point de fondus. M. de Guignes, chargé du travail par le baron de Breteuil, a raconté l'histoire de cette recherche dans un Mémoire spécial, auquel j'ai emprunté beaucoup de renseignements. J'y renvoie donc le lecteur [1]. Ce Mémoire est imprimé en tête de la collection des *Notices et extraits,* sous ce titre : *Essai historique sur l'origine des caractères orientaux de l'Imprimerie royale,* etc. M. de Guignes rédigea aussi à cette époque, pour les ouvriers de l'Imprimerie royale, une espèce de grammaire ou de méthode typographique, propre à diriger tout compositeur sachant lire l'arabe.

[1] On trouvera aussi, dans l'opuscule que j'ai publié sous le titre *Antoine Vitré et les caractères orientaux de la Bible polyglotte de Paris* (in-8°, 1857), toutes les pièces relatives à l'affaire de Vitré et à la Polyglotte, dont je n'ai donné ici que l'analyse.

TROISIÈME SECTION.

FONDATION DE L'IMPRIMERIE ROYALE DU LOUVRE. LES CARACTÈRES ROMAINS DE LOUIS XIV.

L'imprimerie avait acquis une telle importance et un tel relief au seizième siècle, que beaucoup de grands seigneurs avaient fait monter chez eux un établissement typographique pour occuper leurs loisirs. De ce nombre fut le cardinal du Perron, protecteur de la famille des Estienne, qui avait, vers 1600, une petite imprimerie à sa maison de campagne de Bagnolet, près de Paris, où il faisait une première édition de toutes ses œuvres littéraires, destinée à ses amis pour avoir leur conseil. Vers le même temps le vicomte de Lugny en fit monter une dans le château du même nom, près d'Autun, et y fit imprimer, en 1617, les Mémoires de Gaspard et de Guillaume de Saulx-Tavannes, son père et son frère aîné. Philippe de Mornay fit également imprimer sous ses yeux, en 1639, dans son château de Forest-sur-Sèvre, le premier volume de ses Mémoires. Le duc de Sully, ministre et ami de Henri IV, fit aussi imprimer sous ses yeux, au château de Sully, la première édition de ses *OEconomies royales*, qui parut en 1630.

Suivant ces exemples, le roi Louis XIII fit monter un petit atelier typographique au Louvre vers 1620. C'est du moins la date qui me semble pouvoir être assignée à cette fondation, d'après une pièce de vers publiée par J. Baudoin dans ses *Délices de la poésie françoise*, imprimées en 1620 [1]. L'auteur s'exprime ainsi dans la dernière pièce de ce recueil :

L'Imprimerie au Roy.

Grand Roy, mon bonheur est extresme
De t'avoir pour ferme support,
M'ayant donné ton Louvre mesme
Qui me sert d'asyle et de port...

Cet atelier était placé dans le haut du pavillon de la Reine. On y commença, en effet, sans pouvoir l'achever, une *Histoire des guerres du roy Louis XIII contre les religionnaires rebelles*, par Charles Bernard, lecteur ordinaire de la chambre du roi et historiographe de France. Ce livre devait former au moins deux volumes in-folio; mais le texte du premier volume, comprenant 488 pages, a seul été terminé. Le second n'a été imprimé que jusqu'à la page 152. Ni l'un ni l'autre n'a de titre. Il ne fut tiré de ce livre qu'une trentaine d'exemplaires pour le roi et ses ministres [2].

Mais ce n'était là qu'une création personnelle du roi. Richelieu en méditait une plus grande. L'acquisition des matrices grecques de François Ier faite à Genève en 1619, celle des caractères orientaux de Savary de Brèves faite à Paris en 1632, et enfin la publication de la Bible de Le Jay, commencée dès 1628, ayant donné une nouvelle impulsion aux esprits, le cardinal ministre résolut de fonder une imprimerie royale, destinée à «donner au public les ouvrages des bons auteurs, en caractères dignes de leurs travaux [3]. »

La date précise de cette fondation n'est pas connue; mais on

---

[1] 2 vol. in-8°, Paris, Du Bray.

[2] Voyez ce que dit de ce livre Sorel, dans sa *Bibliothèque françoise*. Sorel était le neveu de Bernard, et c'est lui qui publia plus tard l'œuvre de son oncle, in-f°, Paris, Courbé, 1646.

[3] Ce sont les termes d'une ordonnance du roi de 1660 que j'aurai occasion de mentionner plus loin.

sait qu'elle est de 1640. Voici, en effet, une inscription que nous trouvons dans un petit volume destiné à glorifier cette fondation et ses premiers progrès. Ce livre, imprimé en 1650, à l'Imprimerie royale même, est intitulé *Typographia regia* [1].

ANNO MIRABILI M.DC.XL
CASALE SERVATO
ATREBATO EXPVGNATO
TAVRINO RECVPERATO
HOSTIBVS TERRA MARIQVE FVSIS
REGIA PROLE AD SAECVLI FELICIT. AVCTA
STVPENTE ORBE
LVDOVICVS IVSTVS
NE QVID SVI NOMINIS GLORIAE DEESSET
SVADENTE MVSARVM FAVTORE
E.C.D. RICHELIO
TYPOGRAPHIAM
IN AEDIBVS REGIIS COLLOCAVIT.

Cette inscription se trouvait sans doute sur un monument qui n'est pas venu jusqu'à nous.

Je vais essayer de faire disparaître le vague que présente la date de 1640 marquée dans notre inscription, en m'appuyant sur quelques autres documents écrits.

Voici d'abord l'extrait d'un arrêt du conseil [2], qui prouve qu'on s'en occupait dans le commencement de cette année :

Arrest portant défense à tous fermiers et propriétaires de moulins à papier, marchands papetiers, de vendre papier d'imprimerie, que avec la permission de M. de Noiers.

A Coutances, le 13 mars 1640.

Sur l'advis qui a esté donné au Roy que les papetiers des provinces de

[1] L'unique exemplaire connu de ce petit livre se trouve dans la bibliothèque de l'Imprimerie impériale. (Voyez sa description dans le Catalogue.)
[2] Archives de l'Empire, E. 157. M. Caillet, dans son *Histoire de l'administration en France sous Richelieu* (in-8°, 1857), a publié une copie de cette note datée du mois de mai 1640.

Limosin, Angoulmois, Xaintonge et lieux voisins, voulans troubler la résolution que Sa Majesté a prise d'establir une imprimerie royale dans son chasteau du Louvre, à la gloire de la France et à l'honneur des lettres, ne se sont pas contentez de faire diverses cabales et monopoles pour surhausser la valeur du papier; mais aussi ont fait divers marchés et contracts avec des marchands estrangers, mesmes avec ceux des pays ennemis, qui espuisent la France du papier qui seroit le plus propre à ladite impression royale; à quoy voulant pourvoir, Sa Majesté en son conseil a fait très-expresse inhibition et défense à tous propriétaires et fermiers de moulins à papier, marchands papetiers... de vendre et débiter, en gros ny en détail... à qui et pour quelque cause que se puisse être, sans en avoir la permission par escrit du sieur de Noiers... qui leur sera donnée gratuitement, après que les magasins de ladite imprimerie royale auront esté fournis... Veut et entend Sa Majesté que tout le papier que ledit sieur de Noiers certifiera estre pour l'Imprimerie royale soit exempt de tous imposts et levées mises et à mettre sur le papier, en quelque lieu du royaume qu'il puisse passer, et ce en vertu du simple certificat dudit sieur de Noiers. Permet Sa Majesté auxdits marchands de vendre et débiter à ses sujets seulement le papier qui n'excède la valeur de 3 sous la main...

Toutefois cette création n'avait pas encore eu lieu au mois de juin, comme on peut le voir par la lettre suivante, dont l'original est conservé dans la bibliothèque publique de Saint-Pétersbourg [1]:

A Monsieur Brasset, ambassadeur du Roy en Hollande.

Monsieur, il y a desjà quelque temps que je suis dans le dessein d'establir une imprimerie royalle au Louvre, et parce que je désire y faire toutes choses avec le plus de perfection qu'il sera possible, et que j'apprends qu'aux imprimeries de Hollande on a un secret pour l'encre qui rend la lettre beaucoup plus belle et plus nette, que l'on ne fait pas en France [2], et qu'aussy il se trouve un bon nombre de compagnons imprimeurs en ce pays-là, mesme à Amsterdam, Leyden, Blaen, etc. qui seroyent peut-estre bien aises de venir gagner mieux leur vie par deça, je vous prie de prendre

---

[1] Elle a été publiée dans le *Bulletin du bibliophile* (de Paris), 1ᵉʳ juillet 1858.

[2] On peut voir ci-devant, p. 36, que la question de l'encre préoccupa toujours les administrateurs de l'Imprimerie royale.

la peine de vous informer si l'on pourra trouver des ouvriers esdites imprimeries, et au moins quatre pressiers et quatre compositeurs, et entre eux si l'on en pourra avoir un qui sçache faire de cette encre d'imprimerie, et traiter au plus tost avec eux, pour les frais de leur voyage et pour leur entretenement, au prix plus raisonnable qu'il se pourra, comme entre particuliers, car il n'est pas à propos de mesler en quelque façon que ce soit le nom du roy en cela, ni de descouvrir notre dessein aux estrangers, qui voudroyent le traverser en ce qu'ils pourroyent. Il vous plaira donc de faire toutes ces diligences comme de vous et pour quelqu'un de vos amis. Vous pourrez bien, s'il vous plaist, dire que c'est le sieur Cramoisy, libraire de Paris, qui, ayant entrepris quelque grand ouvrage, vous a fait cette prière; mais il n'est pas à propos, et je ne désire pas que l'on sçache en façon quelconque que ce soit pour l'Imprimerie royale, ny que je m'en mesle. Je vous supplie de me mander, le plus tost que vous pourrez, ce que vous vous en promettez, et demeure, Monsieur,

Votre bien humble et très-affectionné serviteur,

De Noyers.

A Blérancourt, 16 juin 1640.

Mais cet établissement était installé au mois de novembre, car nous avons une lettre écrite le 17 de ce mois par Sublet de Noyers à Sébastien Cramoisy, et dans laquelle il est question d'une visite que devait y faire le cardinal de Richelieu [1].

Le personnel mis à la tête de l'Imprimerie royale peut donner une idée de l'importance qu'on attacha dès lors à ses travaux. La haute administration de l'établissement fut confiée à Sublet, seigneur de Noyers, marquis de Dangu, surintendant et ordonnateur général des bâtiments et manufactures du roi. Sébastien Cramoisy, membre d'une ancienne et célèbre famille d'imprimeurs-libraires de la ville de Paris, et déjà imprimeur du roi, en fut nommé directeur, avec un traitement de 1,400 livres [2];

---

[1] Cette lettre, qui se trouve dans un manuscrit de l'Institut (collect. Godefroy, portef. 15), a été publiée par M. Ludovic Lalanne dans la *Correspondance littéraire* (1858).

[2] Il conserva son imprimerie, et prenait le titre d'imprimeur du Roi et de la

il eut au-dessous de lui, pour la direction matérielle, Edme Martin, natif de Châteauvillain, apprenti des Morel et imprimeur depuis 1610; Tanneguy le Fèvre, savant distingué, eut l'inspection des impressions [1]. On nomma comme correcteur Raphaël Trichet, sieur de Fresne, savant versé dans la connaissance de plusieurs langues. On fit choix du Poussin pour dessiner les frontispices. Non-seulement ce grand peintre les composait, mais encore il veillait par lui-même à leur exécution. On voit par quelques-unes de ses lettres que ces dessins lui demandaient un temps considérable. Sa correspondance avec M. de Chantelou en mentionne trois, celui du Virgile (in-folio, 1641), celui de l'Horace (in-folio, 1642), et celui qui paraît sur le premier des huit volumes de la Bible de 1642 [2]. Il y a aussi au septième volume (le premier du Nouveau Testament) une planche gravée en taille-douce; mais elle n'est pas du Poussin, car elle est datée de 1640, et à cette époque il se trouvait encore à Rome. Peut-être est-elle de Jacques Stella, autre peintre français, qui fit aussi plusieurs compositions destinées à *illustrer* les livres de l'Imprimerie royale [3].

Les premiers caractères dont se servit l'Imprimerie royale, et dont on conserve encore les matrices, sont attribués à Gara-

---

Reine sur les livres qu'il imprimait pour sa librairie, soit chez lui, soit à l'Imprimerie royale.

[1] Richelieu lui avait alloué, dit-on, pour cela un traitement de 1,000 livres, qu'il perdit à la mort de ce ministre.

[2] Voici la description qu'il donne de ce dernier dessin dans une lettre à M. de Chantelou, du 3 août 1641 : «La figure ailée représente l'Histoire ; elle écrit de la main gauche, afin que la planche la remette à droite; et l'autre figure voilée représente la Prophétie. Sur le livre qu'elle tient sera écrit : *Biblia regia*. Le sphinx qui est dessus ne représente autre chose que l'obscurité des choses énigmatiques. La figure qui est au milieu représente le Père éternel, auteur et moteur de toutes choses.»

[3] Voyez l'article que M. Villot a consacré à ce peintre dans sa *Notice des tableaux du Louvre*, 3ᵉ partie (école française, 1857), p. 328.

mond, célèbre graveur du seizième siècle, auquel on doit les types grecs de François Ier. Ils sont connus sous le nom de *caractères de l'Université*. Leur forme est très-gracieuse.

Une ordonnance du 5 avril 1641 nous fait connaître le nom des premiers fournisseurs de papier de l'Imprimerie royale. On lit dans cette pièce : « Sa Majesté ayant fait traité avec les nommés Ferrier et Danvilliers, marchands papetiers d'Auvergne, pour la confection et fourniture du papier nécessaire pour l'Imprimerie royale establie aux galleries de son chasteau du Louvre, à Paris, estant advertie de la difficulté qu'ont les marchands de se procurer les matières pour la confection du papier..... enjoint... à tous marchands ou particuliers qui disposent des matières, d'en fournir aux sieurs Ferrier et Danvilliers à prix raisonnable [1]. »

Le premier livre qui soit sorti des presses de l'Imprimerie royale est l'Imitation de Jésus-Christ, en latin, in-folio avec frontispice gravé, représentant Louis XIII à genoux.

Le lieu qu'occupait l'Imprimerie était vaste et commode. Il consistait en une longue suite de pièces spacieuses de la galerie qui s'étend du pavillon Lesdiguières au Louvre. Les portes, en correspondance, offraient une belle perspective. « Durant quelques années, dit Sauval [2], elles furent remplies d'une si grande quantité de presses et d'ouvriers, qu'en deux ans [3] seulement il en est sorti soixante et dix grands volumes grecs, français, latins, italiens, et entre autres les conciles, en trente-sept

---

[1] Archives du ministère de la guerre, t. 64, n° 332. (Voyez l'*Histoire de l'administration en France sous Richelieu*, par M. Caillet, in-8°, 1857.)

[2] *Histoire et recherche des antiquités de la ville de Paris*, 3 vol. in-f°, 1724, t. II, p. 41.

[3] Il y a ici une exagération. Ce n'est pas en deux ans que ces 70 volumes furent imprimés, puisque les 37 volumes des conciles portent la date de 1644, qui elle-même est fictive, car il est impossible qu'on ait exécuté ces 37 volumes en un an. Cette date se rapporte sans doute à celle de la publication de l'ouvrage complet.

volumes in-folio, et tous imprimés d'un caractère très-gros, très-net et très-beau, et sur le plus fin papier, le plus fort et le plus grand dont on se soit jamais servi..... Et parce que le soin qu'on en prit ne fut pas moins grand que la dépense, on ne doit pas s'étonner qu'un si riche travail ait porté l'imprimerie à son plus haut degré de perfection. Ses premières productions ravirent *toute la terre;* le patriarche de Constantinople en félicita le sieur de Noyers par une lettre fort obligeante qu'il lui écrivit. Les sept premières années, elle coûta au roi 368,731 livres 12 sous 4 deniers. Il n'y eut point d'année où l'on y fit tant de dépense qu'en 1642, ni si peu qu'en 1647. On déboursa jusqu'à 120,185 livres 3 sous 2 deniers en 1642, et seulement 13,374 livres 19 sous 6 deniers en 1647. »

Quoi qu'il en soit, les éditions du Louvre frappèrent tellement le public, dès leur début, que quelques imprimeurs étrangers cherchèrent à se procurer de ses caractères, pour les imiter. C'est ce que nous apprenons d'un arrêt du conseil d'État en date du 25 mars 1642, dont voici le texte :

Arrêt du Conseil d'État portant défense de vendre ni envoyer aux pays estrangers aucuns poinçons des caractères desquels on se sert en l'Imprimerie royale du Louvre.

Narbonne, le 25 mars 1642.

Sur l'avis donné au Roi par le sieur de Noyers, conseiller et secrétaire d'État et des commandemens de Sa Majesté, surintendant et ordonnateur général de ses bastimens et manufactures, que depuis l'établissement par elle fait d'une Imprimerie royale en son chasteau du Louvre, avec une curieuse recherche des plus beaux caractères dont on se puisse servir, plusieurs imprimeurs et libraires estrangers, prétendant de contrefaire les ouvrages de ladite imprimerie, taschent d'avoir des matrices, ou au moins des fontes des caractères dont on se sert dans ladite imprimerie, les matrices desquels sont, pour la plupart, en ladite Imprimerie royale du Louvre, et le surplus ès mains d'aucuns libraires et fondeurs de lettres de sa bonne ville de Paris [1]; et voulant empescher, autant qu'il lui sera possible, cette prétendue imitation des estrangers, pour la diminution qu'elle pourroit apporter à l'estime et à l'excellence des ouvrages de ladite Imprimerie royale, qui sont les causes et motifs que Sa Majesté a eus, avec l'utilité publique, en faisant ledit établissement ;

Sa Majesté, étant en son conseil, a défendu et défend très-expressément à tous libraires, imprimeurs, fondeurs de lettres de sa bonne ville de Paris, et autres personnes, de quelque qualité ou condition qu'elles soient, de vendre, débiter ni envoyer aux pays estrangers, pour quelque cause et sous quelque prétexte que ce soit, aucuns poinçons de caractères frappés, de matrices, ni fontes de lettres et caractères, de quelque espèce que ce puisse être, sans en avoir préalablement permission de Sa Majesté, signée dudit sieur de Noyers, à peine de 1,000 livres d'amende, applicable, le tiers au dénonciateur, et le surplus à l'hôpital du lieu où la contravention aura été commise. Veut Sa Majesté que le présent arrêt soit signifié aux syndics et jurés desdits libraires, imprimeurs et fondeurs de Paris, et affiché aux lieux de ladite ville que besoin sera, à ce qu'aucun n'en prétende cause d'ignorance.

Fait au conseil d'État du Roy, Sa Majesté y étant, tenu à Narbonne le 25 mars 1642 [2].

Edme Martin étant mort en 1645, son fils Edme II lui succéda comme chef des travaux à l'Imprimerie royale; mais, sur le conseil de ses amis, il se retira au bout de quelques mois pour se livrer à l'impression chez lui-même, et il fut remplacé par Claude Cramoisy, frère de Sébastien, le directeur.

Vers le même temps, Tanneguy le Fèvre perdit son emploi à l'Imprimerie royale, par suite de la mort de son protecteur, le cardinal de Richelieu.

Le 18 juillet 1648, Louis XIV, âgé de dix ans, vint visiter

[1] Cette phrase fait sans doute allusion aux types grecs et orientaux, qui se trouvaient alors les premiers chez Antoine Estienne et les seconds chez Antoine Vitré, comme on l'a vu dans les deux sections précédentes.

[2] Ce document se trouve dans le volume décrit à l'avant-propos sous le n° 6. (Voyez ci-devant, page 31, un acte analogue, dans lequel Antoine Estienne est positivement accusé d'avoir vendu des caractères grecs du roi.)

l'Imprimerie royale. Il arriva au moment où on allait tirer la première feuille des Mémoires de Philippe de Commines. On eut l'idée de lui en faire imprimer le premier exemplaire, c'est-à-dire de lui faire toucher le barreau de la presse, car il n'eût pas eu la force qui était alors nécessaire pour imprimer. Le fait que nous rappelons ici est constaté dans la préface même de cette édition de Commines, où on lit : «Que ne devons-nous point espérer de Votre Majesté, qui a fait renaître ce même auteur dans son Imprimerie royale du Louvre..... et qui a tiré elle-même, par divertissement, la première feuille de cette impression?» Et en marge : «Un samedi, 18 juillet 1648, le Roi, honorant de sa présence l'Imprimerie du Louvre, se trouva fortuitement lorsque l'on commençoit à tirer la première feuille de cette histoire, qu'il vit et mania avec plaisir, ce qui fut pris à bon augure de l'estime qu'il feroit de cet ouvrage.»

En dépit de ces flatteries de courtisans, comme l'a constaté Sauval, l'Imprimerie royale était bien déchue depuis quelques années, puisqu'en 1647 on avait dépensé pour elle moins de 14,000 livres. La mort de Richelieu et les troubles de la Fronde furent sans doute pour beaucoup dans cette déchéance. Toutefois il semble qu'on voulut alors donner une nouvelle impulsion à cet établissement. Il nous reste de ce temps un petit livret fort curieux, imprimé à l'Imprimerie royale en 1650, et qui nous apprend qu'on s'occupait avec activité de la collection de la *Byzantine,* dont une dizaine de volumes avaient été publiés depuis 1647.

A la suite d'une espèce de catalogue des ouvrages sortis des presses de l'Imprimerie royale depuis dix ans [1], on trouve dans ce livret une foule de pièces de vers, tant en grec qu'en latin et en français, en l'honneur du roi Louis XIII, du cardinal de Richelieu et du chancelier Seguier.

[1] Il y a quelques omissions que notre catalogue relève.

Jusqu'en 1650 le papier d'impression avait été exempt de droits en vertu des anciens priviléges royaux; mais à cette époque, sous prétexte d'éviter la fraude, il fut taxé comme les autres; seulement, pour indemniser les imprimeurs de l'Université de Paris, il fut décidé que le sieur Aubret, entrepreneur de la ferme, leur remettrait, pour être répartie entre eux, une somme de dix mille livres, outre le prix de son bail. La répartition de cette indemnité fut l'occasion de nombreuses difficultés. Par décision du roi, il fut alloué 3,000 livres à Sébastien Cramoisy, directeur de l'Imprimerie royale, et 3,000 livres à son frère Gabriel, qui administrait le même établissement en sous-ordre : c'est-à-dire qu'à eux deux ils touchèrent plus de la moitié de l'indemnité. Les autres imprimeurs firent en 1659 de grandes plaintes à ce sujet; j'ignore comment cette affaire fut réglée.

En 1660, le roi, en témoignage de satisfaction pour les services de Sébastien Cramoisy, accorda à son petit-fils Sébastien Mâbre la survivance de son titre de directeur, par lettre dont voici un extrait :

L'intention qu'eut le feu roi, nostre très-honoré seigneur et père, de faire donner au public les divers ouvrages des bons auteurs en caractères dignes de leurs travaux, et de suivre en cette louable curiosité le dessein de ses prédécesseurs, le fit résoudre de commettre la garde des poinçons, matrices, moules, layettes, caractères, fontes, servant à cet effet et à nous appartenant, à nostre cher et bien amé Sébastien Cramoisy, nostre imprimeur ordinaire et directeur de nostre Imprimerie royale establie dans nostre chasteau du Louvre, son expérience, ses soins assidus et les effets qui en ont paru aux plus célèbres impressions qui ont esté faites en ce siècle, ayant fait remarquer qu'on ne pouvoit la confier à personne qui pût s'en acquitter plus dignement que lui. Comme il a confirmé par sa conduite et ses travaux les bonnes impressions qu'on avoit eu de son intelligence et de sa fidélité, et que Sébastien Mâbre, son petit-fils, qu'il a élevé dans la même profession et dans la même pratique de ses bonnes mœurs, tesmoigne n'estre pas moins jaloux de succéder à sa réputation, que mériter nostre bienveillance, nous avons aussi cru ne pouvoir donner une plus singulière marque de l'estime que nous faisons du père, qu'en faisant passer la reconnoissance que nous avons de ses services en la personne du fils, en lui conservant ceste charge pour l'obliger à suivre son exemple. Nous, etc.

A Paris, le 27 novembre 1660, etc.[1]

En conséquence, Mâbre succéda à son grand-père lors de la mort de celui-ci en 1669, sous le nom de Mâbre-Cramoisy.

L'inventaire qui fut alors dressé, le 8 juin 1670, par Antoine Vitré, des ustensiles et caractères de l'Imprimerie royale, nous apprend qu'il y avait sept presses (dont une mauvaise), trois caractères grecs (gros-parangon, gros-romain et cicéro), un caractère hébreu (saint-augustin), et neuf caractères romains et italiques; le tout évalué à 3,760 livres, non compris les presses.

Les fonctions de directeur de l'Imprimerie royale n'étaient pas alors ce qu'elles sont devenues depuis. L'homme placé à la tête de cet établissement était bien moins un fonctionnaire public qu'un industriel recommandable, auquel, à ce titre, était confié un matériel spécial appartenant au Roi ou à l'État, mais qui n'en continuait pas moins d'exercer sa profession en dehors. C'est ce qui avait lieu particulièrement pour Mâbre-Cramoisy, qui, nommé imprimeur du Roi en même temps que directeur de l'Imprimerie royale à la mort de son grand-père, reçut, le 15 avril 1677, un privilége de trente ans pour l'impression et la vente de certains livres, et notamment d'un recueil des édits et déclarations et autres pièces concernant les duels et rencontres. Ce privilége lui suscita quelques difficultés avec les sieurs La Chevallerie et La Vienne[2], qui obtinrent un privilége analogue le 6 août 1679. Le 30 octobre de la même année, un

---

[1] Ce document se trouve dans le recueil cité n° 6 de l'avant-propos.

[2] Ces deux individus n'étaient sans doute ni libraires ni imprimeurs, car ils ne figurent dans aucun catalogue.

arrêt du conseil, rendu sur la réclamation de Mâbre-Cramoisy, fit défense à ceux-ci « de faire imprimer, vendre ni débiter ledit édit du mois d'août dernier, sous prétexte dudit privilége à eux accordé..... à peine de 3,000 livres d'amende, dépens, dommages et intérêts. »

Comme nous l'avons dit précédemment, c'est sous Mâbre-Cramoisy, en 1683, que les types grecs de François Ier furent retirés du greffe de la cour des comptes, pour être déposés à l'Imprimerie royale.

En 1684, on vendit en masse à Mâbre-Cramoisy tous les livres de fonds que possédait l'Imprimerie royale, ne réservant qu'un petit nombre d'exemplaires pour le roi.

Mâbre-Cramoisy étant mort en 1687, M. le chancelier de Pontchartrain laissa provisoirement à sa veuve la direction de l'Imprimerie royale, qu'il se proposait d'organiser sur une plus grande échelle. Cette dame reçut l'ordre de faire faire des épreuves de tous les caractères et de toutes les planches que l'établissement possédait déjà, et un inventaire général de tout ce qui s'y trouvait tant en caractères qu'en ustensiles.

Nous emprunterons quelques renseignements à ce curieux document, qui existe encore en original à la Bibliothèque impériale.

POINÇONS ET MATRICES.

Caractères grecs. (Voyez p. 35.)

Gros-parangon... 82 poinçons... 497 matrices.
Gros-romain..... 447 poinçons... 614 matrices (1re assortiment).
537 matrices (2e assortiment).
Cicéro........ .... 481 matrices (1re assortiment).
350 matrices (2e assortiment).

Caractères romains dits de l'Université. (Voyez p. 70.)

Gros-canon..... 130 matrices de romain et 111 d'italique.
Petit-canon..... 128 matrices de romain et 112 d'italique.

Gros-parangon... 152 matrices de romain et 128 d'italique.

Plus, 17 poinçons et 27 matrices pour les tons du Bréviaire.

Total 546 poinçons, 3,257 matrices.

On remarquera qu'il n'est pas ici question des caractères orientaux de M. de Brèves, qui ne furent remis à l'Imprimerie royale qu'en 1692, et dont on peut voir l'inventaire page 62.

Quant aux presses et aux caractères, cet inventaire nous offre à peu près les mêmes chiffres que celui de 1670, si ce n'est que l'évaluation des fontes est portée à 4,513 livres au lieu de 3,760 livres.

De plus, cet inventaire nous donne la liste des planches en cuivre et des gravures en bois que possédait alors l'Imprimerie royale.

Enfin, le 15 janvier 1691, le roi nomma directeur Jean Anisson, célèbre imprimeur-libraire de Lyon, auquel il concéda en outre le privilége d'exercer la même profession à Paris.

En conséquence, Anisson prêta serment le 15 février et fut installé comme directeur de l'Imprimerie royale, après avoir fait contrôler l'inventaire de la veuve de Mâbre-Cramoisy. Dès le 18 janvier, un ordre du roi avait prescrit sa réception au nombre des libraires et imprimeurs de Paris.

Bientôt après, le nouveau directeur, se conformant aux avis de M. de Pontchartrain, qui désirait réorganiser l'Imprimerie royale, proposa au ministre d'affecter à cette imprimerie des caractères particuliers, uniquement gravés pour elle, et qui ne pussent être confondus avec ceux des autres imprimeries. Cette proposition fut accueillie par M. de Pontchartrain. L'Académie des sciences, consultée sur la forme qu'il conviendrait de donner aux nouveaux types, désigna un comité de membres de l'Académie des sciences, de gens de lettres et d'artistes pour s'occuper de cet objet. Ce comité était composé de l'abbé Bignon, l'abbé Jaugeon, Filleau des Billettes, le P. Sébastien Truchet,

Anisson, Simonneau, préposé par le roi pour la gravure des planches, et Grandjean, préposé pour la gravure des poinçons. Le comité eut pour mission de déterminer, d'après des principes généraux, la meilleure forme des lettres. « Après avoir étudié à cet effet les manuscrits et les plus belles éditions de la Bibliothèque royale et autres, on imagina des moyens géométriques pour tracer celles de leurs configurations qui se trouvèrent enfin satisfaire le plus la vue. Ce travail occupa le comité pendant plusieurs années, et il en résulta une table exacte des proportions des lettres, où chaque sorte était en même rapport avec celle qui la suit et celle qui la précède [1]. » Vingt corps de caractères romains et italiques, rondes, bâtardes, coulées, vignettes assorties, furent successivement tracés, gravés, frappés et fondus, et formèrent un système complet de typographie française.

Le premier marché passé avec Grandjean pour la gravure de ces caractères est du 13 juillet 1694. Un second marché fut passé le 27 mars 1702. Le prix des poinçons, y compris la frappe et la justification des matrices, varie de 9 à 20 livres, suivant que les caractères étaient plus ou moins gros. L'acier et le cuivre étaient payés séparément. A l'occasion de ce travail, Grandjean inventa des machines à frapper et à justifier les matrices, ainsi que divers perfectionnements qu'il appliqua à la fonte des caractères, et pour lesquels des rémunérations particulières lui furent accordées par le roi. A compter de 1701, il lui fut en outre alloué une somme de 300 livres par an pour indemnité de logement et pour loyer de la fonderie. L'entretien des poinçons lui était payé à raison d'un sou pièce et par an [2].

---

[1] Extrait d'un rapport conservé aux Archives de l'Empire.

[2] Cet entretien fut continué à sa veuve et à ses successeurs Alexandre, Luce et Fagnon; mais le prix total, qui, de 1701 à 1739, s'était progressivement élevé jusqu'à la somme de 750 livres, fut fixé à 500 livres à partir de 1740.

Grandjean dut, dans la gravure, se conformer à ce qui avait été décidé par le comité dont je viens de parler, pour distinguer les caractères de l'Imprimerie royale de ceux des autres imprimeries. Cette distinction consistait surtout dans la position horizontale et dans le prolongement du délié supérieur de certaines lettres (b, d, h, i, j, k), et l'*l* était de plus flanquée d'un trait latéral à gauche (1). C'est le signe le plus apparent des caractères de Louis XIV, et le seul qui ait été conservé dans les nouveaux caractères gravés depuis pour l'Imprimerie royale. Il est de fait que le prolongement du délié supérieur était peu gracieux et de plus irrationnel, car le délié du côté gauche, qui était autrefois oblique au lieu d'être horizontal, rappelle le trait de la plume, et rattache ainsi l'origine des caractères d'imprimerie à l'écriture, ce que tendait à faire oublier le prolongement de ce délié à droite. Quant à la position horizontale de ce délié à gauche, c'est aujourd'hui un fait acquis et contre lequel il semble inutile de s'élever; toutefois je ne saurais l'approuver, car il altère profondément le système des caractères de bas de casse ou cursifs.

C'est l'abbé Jaugeon qui eut la plus grande part dans les travaux du comité, en sa qualité de mécanicien. Il a rédigé sur la matière un livre conservé à la Bibliothèque impériale. Le texte de ce livre est encore inédit; mais toutes les planches, en nombre considérable, en ont été gravées et portent des dates diverses, de 1694 à 1719, et le nom des graveurs Simonneau, Rochefort, etc.[1]

Cet ouvrage, qui devait former le premier volume d'une collection ordonnée par Louis XIV et ayant pour titre *Description*

---

[1] Il a été tiré quelques exemplaires de ces planches, et ils sont conservés dans les cabinets des amateurs sous ce titre : «Recueil d'estampes pour servir à l'histoire de l'art de l'imprimerie et de la gravure.» M. Brunet, qui en parle dans son *Manuel du libraire*, à l'article *Simonneau*, dit qu'ils doivent contenir 168 pages.

et perfection des arts et métiers, est intitulé : *Des arts de construire les caractères, de graver les poinçons de lettres, d'imprimer les lettres et de relier les livres, 1704.* C'est un grand in-folio d'une belle écriture, qui renferme des détails assez curieux, particulièrement en ce qui concerne la manière de procéder pour graver les caractères.

« Nous sommes heureusement parvenus, est-il dit dans la préface de ce volume, au point de fixer les caractères à une perfection jusqu'à présent inconnue, par des règles que nous avons établies de leurs grandeurs, de leurs contours, de leurs pleins, de leurs déliés, de leurs empatements, de leurs espaces, et les soins opiniâtres de corrections de plusieurs années de suite que nous nous sommes donnés pour en faire prendre l'esprit et le goût à l'ouvrier. »

Ces règles consistaient en un carré divisé en 64 parties, subdivisées chacune en 36 autres; ce qui formait une quantité de 2,304 petits carrés, au moyen desquels on traçait des caractères de toutes dimensions, en conservant entre eux une parfaite similitude[1]. « Néanmoins, dit M. Duprat[2], cette exactitude mathématique nuisait parfois à la grâce des contours des lettres, surtout pour les petits caractères, qui sont le plus en usage dans l'imprimerie. Aussi Grandjean, qui lui-même avait concouru à l'établissement de ces modèles typographiques, fut-il obligé d'en négliger quelques parties lorsqu'il commença la gravure des types de Louis XIV, et de consulter plutôt ses yeux que le compas. C'est, du reste, ce que font encore aujourd'hui nos typographes. »

Voici, dans leur ordre ascensionnel, la nomenclature des

---

[1] Comme le fait remarquer Fournier le jeune dans son *Manuel* (t. I, p. xv), il y avait près de deux siècles que Geofroy Tory avait imaginé un procédé analogue pour la gravure des caractères. (Voyez son *Champ fleury,* édition de 1529.)

[2] *Histoire de l'Imprimerie impériale de France,* p. 76.

caractères romains qui furent successivement gravés, de 1701 à 1745, par Grandjean, Alexandre et Luce, graveurs du roi[1], dans les principes fixés par le comité dont nous venons de parler :

1° Perle (4 points)[2], par Louis Luce[3].
2° Sédanoise (5 points), par Grandjean et Alexandre[4].
3° Nonpareille (6 points), par Grandjean.
4° Mignonne (7 points), par Grandjean.
5° Petit-texte (8 points), par Grandjean.
6° Petit-romain (9 points), par Alexandre.
7° Petit-romain gros œil ou philosophie (10 points), par Grandjean.
8° Cicéro (11 points), par Alexandre.
9° Cicéro gros œil (12 points), par Grandjean.
10° Saint-augustin (13 points), par Grandjean.
11° Saint-augustin gros œil (14 points), par Grandjean.
12° Gros-romain (15 points), le romain par Alexandre, l'italique par Grandjean.
13° Gros-romain gros œil (16 points), par Grandjean.
14° Petit-parangon (18 points), par Alexandre.
15° Petit-parangon gros œil (20 points), par Grandjean.
16° Gros-parangon (24 points), par Grandjean.
17° Petit-canon (28 points), par Grandjean.
18° Gros-canon (32 points), par Grandjean.
19° Double-canon (38 points), par Grandjean.
20° Triple-canon (48 points), par Grandjean.
21° Quadruple-canon (56 points), par Luce[5].

[1] Outre le prix de leur travail, fixé comme on l'a vu plus haut, les graveurs du roi recevaient 300 livres comme indemnité de logement.

[2] Le point typographique, servant à désigner d'une manière plus précise que les anciennes dénominations la force des caractères, fut en usage de fort bonne heure à l'Imprimerie royale. Il formait la 6ᵉ partie d'une ligne du pied de roi; il s'est conservé à l'Imprimerie impériale, où deux points et demi répondent à un millimètre.

[3] Ce caractère ne fut achevé qu'en 1740. (Voyez le Catalogue à cette date.)

[4] Ce caractère ne fut achevé qu'en 1728. (Voyez le Catalogue à cette date.)

[5] Ce caractère fut ajouté en dernier lieu à la nomenclature, qui ne devait en comprendre primitivement que vingt. — Je ferai remarquer que les dénominations

Tous ces caractères, si bien gradués, au nombre de vingt et un, étaient accompagnés de leurs italiques et de leurs lettres de *deux-points*. (On appelle ainsi des majuscules qui ont le double de la force du corps des caractères ordinaires, et qui servaient jadis d'initiales aux chapitres, etc.)

Le premier ouvrage où l'on voit paraître les nouveaux caractères est intitulé : *Médailles sur les principaux événements du règne de Louis le Grand*, in-folio, 1702. La préface est en petit-parangon n° 15 et le texte en gros-romain n° 13. Les autres caractères suivirent à de courts intervalles, puisque nous voyons que Grandjean, mort vers 1714, en a gravé quinze [1].

Ces travaux sur la typographie française ne firent pas négliger la typographie exotique. Dès l'année 1691, les gardes de la Bibliothèque royale reçurent ordre de remettre à Anisson les poinçons et matrices des caractères orientaux de Savary de Brèves, qui devaient servir à l'impression du glossaire du P. Thomassin. La remise s'en fit en 1692 [2].

D'un autre côté, M. de Pontchartrain chargea Grandjean, par un marché du 7 février 1692, de refaire un grand nombre de poinçons des grecs du roi détériorés, et de graver un quatrième corps plus fort que ceux qui existaient déjà. Mais ce travail n'a pas été achevé.

En 1705, Anisson, dont les affaires particulières avaient pris un grand développement, s'associa son beau-frère, Claude Rigaud, qui le seconda dans la direction de l'Imprimerie royale et lui succéda dans sa charge en 1707.

employées dans cette nomenclature, et qui sont aujourd'hui remplacées par le chiffre des points, sont les seules connues dans l'ancienne typographie française, qui n'a jamais admis les dénominations barbares de la typographie allemande, hollandaise, etc.

[1] Ce chiffre est sans doute exagéré. Alexandre, qui lui fut associé de bonne heure, aurait droit, ainsi qu'on le verra plus loin, d'en revendiquer quelques-uns.

[2] Voyez ci-devant, p. 60.

Celui-ci fut pourvu par ordonnance royale du 16 février de cette année, dont voici la partie essentielle :

Notre cher et bien-amé Jean Anisson, directeur de notre Imprimerie royale, nous ayant représenté qu'à cause de plusieurs occupations qu'il a, même pour notre service et pour le bien du commerce, il ne peut donner... les soins nécessaires, nous avons eu agréable la démission qu'il a faite entre nos mains de ladite charge en faveur de Claude Rigaud, marchand libraire à Paris, lequel s'est acquis depuis plusieurs années avec ledit sieur Anisson la capacité et l'expérience requises... A ces causes, nous avons ledit Rigaud fait, ordonné et établi, etc... Voulons que, nonobstant la translation de domicile dudit Rigaud de notre ville de Lyon en celle de Paris, il conserve les droits et jouisse des priviléges de l'échevinage de son père et de la bourgeoisie de ladite ville de Lyon...

Cette ordonnance concédait en outre à Claude Rigaud tous les priviléges dont avaient joui les Cramoisy et après eux Anisson. Or l'un de ces priviléges consistait dans la vente des livres imprimés à l'Imprimerie royale. En 1710, cet établissement avait publié, dans le format in-12, un *Recueil de pièces concernant les religieuses de Port-Royal-des-Champs qui se sont soumises à l'Église*. Un imprimeur de Lyon, qui comptait sur un prompt débit de ce livre, s'avisa d'en faire une contrefaçon sous la rubrique de Paris. Elle fut saisie, à la requête de Rigaud, sans doute. C'est ce qu'on apprend d'un arrêt du conseil d'État du 4 février 1711. Voici le dispositif de cet arrêt curieux :

Sur ce qui a été représenté au Roi étant en son conseil, que, par le procès-verbal de visite fait le septième de janvier dernier par les syndic et adjoints des imprimeurs et libraires de la ville de Lyon, il s'étoit trouvé dans l'imprimerie d'André Moulin 395 exemplaires d'un livre intitulé *Recueil de pièces concernant les religieuses de Port-Royal qui se sont soumises à l'Église* [Paris, 1711], lequel livre Sa Majesté avoit fait imprimer dans son Imprimerie royale, et que ledit Moulin avoit contrefait en mettant faussement sur la première feuille qu'il étoit imprimé à Paris, ce qui est une entreprise d'autant plus condamnable, qu'outre les divers règlements intervenus sur le fait de l'imprimerie, par lesquels il est défendu, sous les plus griéves peines, non-seulement de rien imprimer sans privilége ni permission, mais encore plus de mettre de faux noms et de fausses marques aux impressions, ledit Moulin n'a pu contrefaire un livre que Sa Majesté avoit fait imprimer dans son imprimerie que par un manque de respect pour les ordres de Sa Majesté, très-condamnable ; à quoi étant nécessaire de pourvoir d'une manière exemplaire... le Roi, étant en son conseil, a ordonné et ordonne que lesdits 395 exemplaires dudit livre... seront confisqués au profit de la communauté des imprimeurs et libraires de Lyon; condamne ledit Moulin à l'amende de cent livres applicable, moitié au profit de ladite communauté et l'autre moitié au profit des pauvres de l'Aumône générale de la même ville ; faisant en outre Sa Majesté très-expresses inhibitions et défenses à tous imprimeurs, libraires et autres personnes, de quelque qualité et conditions qu'elles soient, d'imprimer ou faire imprimer aucun des livres qui auront été imprimés par ordre de Sa Majesté dans son Imprimerie royale [1]...

Grandjean étant mort dans les premiers mois de 1714, il fut dressé un inventaire des poinçons et matrices de l'Imprimerie royale dont il avait la garde, et un arrêt du conseil, du 14 mai, maintint provisoirement à sa veuve les fonctions du défunt. Cette dame, qui conserva cette charge jusqu'en 1725, fit continuer les travaux de la gravure par Jean Alexandre, élève de son mari.

Cette circonstance me porte à penser que quelques-uns des caractères inscrits au nom de Grandjean ont été en réalité gravés par Alexandre, dans l'intervalle de 1714 à 1725. Il est à remarquer d'ailleurs qu'Alexandre travaillait avec Grandjean depuis 1694.

En 1715, le duc d'Orléans, régent du royaume pendant la minorité de Louis XV, chargea l'abbé Bignon, promoteur du projet, d'envoyer en Chine des jeunes gens pour y étudier le chinois et contribuer à répandre en France la connaissance de cette langue. A leur retour, et de concert avec eux et Fourmont, de l'Académie des belles-lettres, l'abbé Bignon fit le plan d'une

---

[1] *Recueil*, etc. p. 13.

typographie chinoise qui devait être portée à cent mille caractères en bois. Il n'en fut toutefois gravé que quatre-vingt-six mille, qui coûtèrent environ 20,000 livres, et furent déposés à la Bibliothèque royale, lieu de travail habituel de cette espèce de comité chinois; ils y restèrent jusqu'à la Révolution, malgré toutes les réclamations du directeur de l'Imprimerie royale, qui se plaignait avec raison qu'on imprimât hors de cet établissement avec les caractères chinois du roi [1].

En 1722, le régent ordonna encore la gravure de quatre corps de caractères hébraïques. Ils furent exécutés, sous la direction de Fourmont, par le sieur Villeneuve [2]. Cet artiste reçut aussi l'ordre de travailler à remplacer les poinçons de l'ancienne typographie orientale de M. de Brèves qui avaient été égarés. Ces travaux coûtèrent 25,000 livres.

Pendant ce temps, Alexandre continuait à graver les caractères romains, comme on le voit par un mémoire de lui fourni à Claude Rigaud, le 15 juillet 1718, et montant à 2,530 livres 10 sous, pour travaux faits depuis 1714. Jusque-là toutefois il n'avait été qu'en sous-ordre, la veuve de Grandjean restant toujours titulaire. Mais, le 23 août 1723, Alexandre reçut du roi le titre de graveur de Sa Majesté pour l'Imprimerie royale, « avec tous les honneurs attribués à pareil emploi, » porte l'ordonnance royale.

Mais tandis qu'on s'occupait si activement de gravure, il paraît qu'on négligeait un peu l'Imprimerie royale elle-même, car voici ce qu'on lit dans l'Histoire de Paris de Sauval [3], im-

---

[1] En effet, M. de Fourmont employa divers imprimeurs pour ses livres chinois. Nous citerons, entre autres, sa grammaire (*Linguæ Cinarum grammatica*, in-f°, 1742), qui fut publiée chez Hippolyte L. Guérin, etc.

[2] Villeneuve, qui n'avait pas le titre de graveur du roi, ne paraît pas avoir vendu les poinçons de ses caractères hébraïques, car on ne les a pas retrouvés au dépôt de l'Imprimerie royale; on n'a que les matrices.

[3] *Histoire et recherches des antiquités de la ville de Paris*, t. II, p. 507.

primée en 1724 : « Depuis peu on l'a abandonnée presque entièrement et convertie en écurie, appelée la *petite écurie du roy*, qui, sans contredit, est la plus belle et plus achevée de l'univers. »

Je doute que cet éloge d'une écurie royale fasse passer sur l'abandon d'une imprimerie. Heureusement je crois que Sauval exagère, et que ce qu'il prit pour un abandon complet fut une certaine négligence suivie d'un déménagement ayant pour but de faire une place aux chevaux du roi Louis XV, qu'on ne pouvait pas loger au premier. Je ne puis admettre qu'on ait abandonné l'Imprimerie du Louvre, lorsque j'en vois installer une aux Tuileries. Il existe en effet un volume in-4° imprimé en 1718, intitulé : « Cours des principaux fleuves et rivières de l'Europe, composé et imprimé par Louis XV, roy de France et de Navarre. Paris, dans l'imprimerie du cabinet de Sa Majesté. » Cette imprimerie fut dirigée successivement par Jacques Collombat, par sa veuve et par son fils. Elle était placée, comme l'Imprimerie du Louvre, sous la haute surveillance du duc d'Antin, en faveur duquel avait été rétablie, en 1716, la charge de surintendant des bâtiments, arts et manufactures royales, supprimée en 1708, après la mort de Louvois. L'ordonnance de rétablissement porte que ce haut fonctionnaire aura dans ses attributions *les imprimeries royales*.

Presque tous les membres de la famille royale eurent depuis de petites imprimeries dans leurs appartements. Je citerai particulièrement la Dauphine [1], le duc de Bourgogne, son fils [2], et le roi Louis XVI lui-même [3].

[1] *Élévation du cœur à N. S. J. C.* Imprimé de la main de Mme la Dauphine, 1756, in-16.

[2] *Prières à l'usage des Enfants de France.* Versailles, de l'imprimerie de monseigneur le duc de Bourgogne, dirigée par Vincent, 1760, in-12.

[3] C'est Auguste-Martin Lottin qui enseigna à Louis XVI la pratique de l'art typographique, du 9 au 21 mars 1766. Peu de temps après parut : *Maximes morales*

Mais revenons à l'Imprimerie du Louvre. Il est certain qu'on la négligea un peu vers l'époque où nous sommes parvenus. Les comptes nous apprennent, en effet, que de 1719 à 1722 il ne fut soldé pour elle annuellement au nom du roi que les 1,400 livres de traitement du directeur[1]. Cela ne veut pas dire sans doute qu'on n'y faisait rien du tout, car, outre le *Gallia christiana* et les Mémoires de l'Académie des sciences, imprimés aux frais de la couronne, on y exécutait des ouvrages administratifs pour le compte du directeur[2]. Mais tout cela, il faut en convenir, ne donnait pas une grande activité aux presses royales. Rigaud, dont la santé était chancelante, n'avait pas ce qu'il fallait pour pousser les travaux. Aussi crut-il devoir s'associer, en 1723, son neveu, Louis-Laurent Anisson (fils de son prédécesseur), qui fut nommé directeur titulaire en 1725.

Les choses changèrent alors de face[3]. Le nouveau directeur résolut de donner une vigoureuse impulsion aux travaux. Il fit sentir au duc d'Antin la nécessité de réunir pour cela dans le même local tous les services de l'Imprimerie royale, dont quelques-uns, la fonderie, par exemple, qui s'était considérablement accrue dans le premier quart du dix-huitième siècle, se trou-

et politiques de *Télémaque*, imprimées par *Louis-Auguste Dauphin*. De l'imprimerie de monseigneur le Dauphin, 1766, in-8°.

[1] Ces mêmes comptes nous apprennent toutefois qu'en 1723 on paya à la veuve de Grandjean 12,230 livres 17 sous 6 deniers, tant pour le payement des poinçons et matrices d'alphabet que des fournitures de cuivre et acier faites à ce sujet, loyer des fonderies, entretien et nettoiement des poinçons pendant les années 1718 et 1719.

[2] De ce nombre étaient, par exemple, les cartouches de congés des troupes, pour lesquels il fut rendu, au mois d'août 1717, un édit du roi «portant défense, à peine des galères, à tous graveurs, imprimeurs, libraires et autres, de graver, imprimer, vendre et débiter» lesdites formules; et les arrêts, règlements et ordonnances militaires, dont un arrêt du conseil, du 5 avril 1727, défendit la vente à tout autre qu'au directeur de l'Imprimerie royale.

[3] Déjà en 1725 nous voyons payer à Anisson 26,184 livres 11 sous 3 deniers pour impressions faites de 1723 à 1725.

vaient fort éloignés. Le surintendant des bâtiments de la couronne obtint du roi l'ordre de faire les agrandissements nécessaires. En conséquence, on démolit toutes les constructions intérieures des salles occupées par l'Imprimerie royale, ne conservant que les gros murs, et on pratiqua une galerie au premier étage, placée au-dessus du guichet, capable de contenir seize ou dix-sept presses, un grand magasin pour le papier, des ateliers, et enfin un beau logement pour le directeur [1], à l'ouest du guichet.

Cela fait, le roi, par arrêt du conseil du 16 janvier 1725, chargea M. de Foncemagne, de l'Académie des inscriptions, de procéder au récolement des inventaires des poinçons et matrices du roi qui se trouvaient encore chez la veuve de Grandjean[2], sur la place de l'Estrapade, à l'entrée de la rue des Postes, et de les faire ensuite déposer dans un endroit de la galerie du Louvre à portée de l'Imprimerie royale, sous la garde d'Alexandre.

En conséquence, M. de Foncemagne et le graveur Alexandre dressèrent l'inventaire prescrit en double expédition, l'une pour Alexandre, l'autre pour le directeur de l'Imprimerie royale, et tout le matériel de la fonderie appartenant au roi fut transporté

---

[1] Blondel, *Traité d'architecture*, dernière édition.

[2] Le 18 juillet 1726, le roi donna une ordonnance de payement de 20,088 livres 13 sous pour solder le compte de cette dame depuis 1719 (exclusivement) jusques et compris 1726. Ce payement comprenait le loyer de la fonderie, l'entretien des poinçons anciens, la gravure des nouveaux, et la fourniture du cuivre et de l'acier. (Elle reçut encore 195 livres 16 sous en 1727, tant pour loyer des lieux occupés par la grande et la petite fonderie de l'Imprimerie royale pendant un quartier échu à Noël, que pour nettoiement des vitres et autres réparations locatives.)

Le 15 février 1727, le roi signe une autre ordonnance de payement, montant à 17,981 livres 11 sous pour solder le compte de Jean Alexandre, du mois de juillet 1723 à la fin de décembre 1725. Ce payement semble faire un double emploi avec le précédent, car il s'applique également au loyer de la fonderie, à l'entretien des poinçons anciens, à la gravure des nouveaux et à la fourniture de cuivre et d'acier.

Cela n'empêchait pas Anisson de recevoir encore 19,710 livres pour ses impressions de l'année 1726, *y compris les gages de deux fondeurs.*

dans les bâtiments du Louvre. Le tout fut rangé avec ordre dans différentes salles, et livré à l'étude des gens de l'art et de la science.

Bientôt après, une décision du duc d'Antin[1] prescrivit la remise des poinçons et matrices entre les mains du nouveau directeur, Anisson, qui l'avait sans doute sollicitée. Cette décision enlevant à Jean Alexandre un des avantages qui lui étaient attribués par l'ordonnance du 16 janvier 1725, et M. de Foncemagne lui ayant par suite refusé l'expédition de l'inventaire qui lui était destiné, il adressa au duc d'Antin une requête dans laquelle il lui exposait que les graveurs du roi, ses prédécesseurs, avaient été chargés directement des poinçons et matrices des caractères royaux, se fondant sur ce qu'ils en faisaient seuls usage, et qu'ils étaient par conséquent obligés d'en répondre; mais le surintendant des bâtiments du roi répondit à sa requête, par une note en date du 22 mai 1727, que le dépôt des poinçons et des matrices appartenant au roi devait rester sous la garde du sieur Anisson, et que l'intention du roi, dans l'arrêt du conseil du 16 janvier 1725, n'avait pas été de détruire le titre du directeur de l'Imprimerie royale, lequel n'était originairement et par son brevet que garde des poinçons et matrices[2].

Ce conflit vidé, Alexandre n'en resta pas moins graveur du roi. Il livra, en cette qualité, en 1728, le second caractère de la nomenclature, la *sédanoise*, comme on le voit par l'*épreuve* qui

---

[1] M. Duprat, auquel nous empruntons ce renseignement (*Histoire de l'Imprimerie impériale de France*, p. 89), dit que la décision du duc d'Antin est du 22 mai 1727. Cela n'est pas possible, puisque sa réplique à Alexandre n'est que de ce jour-là. M. Duprat n'indiquant jamais ses sources, il m'est impossible de rectifier l'erreur.

[2] Les nouveaux arrangements nécessitèrent naturellement quelques dépenses. Les comptes de l'Imprimerie royale nous apprennent que le directeur reçut 15,505 livres, tant pour les dépenses ordinaires de ladite imprimerie «que pour les divers ajustements qui ont été faits au sujet du nouvel établissement» d'icelle pendant l'année 1727.

en fut faite à l'Imprimerie royale cette année. Le premier livre exécuté avec ce caractère fut une édition des Fables de Phèdre, en latin, imprimée en 1729. Alexandre ne voulut pas toutefois entreprendre la *perle,* le plus petit caractère de la série arrêtée dès le dix-septième siècle. Pour ce travail difficile, il s'adjoignit son gendre, Louis Luce, qui unissait à une grande habileté dans son art les talents de la sculpture et du dessin. C'est Louis Luce, en effet, qui grava la *perle.* Ce caractère, dont le nom est significatif, ne fut toutefois achevé qu'en 1740. C'était le plus petit caractère qu'on eût gravé jusqu'alors. De nos jours on est allé un peu plus loin, mais sans aucun avantage pour personne, car il n'y a pas de vue qui puisse lire sans danger un caractère de deux points et demi, sans parler des difficultés de la fonte et de la composition. Jules Didot a été obligé de renoncer, dans son *Voltaire portatif,* à celui qu'il avait gravé pour les notes de ce livre. Ce n'est donc qu'un tour de force typographique sans portée.

Alexandre gagnait des sommes assez rondes comme graveur du roi. Il reçut 18,633 livres 4 sous en 1729 pour payement des poinçons, caractères et matrices qu'il avait faits durant les années 1726, 1727 et 1728. Pour l'année 1729, il reçut 11,064 livres 4 sous, y compris certains ustensiles et dépenses pour la fonderie. Pour 1730, il reçut 15,584 livres 3 sous. C'était plus que ne recevait Anisson pour les dépenses de l'Imprimerie, qui ne s'élevèrent cette année qu'à 14,409 livres 10 sous, tant pour impressions que «pour tables des caractères (marbres pour correction?), papier, casses, châssis et autres dépenses.» Ce chiffre, il est vrai, alla depuis sans cesse en augmentant.

Avant d'aller plus loin, il convient d'enregistrer ici quelques changements survenus dans le personnel de l'Imprimerie royale durant le cours du dix huitième siècle. Jacques Anisson, ayant obtenu la survivance de son frère aîné Louis-Laurent, lui succéda, en 1735, dans la direction. En 1760, un autre Louis-Laurent, fils de Jacques, succéda à son père, qui se démit en sa faveur, avec l'agrément du roi. La décision royale, qui est du 26 janvier, mérite d'être rappelée; on y lit : «Bien informé de la capacité du sieur Louis-Laurent Anisson l'aîné..... et de l'expérience qu'il s'est acquise au fait de l'imprimerie avec le sieur Jacques Anisson Duperon, son père, nous avons d'autant plus agréé la démission qu'il (Jacques) a faite, en sa faveur, de la charge de directeur de notre imprimerie, que ledit sieur son père n'en restera pas moins attaché à nous servir. A ces causes... nous établissons ledit sieur Anisson l'aîné directeur et conducteur de notre Imprimerie royale et garde des poinçons, matrices, caractères, planches gravées, presses et autres ustensiles servant aux impressions, pour l'avoir et exercer en l'absence dudit sieur Duperon son père... avec faculté de débiter dans notre royaume et dans les pays étrangers les livres de notre Imprimerie royale... sans qu'avenant le décès de l'un ou de l'autre, ladite charge puisse être réputée vacante et impétrable sur le survivant[1]...»

Vers 1770, on vit en outre paraître, sous le titre de directeur littéraire, un sieur Mandonnat, qui était en même temps garde des rôles et secrétaire de la chancellerie de l'ordre du Saint-Esprit. Ce Mandonnat, qui demeurait à l'Imprimerie royale, fut spécialement chargé, d'après M. Flourens[2], de surveiller la première édition de l'Histoire naturelle des Oiseaux, par Buffon, publiée de 1770 à 1783[3].

Nous avons vu que Louis Luce avait été adjoint à Alexandre pour graver la *perle*. Il lui succéda vers l'an 1738, et grava, vers

[1] *Recueil*, etc. p. 27.

[2] *Buffon, histoire de sa vie et de ses ouvrages* (Paris, in-18, 1844), et *Journal des Savants*, novembre 1858.

[3] Il s'était passé quelque chose d'analogue lors de la création de l'Imprimerie royale. Il y eut alors un sous-directeur appelé Edme Martin, qui fut remplacé par son fils Edme II. (Voyez p. 70 à 73.)

1745, le 21ᵉ caractère des types de Louis XIV, le *quadruple-canon*; il eut ainsi l'honneur de graver le plus petit et le plus gros, d'ouvrir et de fermer la nomenclature.

Il exécuta en outre, comme graveur royal, de 1738 à 1762, des caractères d'écritures (ronde, bâtarde, coulée et gothique), qu'on signalait alors pour leur perfection, et un nombre considérable de vignettes et de fleurons aux armes de France. « C'est à ce génie rare et excellent, dit Blondel[1], qu'on est redevable des bordures, cadres et vignettes, culs-de-lampe, lettres grises, etc. dont on a enrichi le plus souvent les livres de réputation exécutés à l'Imprimerie royale. Tous ces ornements, la plupart d'un goût excellent, furent gravés sur acier, et imitaient parfaitement la taille-douce. »

Cet artiste exécuta encore, de 1740 à 1770, en dehors de ses travaux comme graveur de l'Imprimerie royale, toute une typographie, composée de quinze corps de caractères romains et italiques, et d'une collection considérable de vignettes et d'ornements formés d'éléments mobiles, genre de gravure et de fonte dont il était l'inventeur, et qui furent considérés à cette époque comme un chef-d'œuvre.

Luce publia ce travail en un volume in-4°, imprimé chez Barbou, en 1771, sous ce titre : *Essai d'une nouvelle typographie, ornée de vignettes, fleurons, trophées, filets, cadres et cartels, inventés, dessinés et exécutés par Louis Luce, graveur du roi pour son imprimerie royale.* En tête du volume, on lit une dédicace au roi qui nous apprend que Luce fut associé à Grandjean dès 1726.

Louis Luce mourut en 1773, et fut remplacé en 1774 comme graveur royal par Fagnon, qui lui avait été adjoint longtemps avant, et avait obtenu sa survivance dès 1767. Fagnon fut le dernier graveur royal, car il survécut à la Révolution.

---

[1] *Traité d'architecture*, déjà cité.

L'Académie des sciences, appelée à donner son avis sur la typographie de Luce, lui ayant été favorable, Louis XV en ordonna l'achat en 1773, au prix de 100,000 livres. Cette typographie vint en conséquence enrichir le cabinet des types de l'Imprimerie royale; mais on ne se servit jamais de ses caractères, qui étaient conçus dans un style tout différent de celui adopté pour les caractères de Louis XIV. On ne les avait achetés que pour ne pas les détacher d'une collection unique de 1,457 vignettes représentant toute sorte de sujets allégoriques et ornements du meilleur goût, collection qui servit longtemps aux impressions de l'Imprimerie royale.

Vers la fin du règne de Louis XV, on acheta encore pour l'Imprimerie royale une série de culs-de-lampe, armes de France et autres fleurons, gravés sur bois par Papillon, auteur d'un traité bien connu de la gravure sur bois.

Quelques difficultés s'étant élevées entre l'Imprimerie royale et les départements des affaires étrangères, de la guerre et de la marine, relativement aux prix de leurs impressions, ces administrations obtinrent la création d'une imprimerie à Versailles, en 1771, pour leur usage exclusif. Mais cette imprimerie, qui était établie dans les bâtiments du ministère de la guerre, n'eut qu'une courte durée. Elle fut supprimée par un arrêt du conseil, du 22 mai 1775, ainsi conçu [1] :

Le Roi s'étant fait rendre compte des motifs qui ont donné lieu à l'établissement d'une imprimerie à Versailles dans l'hôtel de la guerre, pour y faire différents ouvrages d'impression relatifs aux départements des affaires étrangères, de la guerre et de la marine, Sa Majesté a reconnu que cet établissement n'a été fait que pour procurer une économie sur les prix qu'on étoit dans l'usage de payer pour ces mêmes impressions à l'Imprimerie royale; mais que, quelle que fût cette économie, elle auroit pu être également procurée par un moyen plus simple et plus assuré, et même être

---

[1] Voyez le *Recueil* cité dans l'avant-propos, n° 6.

portée encore plus loin, en adoptant la proposition faite par le directeur de l'Imprimerie royale, de se soumettre à tel tarif qui seroit jugé convenable; que ce parti paroissoit devoir être aujourd'hui préféré, avec d'autant plus de raison que l'Imprimerie royale, destinée particulièrement pour les impressions ordonnées par le Roi, ne se sert que des poinçons qui lui sont propres, et pour lesquels Sa Majesté entretient un graveur breveté par elle; que, les caractères faits d'après ces poinçons n'étant employés que dans la seule Imprimerie royale, il en résulte une sorte d'impossibilité d'en contrefaire les impressions, ce qui est particulièrement de la plus grande importance par rapport aux effets royaux; qu'elle est d'ailleurs en possession de faire depuis un temps considérable les différents ouvrages d'impressions qui se sont faits depuis quelques années à l'hôtel de la guerre, et que, de plus, elle a pour quelques-uns des titres particuliers qui lui en attribuent exclusivement le droit, tels que l'édit du mois d'août 1717, par rapport aux cartouches et formules de congés, et l'arrêt du conseil du 5 avril 1727, qui assure à l'Imprimerie royale l'impression des ordonnances et règlements militaires.

A quoi ayant égard, ouï le rapport, Sa Majesté, étant en son conseil, a ordonné et ordonne ce qui suit :

Art. 1ᵉʳ. L'imprimerie établie à l'hôtel de la guerre sera supprimée, et les caractères, poinçons, presses en lettres et en taille-douce, gravures en bois et autres ustensiles généralement quelconques qui s'y trouvent, seront remis au sieur Anisson Duperon, directeur de l'Imprimerie royale, après que l'état en aura été fixé par un inventaire, et que la valeur en aura été réglée par des experts qui seront nommés à cet effet; de laquelle valeur ledit sieur Duperon se reconnoîtra débiteur envers le roi, jusqu'à ce que le montant en ait été payé par lui, après lequel payement il sera libre d'en disposer ainsi qu'il jugera à propos.

Art. 2. A l'égard des planches en cuivre servant à l'impression des provisions, commissions, brevets, ordonnances et autres expéditions à l'usage des bureaux, elles seront pareillement remises au sieur Duperon, sur son récépissé mis au bas de l'état qui en sera formé, pour être réunies aux autres planches de la même espèce qui sont dans le dépôt de l'Imprimerie royale et qui appartiennent à Sa Majesté.

Art. 3. Au moyen de la suppression de l'imprimerie de l'hôtel de la guerre et de la remise de tous les effets ci-dessus entre les mains du sieur Duperon, l'Imprimerie royale sera seule chargée de faire les différents genres d'impressions qu'elle étoit dans l'usage de faire avant l'établissement de l'imprimerie de l'hôtel de la guerre, et qui se faisoient dans cette dernière depuis qu'elle a été formée.

Art. 4. Sa Majesté voulant que le prix des différents genres d'impressions qui se feront dorénavant à l'Imprimerie royale pour les départements des affaires étrangères, de la guerre et de la marine, soit fixé d'une manière invariable, elle a fait former un tarif dont l'original, signé du sieur Duperon, demeurera annexé à la minute du présent arrêt, desquels arrêt et tarif il sera remis une expédition au sieur Duperon, et une autre expédition au bureau de chacun des trois départements dans lequel s'arrêtent les mémoires de ce qui s'imprime pendant l'année pour le service de chacun des trois départements; l'intention de Sa Majesté étant que les payements des ouvrages qui se feront à l'avenir pour lesdits trois départements ne puissent être ordonnés que conformément audit tarif.

Suivent des tarifs très-détaillés, mais tous basés sur le format du papier et sur le tirage, sans faire mention aucune de la composition. On voit que l'imprimerie était encore en plein dans les traditions. Les justifications, les dispositions typographiques, tout était réglé d'avance pour la composition, et personne ne songeait à s'en écarter, soit par motif d'économie, soit pour donner plus de grâce aux travaux. Les corporations étaient là avec leur niveau qui empêchaient toute innovation de se produire. On avait fait son chef-d'œuvre; on était reçu ouvrier : tout était là. On continuait à travailler sur les errements anciens, sans songer même aux améliorations possibles. Le moment approchait pourtant où tout allait changer de face.

On vient de voir que le gouvernement, qui tendait à concentrer tous ses travaux administratifs à l'Imprimerie royale, tenait à la forme des types de l'Imprimerie du Louvre comme cachet officiel. En 1783, Pierre Didot le jeune, imprimeur de Monsieur (depuis Louis XVIII), eut maille à partir à ce sujet avec Louis-Laurent Anisson, qui lui reprochait d'avoir imité ces caractères. L'affaire fut portée devant le conseil du roi. Voici quelques passages du mémoire présenté par Pierre Didot : « Le sieur Didot, n'étant pas graveur, a dû... faire faire (ses caractères) exprès et à dessein, car il n'en eût pas trouvé de pareils dans aucunes fonderies, qui de tout temps se sont astreintes à garder le trait oblique... Il est bien étonnant que depuis cinquante ans, et peut-être plus, que l'on a gravé de ces caractères à empatements horizontaux et parallèles, le sieur Anisson s'adresse directement à moi... L'on voit dans les épreuves de Sanlèque, de 1742, un caractère de cicéro, dit *la Police,* exactement conforme à ceux de l'Imprimerie royale... Le sieur Gando en a fait l'acquisition, et il se trouve dans ses épreuves de caractères. Madame veuve Hérissant, imprimeur du cabinet du roi, a imprimé pour moi quatre volumes in-4° de l'Histoire des insectes, de Réaumur, au refus du sieur Duperon (Anisson), et s'est servi d'un gros-texte semblable à celui de l'Imprimerie royale. Lorsque j'ai été imprimeur, j'ai fait graver exprès, il est vrai, pour continuer l'Histoire des insectes, ce même gros-texte de madame veuve Hérissant, qui m'a servi encore à faire d'autres ouvrages, celui du Voyage de Sicile de M. Houel... Je citerai encore une gaillarde de madame veuve Hérissant et un autre (caractère) que j'ai fait graver par le sieur Guyon... [1] »

Sur le rapport de M. de Miromesnil, la plainte d'Anisson fut rejetée, comme pouvant nuire au progrès de l'art typographique.

En 1783, Étienne-Alexandre-Jacques Anisson[2] obtint la survivance de son père Louis-Laurent Anisson Duperon, auquel il succéda comme directeur à la mort de celui-ci, en 1788.

Il convient de publier ici l'acte qui le confirma dans son emploi, car il renferme des renseignements intéressants sur l'ad-

---

[1] Archives de l'empire, C. 150.

[2] La même année Étienne Anisson, qui aidait son père depuis quelque temps, inventa un système de presse qui fit quelque bruit ; mais il ne réussit pas à le faire adopter par les fabricants. Celle qu'il fit exécuter comme modèle est encore conservée à l'Imprimerie impériale comme objet de curiosité.

ministration de l'Imprimerie royale. Voici la partie essentielle[1] de cet arrêt du conseil, daté du 26 mars 1789 :

> Le Roi s'étant fait rendre compte, en son conseil, des motifs qui ont donné lieu à l'établissement de l'Imprimerie royale, Sa Majesté a reconnu que, cette imprimerie ayant pour objet principal et direct, outre l'avancement et le progrès des lettres, la plus prompte et la plus sûre impression des choses qui doivent être publiées de l'ordre de Sa Majesté, il étoit juste d'assurer au directeur de ladite Imprimerie royale une indemnité des frais et avances que son zèle l'engage à faire journellement pour le bien de son service. A quoi voulant pourvoir, ouï le rapport, le Roi, étant en son conseil, et confirmant, en tant que besoin seroit, le titre de directeur de l'Imprimerie royale au sieur Étienne-Alexandre-Jacques Anisson Duperon, défend à tous libraires et imprimeurs de la ville de Paris ou des provinces, autres que ceux choisis et avoués par ledit directeur, d'imprimer, vendre ni débiter, sous quelque prétexte que ce soit, aucun des ouvrages, édits, déclarations, arrêts, ordonnances militaires et règlements de son conseil, qui auront été remis, de l'ordre de Sa Majesté, à ladite Imprimerie royale pour y être imprimés; le tout à peine d'amende et de confiscation, et autres plus grandes peines s'il y échoit. Ordonne Sa Majesté que, pour les ouvrages ainsi remis de son ordre pour être imprimés à l'Imprimerie royale, ledit directeur sera payé de tous ses frais conformément au tarif arrêté à ce sujet, lorsque ce seront des ouvrages qui ne sont pas de nature à être vendus; et que, lorsque ce seront des ouvrages de nature à être vendus, tels que des édits, déclarations, arrêts, ordonnances militaires, règlements de son conseil, et autres du même genre, il en fournira, sans prétendre aucun payement, trois cents exemplaires pour le service de Sa Majesté. N'entend néanmoins Sa Majesté que, dans le cas où elle jugerait convenable, pour l'utilité de ses sujets ou de son service, qu'il fût donné des secondes éditions de ces ouvrages, édits, déclarations, arrêts, ordonnances militaires et règlements de son conseil, ledit directeur puisse y prétendre aucun droit; Sa Majesté se réservant de le permettre à tel de ses libraires ou imprimeurs qu'elle jugera à propos, tant dans la ville de Paris que dans les provinces...

Dans le but de concentrer de plus en plus les travaux administratifs à l'Imprimerie royale, le nouveau directeur s'enten-

---

[1] On en trouvera le texte complet dans le *Recueil* cité dans l'Avant-propos, n° 6.

dit avec la veuve Hérissant, pour la cession d'une petite imprimerie qui avait été établie à Versailles en 1785, pour exécuter les impressions du conseil. Cette convention particulière fut approuvée par le roi le 23 mai 1789, à la condition qu'Anisson installerait à Versailles une petite succursale de l'Imprimerie royale pour les travaux du conseil.

Sa Majesté, porte l'arrêt du conseil, s'est d'autant plus volontiers déterminée à ordonner, tant la réunion desdites deux imprimeries que l'établissement d'un détachement de celle du Louvre dans la ville de Versailles, que, par le compte qu'elle s'est fait rendre des fonctions de ladite imprimerie, dont le régime remonte à François I[er][1], elle a reconnu qu'elle mérite,

[1] M. Duprat, dans son *Histoire de l'Imprimerie impériale de France*, p. 100, relève cette assertion comme erronée. Pour lui l'Imprimerie royale ne date que de 1640, c'est-à-dire de la fondation de l'Imprimerie du Louvre. M. Duprat revient encore sur ce sujet à propos d'une médaille qui fut frappée en 1823. Cette médaille porte d'un côté la tête de Louis XVIII, avec cette légende autour : LVDOVICVS XVIII REX FRANC. ET NAV., et au-dessous, dans l'exergue : TYPOGRAPHIA REGIA RESTITVTA MDCCCXXIII. Au revers on lit :

A
FRANCISCO I
CONDITA MDXXXIX
LVDOVICO XIII
IN ÆDIBVS REGIIS
COLLOCATA MDCXL
LVDOVICO MAGNO
ILLVSTRATA
MDCXC.

M. Duprat, qui décrit cette médaille p. 277, a omis d'abord dans l'exergue le mot *regia*, ce qui rend l'inscription complétement inintelligible pour tout autre que pour lui ; ensuite il commente à sa manière le texte du revers. Le *condita* de la troisième ligne «ne peut se *rapporter*, dit-il, qu'à Louis XIII, *véritable fondateur* de l'Imprimerie royale.» Quant au millésime qui suit le mot *condita*, il croit devoir le rectifier ainsi : «Les lettres patentes de François Ier sont de 1538. La date de 1539 est celle de la nomination de Robert Estienne comme imprimeur royal.»

Nous avons déjà dit que les lettres de François Ier étaient de 1539 nouveau style, comme le porte l'inscription, et par conséquent l'Académie ne mérite pas le rede la part de Sa Majesté, les mêmes marques de protection dont les rois ses prédécesseurs ont bien voulu l'honorer [1]. »

Anisson établit en conséquence une succursale de l'Imprimerie royale à Versailles; mais cette imprimerie, qui était installée rue de l'Orangerie, dut revenir à Paris, avec la cour, après les journées d'octobre 1789.

Pendant qu'il était absorbé par tous ses travaux administratifs ou mercantiles, Anisson ne songeait guère, à ce qu'il paraît, aux ouvrages de pure érudition. M. de Guignes a raconté, dans la préface du premier volume des *Notices et extraits des manuscrits de la Bibliothèque du roi*, imprimé en 1787, qu'on n'avait point trouvé pour cette publication de caractères orientaux à l'Imprimerie royale, et qu'on fut obligé d'en faire fondre sur les matrices de Savary de Brèves, qui s'y trouvaient depuis un siècle, mais dont on ignorait l'existence dans cet établissement, et qui y furent retrouvées heureusement, ainsi que les poinçons, par M. de Guignes. Il en fut de même des poinçons et matrices des

---

proche d'ignorance que lui adresse M. Duprat; nous ajouterons que cetteda e ne peut se rapporter à la nomination de Robert Estienne comme imprimeur du roi, car l'époque précise de cette nomination est complétement inconnue.

Mais ce qui nous paraît plus grave, c'est l'insistance que met M. Duprat à contester à François Ier l'honneur d'avoir fondé la typographie royale, *typographia regia*, comme porte l'inscription. Qu'est-ce qui constitue une typographie? Ce sont les types et non pas la maison où on les conserve. Or est-il vrai que François Ier a fait graver des caractères et que ces caractères formaient une typographie royale dès l'année 1544? Le fait est incontestable, puisqu'il est rappelé par les mots bien connus de *typis regiis* sur presque tous les ouvrages grecs publiés à Paris durant le xvie siècle. Louis XIII a installé, il est vrai, une imprimerie au Louvre, et cet atelier a reçu le nom d'*Imprimerie royale*; mais ce second fait ne détruit pas le premier : au contraire, il vient le corroborer, car c'est précisément et principalement pour utiliser les caractères de François Ier que Louis XIII a créé l'Imprimerie du Louvre. L'inscription a donc raison de dire que Louis XIII a *colloqué* en 1640 *dans les édifices royaux* la typographie créée par François Ier en 1539, c'est-à-dire un siècle auparavant.

[1] *Recueil* cité dans l'Avant-propos, n° 6.

grecs de François Ier, qu'on croyait également perdus. Aussi, dans la joie que causa cette trouvaille, Anisson s'empressa-t-il d'en dresser un inventaire lettre à lettre, qui forma deux volumes in-folio, aujourd'hui à la Bibliothèque impériale [1].

Le travail scientifique le plus important qui ait été exécuté à l'Imprimerie du Louvre vers cette époque est celui des diverses éditions royales de Buffon; cette imprimerie produisit en effet en une quarantaine d'années, de 1749 à 1789 (date de la mort du célèbre naturaliste), près de deux cents volumes, tant *in-folio* qu'*in-quarto* et *in-douze*, de ses œuvres.

C'est ici le moment de dire un mot du régime administratif de l'Imprimerie royale. Cet établissement était exploité jadis, comme une autre imprimerie, par le directeur et à ses frais. Il était payé de ses travaux sur des tarifs arrêtés par le roi, et avait de plus le privilége de la vente de certaines impressions. Aussi ne recevait-il qu'un modique traitement fixe de 1,400 livres par an.

Voici les chiffres du budget de l'Imprimerie royale en 1788, ainsi qu'ils résultent d'un *Compte rendu au roi* au mois de mars de cette année :

Appointements du directeur [2]	1,400
Au correcteur d'épreuves [3]	300
Impressions pour le département de la finance, environ	60,000
Pour le département de la maison du roi	24,000
Frais de gravures . . . . 2,000 ⎫	4,300
Frais de reliures . . . . 2,300 ⎭	
Total	90,000

[1] Fonds français, nouv. acquisit. n{os} 141 et 142. Ces volumes proviennent des Archives, où ils portaient la cote MM, 1073 et 1074. Cette distraction est fâcheuse, car elle a séparé ces documents d'autres analogues qui sont restés aux Archives.

[2] Ce chiffre n'a pas varié depuis 1640.

[3] C'est le traitement royal; mais le correcteur recevait une rétribution particulière du directeur.

Non compris les départements de la guerre et de la marine, qui payaient leurs impressions à part[1].

Il est bien entendu qu'il n'est question ici que des dépenses à la charge de la couronne, de ce qu'on pourrait appeler le budget royal. Mais, en dehors de là, Anisson exécutait d'immenses travaux typographiques soldés par les parties prenantes, ou produisant un bénéfice par la vente. C'est ce qui explique pourquoi il était toujours en avances avec l'État, comme nous l'apprend la lettre suivante, adressée par lui au président de l'Assemblée nationale en 1790.

> Monsieur, dans le compte qui vient d'être publié des recettes et dépenses de l'État depuis le 1er mai 1789 jusques et compris le 30 avril 1790, je me trouve compris pour une somme de 309,452 livres, sans autre détail explicatif. Comme mon service, monsieur, est bien loin de coûter à l'État une somme aussi considérable que celle-là, je crois devoir vous prier de remarquer que dans cette somme de 309,452 livres est comprise celle de 245,000 livres, résultat de plusieurs années qui m'étoient dues sans intérêts et qui m'ont été payées jusqu'au 1er juillet 1789. Le payement m'en a été fait en assignations sur les domaines, suspendues, qui perdoient alors 28 p. o/o. Les 64,452 livres sont des à-compte qui m'ont été donnés sur mes avances; et, en les répartissant depuis le 1er juillet 1789 jusqu'à présent, cette somme seule peut fixer votre attention sur l'étendue des dépenses du service dont je suis chargé[2].

A cette époque, comme aujourd'hui, les administrations publiques payaient leurs impressions d'après certains tarifs ; seulement alors les bénéfices, au lieu de faire retour à l'État, servaient de complément de traitement au directeur, qui de son côté faisait toutes les avances.

On lit dans un mémoire remis par ce dernier au garde des

---

[1] Lottin, *Catalogue des libraires et imprimeurs de Paris*, t. II, p. 84.
[2] Duprat, *Hist. de l'Impr. imp. de France*, p. 106.

sceaux, en 1789, en réponse aux projets de réforme qui avaient cours alors, un passage ainsi conçu :

> Tous les poinçons, matrices, moules, instruments de fonderie, presses, casses sont au roi. Le directeur est obligé de les représenter, ainsi que...[1] pesant de matières constaté par les inventaires appartenir au roi. Le reste du poids de la matière est au directeur, qui s'en fournit à son compte. Les frais à la charge du roi sont, entre autres, un logement pour le directeur aux galeries du Louvre (ce qui ne dispense pas ce dernier d'avoir une maison pour son service, ses commis, etc.), les gages de 800 livres d'un graveur pour l'entretien des poinçons et matrices, des pensions de 100 à 200 livres à de vieux ouvriers...

L'Imprimerie royale, changeant peu à peu de caractère, avait fini par accaparer, comme on l'a vu, à peu près toutes les impressions du gouvernement. La vente de quelques-unes de ces pièces constituait même, au profit du directeur de l'établissement, un privilége fort lucratif, et qui le devint davantage encore à l'époque de la révolution, par suite de leur multiplicité. Le mode de publicité des actes du gouvernement était d'ailleurs fort peu économique : chaque loi, par exemple, se tirait à part au nombre de 5,000 exemplaires et dans le format in-4°, ce qui occasionnait une consommation considérable de papier, et exigeait l'emploi d'un grand nombre de presses. Pour satisfaire aux commandes, Anisson, à qui elles faisaient réaliser d'immenses bénéfices, dut augmenter successivement son matériel, à mesure que *l'esprit législatif* se développa. Il ajouta aux dix presses existantes dans la galerie du Louvre trente autres presses, qu'il établit en face, dans une maison construite à ses frais dans le cul-de-sac Matignon, et quatorze dans un atelier situé rue Mignon, sans parler d'une trentaine d'autres presses succursales dans les imprimeries de Clousier et de Prault, ce qui faisait un

---

[1] Cette lacune existe dans le texte ; mais on voit ailleurs que le poids des caractères appartenant au roi était de *dix milliers*.

total de plus de quatre-vingts presses, avec lesquelles il avait encore peine à suffire aux travaux que lui fournissaient toutes les administrations. Aussi en perdit-il plusieurs, qui le quittèrent pour s'adresser à des imprimeries du commerce.

Peu disposée à continuer ce mode de gestion, l'Assemblée nationale rendit, le 14 août 1790, un décret portant qu'il serait dressé un inventaire des caractères, poinçons, matrices, gravures et autres objets appartenant à la nation dans le fonds de l'Imprimerie royale. Elle nomma pour faire ce travail une commission composée de MM. de Guignes et Dansse (Villoison), de l'Académie des belles-lettres, et Anisson. Cette commission s'occupa du travail sans retard; elle le commença le 15 septembre, et le finit le 23 décembre. Le 24 décembre, Anisson annonçait à l'Assemblée nationale que l'opération était terminée et l'inventaire déposé aux Archives nationales; ce qui n'était pas parfaitement exact, car le dépôt n'eut lieu que le 10 janvier 1791. Ce ne serait rien si cet inventaire avait été fait d'une manière convenable; mais, en dehors du chiffre des poinçons et des matrices, qui présente même d'étranges lacunes, on peut dire qu'il se réduit à deux lignes ainsi conçues :

10,662 livres pesant de matières à caractères et dix presses [au roi].

Le surplus de la matière, des presses et ustensiles appartient au directeur.

La famille Anisson s'était tellement habituée à considérer l'Imprimerie royale comme sa chose, depuis un siècle qu'elle la gérait, qu'on ne prit pas même la peine de spécifier les objets appartenant au roi ou à la nation. Comparé à l'inventaire de 1691, celui de 1790 est une moquerie. On le trouvera à l'appendice et on en jugera.

A la même date du 14 août 1790, un autre décret, sanctionné le 1er décembre, suspendit la continuation de tous les ouvrages imprimés par ordre et aux frais du gouvernement, jusqu'à ce qu'une nouvelle loi en ordonnât la reprise.

A partir de ce moment, l'Imprimerie royale, appelée *Imprimerie du Louvre,* renonça aux éditions savantes[1]. Elle ne mit plus au jour que des lois, des décrets, des arrêtés, des proclamations, etc. mais, nous devons le dire, dans ces impressions même, elle se faisait encore distinguer par la forme au milieu de la décadence qui semblait avoir frappé l'art typographique. Il existe une collection des actes législatifs de la révolution, en dix-huit volumes in-quarto, sortis de ses presses à cette époque de troubles, qui mérite de fixer l'attention sous ce rapport. Cette collection, qui est aujourd'hui d'un prix élevé, a été achevée à l'Imprimerie nationale, après la réunion de l'Imprimerie du Louvre à l'Imprimerie du Bulletin des lois. Elle est intitulée *Collection générale des lois,* etc. et débute par un arrêt du conseil daté du 5 juillet 1788 et relatif à la convocation des États généraux.

Une des opérations les plus importantes qui aient été exécutées en 1790 à l'Imprimerie royale fut l'impression d'une première série d'assignats, créés en vertu d'un décret de l'Assemblée nationale du 19 décembre 1789, et s'élevant à 400 millions. Ces assignats, au nombre de 1,200,000, de la valeur de 200, 300[2] et 1,000 livres, n'ont aucun rapport avec ceux qui furent exécutés en dehors de l'Imprimerie du Louvre dans la période

---

[1] Notre Catalogue indique encore quelques ouvrages d'érudition publiés de 1791 à 1794; mais ces ouvrages avaient été exécutés presque entièrement dans la période précédente.

[2] Malgré tout le soin apporté à la lecture des épreuves, un grand nombre d'assignats de 300 livres furent imprimés avec une omission considérable dans la date. On imprima *mil sept quatre-vingt-dix* au lieu de *mil sept cent quatre-vingt-dix.* L'Assemblée nationale les maintint néanmoins comme bons, par décret du 14 août 1790. Cela rappelle les écus de six livres frappés en 1786 avec le nom de *Louis XI* au lieu de *Louis XVI.*

suivante, et qui tombèrent bientôt à *zéro*[1]. Les planches de cette première série d'assignats furent longtemps conservées au dépôt des poinçons de l'établissement[2]; mais, en 1823, le garde des sceaux de la Restauration les fit détruire avec tout ce qui portait les emblèmes de la République et de l'Empire[3].

Ce ne fut pas toujours de bonne grâce que l'Imprimerie royale se plia aux exigences révolutionnaires. Ses vieux ouvriers, élevés de père en fils dans les *bâtiments du roi* et au milieu des artistes et des savants hébergés au Louvre, avaient conservé des sentiments aristocratiques peu en harmonie avec l'esprit du temps, et plus d'une fois ils furent accusés de conspirer contre l'ordre de choses établi. Ils furent même suspectés d'avoir tiré sur le peuple lorsqu'il se porta aux Tuileries le 10 août 1792, et se virent sur le point d'être massacrés pour cela dans leur établissement, qu'on allait saccager. Le directeur crut devoir écrire à l'Assemblée législative pour justifier les ouvriers. «L'imputation est d'autant moins fondée, disait-il, que la disposition des lieux ne leur a pas permis d'exécuter un aussi horrible projet, quand ils en auroient conçu l'idée.» L'Assemblée chargea le ministre de la justice et les commissaires de la commune de Paris de prendre les mesures que commandaient les circonstances. Il n'y eut point d'accidents; mais les esprits n'en restèrent pas moins fort mal disposés à l'égard de l'imprimerie *ci-devant royale*, dont le chef lui-même avait été inculpé le mois précédent à l'occasion

---

[1] Anisson fit de vains efforts pour obtenir l'entreprise de cette seconde émission, qui fut exécutée par MM. Didot et Patris, dans un atelier spécial installé aux Capucines et appelé *Imprimerie des assignats*.

[2] On y conserve encore un appareil fort ingénieux destiné à prévenir toute soustraction d'assignats par les ouvriers imprimeurs. Cet appareil consiste dans un fil de fer fixé au levier de la presse et correspondant à des cadrans compteurs placés dans le cabinet du directeur et marquant le nombre des exemplaires imprimés.

[3] Louis XVIII, qui data son règne de la 18e année en 1814, croyait sans doute qu'il suffisait de détruire les reliques de la Révolution pour la faire disparaître de l'histoire.

d'un arrêté inconstitutionnel du département de la Somme imprimé dans cet établissement [1].

Profitant de ces dispositions malveillantes à l'égard de l'atelier typographique du Louvre, Marat en fit enlever un jour, avec l'autorisation de la commune de Paris, quatre presses et leurs accessoires (casses, caractères, etc.) pour servir à l'impression de ses pamphlets révolutionnaires ; et comme, non content de ce premier exploit, il revenait à la charge, demandant un supplément de caractères et d'ustensiles d'imprimerie, Anisson écrivit à l'Assemblée pour savoir ce qu'il devait faire. « Le directeur observe que les quatre presses qui lui ont été enlevées par M. Marat, lit-on dans sa lettre du 28 août 1792, font partie des dix qui ont été inventoriées comme appartenant à la nation, par décret de l'Assemblée nationale du 14 août 1790, et que les livraisons qu'il pourrait faire d'autres ustensiles d'imprimerie et de caractères diminuent d'autant la propriété nationale, dont il s'est reconnu dépositaire, en même temps qu'elles affaiblissent de plus en plus les moyens pour l'exécution du décret de l'Assemblée nationale qui a mis l'Imprimerie nationale en activité permanente de jour et de nuit. »

Malgré ces plaintes, les presses enlevées restèrent aux Cordeliers, où elles avaient été transportées, et ce ne fut pas un des contrastes les moins bizarres de cette époque étrange que de voir les *types de Louis XIV* servir à l'impression des brochures les plus démagogiques.

Marat prétendait même faire payer à l'État ses frais d'impression. Voici la lettre qu'il écrivit à ce sujet au ministre de l'intérieur :

Je me flatte, monsieur, que vous n'arrêterez pas plus longtemps mes travaux politiques. Je serais fâché d'avoir à *me plaindre au peuple* des dé-

---

[1] Anisson produisit le 4 juillet 1792 à l'Assemblée législative l'ordre qui lui en avait été donné par le secrétaire général du ministère de l'intérieur.

faites opposées à l'impression des ouvrages qu'il attend de moi sur la Convention nationale et les machinations des ennemis de la patrie. Je n'ignore pas que vous êtes accusé d'avoir monté sept presses aux frères Reignel, imprimeurs aristocrates favorisant les projets de la cour. M. Danton se chargera des 15,000 livres dont j'ai besoin pour mettre les *presses nationales* en activité.

Recevez mes salutations civiques.

Cependant, après la mort de Marat, ces presses et autres ustensiles, restés à la disposition de sa veuve, furent rendus à l'État en vertu d'un décret de la Convention du 3 ventôse an III (21 février 1795).

Soit véritable patriotisme, soit pour racheter, s'il était possible, une tache originelle qui pouvait être bien funeste dans de pareils moments, les ouvriers de l'Imprimerie du Louvre, quoique exemptés du service militaire par un décret du 22 août 1792, n'en coururent pas moins des premiers en armes à leurs sections respectives à la nouvelle de l'invasion des Prussiens. Un nouveau décret du 2 septembre ayant déclaré, tout en les louant de leur zèle, que leur poste dans les moments d'alarmes était l'établissement public où ils étaient employés, ils vinrent, le 6, « témoigner leurs regrets de ne pouvoir voler sur la frontière, déposèrent 1,000 livres pour les frais de la guerre, et l'Assemblée leur permit de défiler dans la salle [1]. »

Mais tout cela n'empêchait pas la suspicion. Le 8 octobre, le ministre de l'intérieur dénonce à la Convention un écrit ayant pour titre *Proclamation du conseil exécutif provisoire de la République française*, daté du 6 octobre 1792, et relatif aux subsistances. La Convention nationale décrète que l'imprimeur[2] de l'Imprimerie nationale exécutive sera mandé à la barre séance tenante, « pour déclarer s'il a imprimé ladite proclamation, et

---

[1] Voir les procès-verbaux de l'Assemblée nationale aux dates indiquées.

[2] C'est le directeur de l'Imprimerie royale qu'on qualifie de la sorte.

par qui elle lui a été remise, lui enjoignant de représenter le manuscrit. »

Instruit de la dénonciation faite par le ministère de l'intérieur, le conseil incriminé écrivit le 9 à la Convention pour déclarer que la proclamation était réellement son ouvrage, et que, si le ministre l'avait signalée comme dangereuse, c'est qu'il ignorait les circonstances qui y avaient donné lieu.

Il fut d'ailleurs reconnu que cette publication n'avait pas été faite à l'Imprimerie du Louvre.

Mais le sort en était jeté : tout ce qui datait de l'ancien régime devait disparaître ou être transformé. Après avoir porté successivement les noms d'*Imprimerie nationale* et d'*Imprimerie nationale exécutive*, l'Imprimerie royale alla se fondre dans l'*Imprimerie du Bulletin des lois*[1], dont nous allons dire quelques mots ici, nous réservant d'en faire l'historique complet ailleurs, comme seconde partie de ce travail, car cette Imprimerie du Bulletin des lois a donné naissance à l'Imprimerie impériale d'aujourd'hui.

L'imprimerie, en général, avait acquis trop d'importance dans les luttes philosophiques du XVIIIe siècle pour que la révolution ne sentît pas la nécessité de s'aider de ce puissant levier. Lors

---

[1] Voilà l'état du personnel de l'Imprimerie du Louvre le 12 septembre 1793 :

    1 directeur,
    3 correcteurs pour les ouvrages français,
    1 prote-correcteur pour les langues orientales,
    1 graveur en caractères,
    6 commis aux écritures,
    4 protes,
    3 fondeurs,
    49 compositeurs,
    82 imprimeurs,
    11 relieurs-papetiers,
    3 commissionnaires,
    2 portiers.

Total, 166

de la réunion des États généraux à Versailles, en 1787, on crut devoir établir dans cette ville une imprimerie « pour donner au public une connaissance et plus prompte et plus multipliée des importants résultats » qu'on attendait de cette assemblée. Cette imprimerie, dont le privilége avait été concédé au sieur Pierres, *premier imprimeur du roi,* fut maintenue plus tard, dans l'intérêt de la ville, et comme une récompense due au célèbre typographe qui s'était si bien acquitté de son ministère. A son tour, l'Assemblée nationale, ayant décidé que ses délibérations seraient rendues publiques par la voie de l'impression, s'adressa à M. Pierres pour ce travail; mais celui-ci, par reconnaissance envers le roi, de qui il tenait son privilége, refusa de travailler pour le *tiers état* en révolte contre la cour, et l'Assemblée passa, le 29 juin 1789, un marché avec le sieur Baudouin, député supplémentaire et imprimeur à Paris, marché en vertu duquel il dut établir à Versailles un atelier typographique spécialement affecté aux travaux de l'Assemblée. Après les journées d'octobre, l'Assemblée nationale étant venue siéger dans la capitale, avec le gouvernement, Baudouin y rapporta son matériel, et l'installa dans la cour et la maison des Capucins. Cet établissement reçut d'abord le nom d'*Imprimerie de l'Assemblée nationale,* puis d'*Imprimerie nationale,* puis enfin d'*Imprimerie nationale législative,* pour le distinguer de l'atelier du Louvre, son voisin, qui, étant particulièrement chargé de l'impression des actes du gouvernement, reçut alors la dénomination d'*Imprimerie nationale exécutive.*

Mais ces deux établissements, quoique qualifiés de *nationaux,* n'en étaient pas moins, à la rigueur, des propriétés particulières, et ils ne suffirent bientôt plus, ni sous le rapport moral, ni sous le rapport matériel, au gouvernement de cette époque. Le régime industriel, qui avait été sans inconvénient pour un modeste atelier de dix presses, comme celui du Louvre, par exemple, où les travaux se faisaient avec ordre et calme, ne pouvait convenir aux impressions révolutionnaires, qui demandaient une activité de jour et de nuit, et pour lesquelles on était souvent obligé de mettre les ouvriers étrangers en réquisition [1], ce qui exigeait un matériel immense pour être proportionné aux besoins.

Le 14 frimaire an II (4 décembre 1793), la Convention nationale, inspirée par une grande et généreuse pensée, fondée sur ce principe que, dans un gouvernement où la loi est tout, elle doit être à la portée de tous, décréta « que les lois concernant l'intérêt public ou d'une exécution générale » seraient imprimées dans une espèce de journal numéroté, intitulé *Bulletin des lois de la République*, et envoyé *gratuitement*, dans toutes les communes de France, aux autorités constituées et aux fonctionnaires publics [2]. En conséquence, elle ordonna pour ce service, qu'elle mettait au premier rang, la création d'une imprimerie spéciale, régie aux frais de l'État, sous le titre d'*Imprimerie nationale des lois* ou *du Bulletin des lois*.

Mais cela ne suffisait pas encore à la Convention. Poussée par sa rigidité lacédémonienne et par son amour de la centralisation, elle fit à la fois, par un seul décret, une belle action et une grande chose : le 27 frimaire (17 décembre 1793), elle supprima définitivement [3] l'institution immorale de la loterie, et de ses débris créa la première imprimerie gouvernementale, en ordonnant (art. 35 à 38) que celle qui était affectée à l'éta-

---

[1] Le 19 août 1792 parut un décret portant : « L'Imprimerie de l'Assemblée nationale et l'*Imprimerie ci-devant royale* seront mises jusqu'à nouvel ordre en activité jour et nuit, pour suffire aux nombreuses impressions décrétées et à décréter. »

[2] On n'envoyait auparavant qu'un exemplaire des lois au chef-lieu de chaque département, où il était réimprimé pour être ensuite envoyé aux communes. Cette réimpression, souvent inexacte, coûtait des sommes énormes et apportait un retard considérable dans l'expédition des lois. La création du *Bulletin*, à elle seule, nécessita une réforme dans le service de la poste.

[3] Elle avait déjà rendu un décret dans ce but le 25 brumaire (15 novembre 1793).

blissement qu'elle venait de détruire, désormais régie au compte de l'État, prendrait le nom d'*Imprimerie des administrations nationales*, et serait chargée des impressions des divers services publics.

Le 6 ventôse (24 février 1794), un nouveau décret de la Convention vint compléter son œuvre. Il contenait un règlement pour l'Imprimerie des administrations nationales, qui devait être montée sur le pied de quarante presses, et aux dépenses de laquelle fut affecté un budget d'un million. Le règlement de la Convention s'étendait à tout le service, fixait les appointements de tous les employés, depuis ceux du directeur (le citoyen Ducros), portés à 8,000 livres, jusqu'à ceux du second portier, qui étaient de 1,200 livres. Les journées des ouvriers compositeurs et imprimeurs étaient fixées à 8 livres, et celles des autres ouvriers à proportion.

Le décret du 14 frimaire an II, qui ordonnait la création d'une imprimerie spéciale pour le service du *Bulletin des lois de la République,* portait qu'il y aurait une commission de quatre membres pour en suivre les épreuves et pour en expédier l'envoi. Quelques jours après, le 5 nivôse (25 décembre 1794), un nouveau décret nomma membres de cette commission, avec 8,000 livres d'appointements chacun, les citoyens Chaube, Bernard, Dumont et Granville, qui se mirent tout de suite en mesure de réaliser le vœu de la Convention. Leur premier soin fut de chercher un bâtiment convenable pour recevoir le matériel immense qui leur était nécessaire. On eut un moment l'idée de placer cette imprimerie rue des Billettes, dans le grand et le petit hôtel Montmorency; on les fit même évacuer pour cela le 19 pluviôse (8 février 1794), mais on reconnut alors que ce local ne pourrait convenir, et on jeta les yeux sur le vaste hôtel Beaujon, situé dans le haut du faubourg Saint-Honoré, et où l'on avait un moment songé à installer le ministère des affaires étrangères[1]. En conséquence, le 21 ventôse (11 mars 1794), la Convention rendit un décret qui affectait cette propriété nationale à l'établissement de la *Commission de l'envoi des lois.*

Cependant cette commission s'occupait activement de réaliser le matériel qui lui était nécessaire. Déjà, dès le mois précédent (le 24 pluviôse), elle avait fait rendre un décret qui rapportait les dispositions du décret du 27 frimaire, relatives à la vente du matériel affecté à la loterie royale dans ses quatre succursales : Commune-Affranchie (Lyon), Bordeaux, Lille et Nancy. Le nouveau décret ordonnait de distraire du matériel mis en vente dans ces villes toutes les presses d'imprimerie qui s'y trouveraient, de les transporter à Paris et de les mettre à la disposition de la commission, à laquelle fut en outre ouvert au trésor un crédit de 1,500,000 livres, dont

> 350,000 pour achat et fonte de caractères,
> 120,000 pour 120 presses,
> 400,000 pour divers ustensiles,
> 200,000 pour frais d'installation,
> 230,000 pour frais d'administration.

L'article 3 de ce décret mettait d'ailleurs en réquisition, pour le service de la commission du Bulletin des lois, tous les fondeurs de caractères de Paris, auxquels furent en conséquence confiées les matrices de l'Imprimerie ci-devant royale.

Enfin, le 7 germinal (27 mars 1794), le Comité de salut public prit un arrêté pour organiser le service dans l'Imprimerie du Bulletin des lois sur les bases du décret du 6 ventôse précédent, relatif à l'Imprimerie des administrations nationales.

La commission de l'envoi des lois fut autorisée à établir, dans le local mis à sa disposition, toutes les presses qui pourraient

---

[1] Voyez deux décrets des 22 et 24 pluviôse.

lui être livrées par les fabricants avec lesquels elle avait passé des marchés, et à requérir, tant à Paris que dans les départements, le nombre d'ouvriers compositeurs et imprimeurs qui lui était nécessaire. L'article 4 porte : « Les traités qui auraient été passés avec le citoyen Anisson, *propriétaire*[1] de l'Imprimerie exécutive du Louvre, cesseront d'avoir leur effet à compter du jour où la Commission de l'envoi des lois entrera en activité; mais à compter dudit jour le service de ladite imprimerie cessera d'avoir lieu au compte du citoyen Anisson; elle sera mise provisoirement en réquisition par l'Imprimerie du Bulletin des lois, ainsi que tous les ouvriers qui y sont actuellement occupés. »

L'article 5 est ainsi conçu : « Jusqu'à ce que l'acquisition de cette imprimerie par la nation ait été consommée, et qu'elle puisse être transférée dans les ateliers de la Commission de l'envoi des lois, elle restera placée dans les locaux qu'elle occupe actuellement; seulement les casses, caractères et autres ustensiles qui n'y sont pas nécessaires seront provisoirement transférés dans le local de la commission, qui en donnera reçu au citoyen Anisson ou à son fondé de pouvoir... »

Les termes de cet article réclament une explication. On a vu qu'Anisson avait été amené à augmenter considérablement son matériel typographique au commencement de la Révolution. Plus tard, étant devenu l'objet de poursuites politiques, il crut devoir se tenir caché, et laissa son établissement aux soins de son factotum, Duboy-Lavergne. Mais il ne tarda pas à être arrêté, et cela précisément dans le moment où la Convention fondait l'Imprimerie du Bulletin des lois et celle des administrations nationales. Voyant que son imprimerie allait lui devenir inutile, il offrit de la vendre au gouvernement ou *à la nation*, comme on disait alors; cette proposition fut accueillie. En conséquence,

---

[1] C'était le mot vrai, car l'État ne possédait plus guère que les poinçons de cette imprimerie, suivant le dernier inventaire. (Voyez p. 104.)

les deux parties nommèrent des experts pour procéder à l'estimation. L'opération de ces derniers, commencée en pluviôse, fut terminée le 20 ventôse (10 mars 1794). Elle portait à près de 500,000 livres la valeur du matériel appartenant à Anisson. On se disposait à lui payer ce prix lorsqu'il fut condamné à mort par le tribunal révolutionnaire, le 6 floréal an II (26 avril 1794). Cette circonstance empêcha la conclusion du marché; mais le gouvernement, qui était déjà en possession du matériel, le garda, en attendant qu'on se fût entendu avec les héritiers d'Anisson, ce qui n'eut lieu que quelques années après [1].

Conformément aux prescriptions de l'arrêté du Comité de salut public du 7 germinal, on ne laissa au Louvre que la typographie scientifique et un modeste matériel sous la direction de Duboy-Lavergne, et la plus grande partie des presses et des casses fut transportée à l'hôtel Beaujon, où se trouva bientôt accumulé un matériel immense, et pourtant à peine suffisant pour le service auquel il était destiné. En effet, le Bulletin des lois était beaucoup plus considérable à cette époque d'organisation qu'il ne le fut depuis; il se tirait aussi à un bien plus grand nombre d'exemplaires, et, pour pouvoir les fournir en un temps donné, il fallait établir un grand nombre de compositions, attendu qu'on ignorait encore l'usage des mécaniques à vapeur.

On mit à la tête du service typographique de cet établissement le citoyen Guignard, employé auparavant à l'Imprimerie de la loterie, et qui prit sa retraite peu de temps après. Le premier numéro du Bulletin des lois se composa d'un décret de la Convention du 22 prairial an II (10 juin 1794), qui réorganisait le tribunal révolutionnaire, et du rapport de Couthon qui l'avait précédé.

A peine l'Imprimerie du Bulletin était-elle installée dans l'hô-

---

[1] Voyez les procès-verbaux des Cinq-Cents. à la date du 7 frimaire an V, et une loi du 12 vendémiaire an VI.

tel Beaujon, qu'on songea à la transporter ailleurs, soit que le local fût trop restreint, soit qu'il fût jugé trop éloigné du centre de la ville. Dès le mois de floréal il avait été question de l'établir dans l'ancien hôtel de Toulouse ou de Penthièvre, rue de la Vrillière, où est aujourd'hui la Banque de France. Le transport, retardé quelque temps par la crainte que ce bâtiment ne fût pas assez vaste, s'opéra dans les premiers jours de 1795, en se combinant avec une réforme générale dans l'établissement. L'Imprimerie du Louvre, dont le matériel avait été livré à l'agence des lois le 26 brumaire an III (16 novembre 1794), fut réunie définitivement à l'Imprimerie du Bulletin des lois, à la tête de laquelle fut mis Duboy-Lavergne, sous la direction toutefois de l'agence du Bulletin des lois, réduite à deux membres, Dumont et Chaube. Tous les employés supprimés par suite de la nouvelle organisation furent indemnisés.

Un décret du 8 pluviôse an III (27 janvier 1795) décida que l'atelier de l'hôtel de Penthièvre, qui devait prendre désormais le nom d'*Imprimerie nationale,* serait chargée de l'impression, 1° des lois; 2° des rapports, adresses et proclamations dont l'envoi aurait été ordonné par la Convention; 3° des arrêtés pris par les comités pour l'exécution des lois; 4° des circulaires, états et modèles relatifs à l'exécution des lois; 5° des éditions originales d'ouvrages d'instruction publique adoptés par la Convention; et 6° de tous les ouvrages de sciences et d'arts qui seraient imprimés par ordre de la Convention et aux frais de la République.

La réunion qui venait d'avoir lieu à l'hôtel de Penthièvre en présageait une autre non moins avantageuse à l'État. Le bruit courut alors que l'Imprimerie des administrations nationales allait subir le même sort que celle du Louvre. Les ouvriers de cette imprimerie adressèrent le 21 ventôse an III (11 mars 1795) à la Convention une pétition dans laquelle ils lui faisaient part de leur crainte. « Notre établissement, disaient-ils, un des plus beaux que possède la République (il employait près de 300 personnes), est d'autant plus précieux à la nation qu'il n'a jamais été onéreux à ses finances. »

Les imprimeurs du commerce eux-mêmes, émus de ce projet de centralisation, qui allait leur enlever les travaux administratifs dont ils étaient chargés, adressèrent aussi des observations à la Convention le 22 pluviôse (10 février 1795).

On ne décida rien alors sur cette affaire; seulement un nouveau décret, du 18 germinal (7 avril 1795), vint changer encore le nom de l'Imprimerie nationale, et lui imposer celui d'*Imprimerie de la République*[1]. Un autre décret, du 21 prairial (9 juin 1795), confirma celui du 8 pluviôse, et décida que les impressions aux frais de l'État ne pourraient plus être faites par les imprimeurs *étrangers*.

Les imprimeurs de Paris protestèrent de nouveau contre cette décision, demandant l'abolition de tout *privilége*, et repoussant énergiquement la qualification d'*étrangers* qui leur était donnée dans le décret de la Convention.

Les choses restèrent dans cet état jusqu'à la fin de l'an III; mais alors l'*Imprimerie de la République* faillit perdre un de ses plus beaux titres : on eut un moment l'idée de fonder une imprimerie scientifique près du comité de l'instruction publique, auquel on doit, il faut l'avouer, presque toutes les institutions libérales que la République nous a léguées, l'école normale, l'école polytechnique, le télégraphe, les bibliothèques communales, l'Institut, etc. Un décret du 4 brumaire an IV (26 octobre 1795) portait :

Art. 1ᵉʳ. Les poinçons, matrices et caractères de langues étrangères

---

[1] On voulut sans doute par là la distinguer de l'imprimerie de Baudouin, qui conserva le nom d'*Imprimerie nationale* jusque sous l'empire.

déposés à l'imprimerie de l'agence des lois en seront distraits pour être exclusivement employés aux sciences et aux arts.

Art. 2. On y joindra des fontes d'italique et de romain, une fonderie de caractères et huit presses avec leurs accessoires.

Mais alors la Convention touchait au terme de son mandat, et il ne paraît pas que son décret ait reçu même un commencement d'exécution. Loin de se voir enlever ce qu'elle possédait, l'Imprimerie de la République reçut, au contraire, à cette époque, un grand accroissement, qui mit le sceau à son organisation. Un des premiers actes du Directoire fut de supprimer l'Imprimerie des administrations nationales, qui seule conservait encore un caractère officiel.

Voici les termes de ce décret, daté du 14 brumaire an IV (5 novembre 1795), et dont l'original se trouve aujourd'hui aux Archives de l'Empire :

Art. 1er. Les ateliers de l'Imprimerie de la République resteront, jusqu'à ce qu'il en ait été autrement ordonné, à la maison Penthièvre.

Art. 2. L'Imprimerie des administrations nationales est réunie à l'Imprimerie de la République.

Art. 3. Tout ce qui, dans l'Imprimerie actuelle des administrations nationales, se trouvera excéder ce qu'il est nécessaire d'en distraire pour l'Imprimerie de la République, sera vendu à la diligence du ministère des finances, selon le mode et à l'époque qui seront déterminés par le Directoire exécutif.

Si ce décret, ordonnant la concentration de tous les travaux du gouvernement dans un même atelier, portait quelque préjudice aux imprimeurs du commerce, un autre décret du 11 pluviôse an V (20 février 1797) vint leur faciliter d'une autre part les travaux d'érudition. Ce décret, rappelant la libéralité de François Ier, porte : « Il sera libre aux imprimeurs français de se pourvoir à l'Imprimerie de la République des fontes de caractères des langues grecques et orientales dont les poinçons y sont déposés, à la charge par eux de payer le prix des objets qui leur seront délivrés. »

Nous clorons là ce que nous avions à dire de l'ancienne Imprimerie royale. A partir de ce moment, l'Imprimerie de la République régna sans partage.

Nous raconterons ailleurs les vicissitudes de ce dernier établissement, qui ne se distingue pas moins de l'ancien, dont il fut l'héritier, par son origine révolutionnaire que par son mode national d'administration.

CATALOGUE CHRONOLOGIQUE.

CATALOGUE CHRONOLOGIQUE

DES ÉDITIONS

DE L'IMPRIMERIE ROYALE

DU LOUVRE.

AVIS. — Pour abréger, j'ai cru devoir me dispenser de répéter à chaque article la mention de l'*Imprimerie royale*, car ce titre n'a pas changé pendant un siècle et demi. On lit invariablement sur tous les ouvrages imprimés au Louvre de 1640 à 1792 : *de l'Imprimerie royale*, sur les livres en français; *e Typographia regia*, sur les ouvrages en latin. À partir de 1792, on donna à l'Imprimerie du Louvre diverses dénominations que j'ai rappelées. J'ai signalé aussi, dans le cours de ce Catalogue, plusieurs ouvrages qui ne portent pas l'indication de l'Imprimerie, mais qui ont été certainement exécutés au Louvre. J'ai signalé par un astérisque, placé à la fin de la description, les articles qui font actuellement partie de la Bibliothèque de l'Imprimerie impériale. — Pour le classement des ouvrages dans chaque année, j'ai suivi l'ordre des formats, en commençant par l'in-folio.

1640.

De imitatione Christi. — 1640, in-fol. *

    Frontispice gravé représentant Louis XIII à genoux.
    Ce livre est le premier qui ait été exécuté par les presses de l'Imprimerie royale.

Novum Testamentum (latine). — 1640, 2 vol. in-fol. *

    Frontispice gravé avec la date de 1640. (Voyez *Biblia*, 1642.)

Divi Bernardi opera omnia. — 1640-1642, in-fol. 5 tomes en 6 vol. *

    Avec frontispice gravé portant la date de 1640.
    Le tome I porte seul la date de 1640. Les volumes II, III, IV, V, VI sont datés de 1642, et il est bien probable que les six volumes ne parurent que cette année.

Parva christianæ pietatis officia, per christianissimum regem Ludovicum XIII ordinata. — 1640, 2 vol. in-4°.

> Avec frontispice gravé.

1641.

Introduction à la vie dévote du bienheureux François de Sales, évesque de Genève. — 1641, in-fol. *

> Avec portrait de l'auteur gravé par Huret.
> C'est la plus belle édition de ce livre qu'on eût eue jusque-là. (Voyez 1651.)

Publii Virgilii Maronis opera. — 1641, in-fol. *

> Frontispice gravé par Mellan, d'après les dessins du Poussin. (Voyez la *Correspondance* de ce dernier.)
> Il y a des exemplaires en grand et en petit papier.

1642.

Les principaux points de la foy catholique défendus contre l'écrit adressé au roy par les quatre ministres de Charenton, par Armand-Jean du Plessis de Richelieu, évêque de Luçon. — 1642, in-fol.

> Frontispice dessiné et gravé par G. Mellan.
> Cité avec la date de 1641 dans le *Typographia regia*. (Voyez 1650.)

Instruction du Chrestien (par le cardinal de Richelieu). — 1642, in-fol. *

> Avec frontispice gravé.

Quinti Horatii Flacci opera. — 1642, in-fol. *

> Frontispice gravé par G. Mellan, d'après le Poussin.
> Il y a des exemplaires en grand papier.
> On trouve dans cette édition une faute célèbre par sa persistance : c'est le mot *adbibe* écrit *adhibe*, dans la IIe épître du premier livre. (Voyez Chevillier, *l'Origine de l'Imprimerie de Paris*, p. 190.)

Publii Terentii comœdiæ VI. — 1642, in-fol. *

> Avec frontispice gravé.

Liber psalmorum Davidis (latine), ex versione vulgata. — 1642, in-fol.

Maphæi S. R. E. cardinalis Barberini (nunc Urbani papæ VIII) poemata. — 1642, in-fol. *

> Voyez p. 31, note 1.

Novum Testamentum (græce). — 1642, in-fol.*

> Frontispice gravé.

Biblia sacra latina. — 1642, 8 vol. in-fol.*

> Avec frontispice gravé par Mellan, d'après le Poussin.
> Les six premiers volumes, comprenant l'Ancien Testament, portent la date de 1642. Les deux derniers comprennent le Nouveau Testament; le premier a un *titre gravé* avec la date de 1640, le second un titre en caractères mobiles avec la date de 1642. (Voyez *Novum Testamentum*, 1640.)

Divi Bernardi opera. — 1642, in-fol. t. II, III, IV, V, VI.*

> (Voyez 1640.)

Poesie latine et italiane del Scipione Herrico. — 1642, in-fol.

> Attribution douteuse. Ce livre n'est pas porté sur la liste donnée par le *Typographia regia*. (Voyez 1650.)

Parva christianæ pietatis officia, per christianissimum regem Ludovicum XIII ordinata. — 1642, in-16.*

> Frontispice gravé. (Voyez 1640.)

1643.

Néant.

> *Nota.* L'absence de toute publication de l'Imprimerie du Louvre *datée* de cette année ne prouve pas certes que cette imprimerie ait chômé pendant l'année 1643. Nous avons une collection des conciles formant 37 vol. in-fol. tous datés de 1644 : il est bien évident que ces 37 volumes n'ont pas été exécutés en une année.

1644.

Il Goffredo, ovvero la Gierusalemme liberata di Torquato Tasso, con figure d'Antonio Tempesta, di Giacomo Franco e di Bernardo Castelli, che sono aggiunte. — 1644, Parigi, nella Stamperia reale, in-fol. mag.*

> Frontispice gravé par Gilles Rousselet, d'après Stella.

Storia delle guerre civili di Francia (1559-1598), da Enrico Caterino Davila. — 1644, gr. in-fol. 2 vol. Parigi, nella Stamperia reale.

Decii Junii Juvenalis et Auli Persii Flacci satyræ. — 1644, in-fol.*

Exercicia spiritualia S. P. Ignatii Loyolæ. — 1644, in-fol. avec planches gravées.*

> Frontispice dessiné par Stella.
> Belle édition, ordinairement accompagnée des pièces suivantes, qu'on trouve aussi séparément :
> 1° Directorium in exercitia spiritualia S. Ignatii;
> 2° Relatio facta in consistorio secreto super vita, sanctitate, actis canonizationis et miraculis B. Ignatii;
> 3° Bulla canonizationis.

Conciliorum omnium generalium et provincialium collectio regia. — 1644, 37 vol. in-fol.*

> Frontispice gravé par Duret, d'après Stella.
> Tous les volumes portent la date de 1644; mais ils n'ont pas évidemment été tous imprimés cette année.

Caii Suetonii Tranquilli de XII Cæsaribus libri VIII, cum iconibus imperatorum; necnon de illustribus grammaticis et de claris oratoribus libri II. — 1644, in-12, avec titre et autres planches gravées.*

1645.

Joannis Cantacuzeni historiarum libri VI (gr. lat.), ex interpretatione Jac. Pontani, cum ejusdem et Jac. Gretseri annotationibus. — 1645, 3 vol. in-fol. grand papier.*

> Cet ouvrage fait partie de la *Byzantine*. (Voyez 1648.)

1646.

Assertor gallicus contra vindicias hispanicas Joannis Jacobi Chiffletii, seu historica disceptatio qua arcana regia, politica, genealogica, hispanica confutantur, francica stabiliuntur. Opus M. Antonii Dominicy. — 1646, in-4°.*

1647.

Georgii Cedreni compendium historiarum, ab orbe condito ad Isaacum Comnenum (gr. lat.), a Guill. Xylandri interpretat. cum ejusdem et Jacobi Goar annotationibus, necnon Caroli Annibalis Fabroti glossario cedrenano; accessit Joann. Scylitzæ curopalatæ historia (gr. lat.), excipiens ubi Cedrenus desinit ad Nicephorum Botoniatem, cum ejusdem notis. — 1647, in-fol. 2 vol. grand papier.*

> Cet ouvrage fait partie de la *Byzantine*. (Voyez 1648.)

Nicetæ Acominati Choniatæ historiæ, ab imperio Joannis Comneni, Alexii filii, ad Henricum, Balduini fratrem (gr. lat.), interprete Hier. Wolphio, ex recensione et cum notis ac glossario Car. Annib. Fabroti, etc. — 1647, in-fol. grand papier. *

<small>Cet ouvrage fait partie de la *Byzantine*. (Voyez 1648.)</small>

Perfection du Chrestien, par le cardinal de Richelieu. — 1647, in-4°. (Anisson.)

Breviarium romanum, ex decreto concilii Tridentini restitutum, Pii V jussu editum, et Clementis VIII necnon Urbani VIII autoritate recognitum, et in quatuor anni tempora divisum, cum rubricis rubro caractere exaratis. — 1647, 4 vol. in-4° et in-8°, avec planches gravées.

1648.

Theophylacti Simocattæ historiarum libri VIII, ex versione et cum notis Jac. Pontani. — 1647. — S. Nicephori patriarch. Constantinop. breviarium historicum (gr. lat.), ex versione et cum notis Dion. Petavii. — 1648, in-fol.*

<small>Ces deux ouvrages font partie de la *Byzantine*. (Voyez l'article suivant.)</small>

Philippi Labbæi de Byzantinæ historiæ scriptoribus publicam in lucem e typographia regia Luparæa emittendis, ad omnes eruditos protrepticon. — 1648, in-fol. grand papier. *

<small>Ce travail, destiné à servir de prospectus ou d'annonce à la célèbre collection connue sous le nom de *Byzantine* ou *Corpus historiæ Byzantinæ*, dont le projet fut inspiré au P. Labbe par la publication, en 1645, des 3 vol. in-fol. de Cantacuzène, se joint ordinairement aux *Excerpta legationum*, avec lequel il forme le premier volume de la collection.</small>

<small>Voici le titre complet de la seconde partie du volume :</small>

<small>Excerpta e legationibus ex Dexippo Atheniense, Cunapio Sardiano, Petro Patricio, Prisco Sophista, Malcho Philadelpho, Menandro Protect., Theophylacto Simocatta; ex interpretatione Carol. Cantoclari, cum ejusdem et Henr. Valesii notis.</small>

<small>Item Eclogæ historicorum de rebus byzantinis (gr. lat.), cum notis Phil. Labbe.</small>

Georgius Codinus curopalata, de officiis magnæ ecclesiæ et aulæ Constantinopolitanæ (gr. lat.), ex interpretat. Jac. Gretseri, cum ejusdem commentariis in Codinum, et syntagmate de imaginibus manu non factis, deque aliis a S. Luca pictis; item notitiæ episcopatuum græcorum a Leone Sapiente ad Andronicum Palæologium et tituli honoris quibus proceres tum ecclesiastici, tum palatini celebrantur in orientali imperio (gr. lat.), interpr. Jac. Goar. — 1648, in-fol. grand papier. *

<small>Cet ouvrage fait partie de la *Byzantine*. (Voyez l'article précédent.)</small>

Novum Testamentum (græce). — 1648, in-fol.

> Il y a des exemplaires en grand papier.
> (Attribution douteuse.)

1649.

Les mémoires de messire Philippe de Comines, contenant les histoires des rois Louis XI et Charles VIII, depuis l'an 1464 jusqu'en 1498; revus, corrigés et augmentés de plusieurs traités, contrats, testaments, etc. par Denys Godefroy. — 1649, in-fol.*

> La première feuille du texte de ce livre fut imprimée par Louis XIV, le 18 juillet 1648, comme on le voit dans la préface. (Voyez ci-devant, p. 74.)

Anastasii bibliothecarii historia ecclesiastica, sive chronographia tripertita, ex Georgio Syncello, Nicephoro et Theophane excerpta (gr. lat.); recensita et notis ac glossariis mixo-barbaris illustrata, a Carol. Annib. Fabroto. — 1649, in-fol. grand papier.*

> Cet ouvrage fait partie de la *Byzantine*. (Voyez 1648.)
> Il y a eu une seconde édition de ce livre en 1685.

Ducæ, Michaelis Ducæ nepotis, historia Byzantina; accessit chronicon breve aliquot gestorum Græcorum, Venetorum et Turcorum (gr. lat.), ex interpretatione et cum notis Ismaelis Bullialdi. — 1649, in-fol. grand papier.*

> Cet ouvrage fait partie de la *Byzantine*. (Voyez 1648.)
> *Nota.* Quoique portant la date de 1649, ce volume n'était pas encore publié en 1650, lors de l'impression du petit volume intitulé *Typographia regia*, car on l'y annonce comme devant paraître bientôt.

La bataille de Lentz, gagnée par Louis de Bourbon II, prince de Condé, en 1648, par Isaac la Peyrère; et dessinée par Sébastien Pontault de Beaulieu. — 1649, in-4°.*

> (N'est pas au *Typographia regia*.)

Les triomphes de Louis le Juste, XIII du nom, roy de France et de Navarre. — Contenant les plus grandes actions où Sa Majesté s'est trouvée en personne, représentées en figures ænigmatiques exposées par un poëme héroïque (latin) de Charles Beys, et accompagné de vers françois sous chaque figure, composez par P. de Corneille. — Avec les portraicts des rois, princes et généraux d'armées qui ont assisté ou servi ce belliqueux Louis le Juste combattant; et leurs devises ou expositions en forme

CATALOGUE CHRONOLOGIQUE.   129

d'éloges, par Henry Estienne, escuyer, sieur des Fossez, poëte et interprète du Roy es langues grecque et latine. — Ensemble le plan des villes, siéges et batailles; avec un abrégé de la vie de ce grand Monarque, par René Barry, conseiller du Roy et historiographe de Sa Majesté. — Le tout traduit par le R. P. Nicolai, docteur en Sorbonne de la Faculté de Paris, et premier régent du grand couvent des Jacobins. — Ouvrage entrepris et fini par Jean Valdor, Liégeois, calcographe du Roy. — Le tout par commandement de Leurs Majestez. (*Ici l'Olivier des Estienne.*) A Paris, en l'Imprimerie royale, par Antoine Estienne, premier imprimeur et libraire ordinaire du Roy. M.DC.XLIX. — Avec privilége de Sa Majesté. — 1649, in-fol. avec de nombreuses gravures en taille-douce.

Après ce titre en français vient, sur le feuillet suivant, un autre titre en latin, non moins emphatique et diffus, car il est la traduction presque littérale de celui-ci, et se termine ainsi : «Lutetiæ Parisiorum, in regia ipsa Typographia, per Antonium Stephanum, proto-typographum regium et christianissimi regis Bibliocomum ordinarium.» (Sur ce mot de *Bibliocomum*, voyez p. 30.)

L'ouvrage est ainsi composé :

33 feuillets de pièces liminaires sans folios.

Ire partie, 87 pages.

IIe partie, 143 pages, plus un feuillet non paginé.

IIIe partie, 110 pages, plus quelques feuillets intercalés à la fin, sans folios.

Il est assez difficile de dire pourquoi ce livre ne figure pas dans le catalogue des ouvrages imprimés à l'Imprimerie royale de 1640 à 1650, publié dans le petit volume intitulé *Typographia regia*. Peut-être en effet fut-il imprimé chez Antoine Estienne, et ne porte-t-il cette souscription qu'à cause du titre que prenait cet imprimeur (*proto-typographus regius*); peut-être, au contraire, cet ouvrage n'a-t-il été omis sur le catalogue en question que parce qu'il fut imprimé aux frais de Valdor, comme on l'apprend d'une lettre curieuse de cet artiste peu connu; lettre qui se trouve à la Bibliothèque imp. fonds Saint-Germain, n° 1041, et dont voici la copie :

«*A la Reine régente.* Jean Valdor, très-humble serviteur de Votre Majesté, ayant un désir depuis quelques années de mettre en lumière toutes les glorieuses actions, les siéges et les batailles du feu roy de très-glorieuse mémoire, suplie très-humblement Vostre Majesté, pour luy donner moyen de les deseigner et graver et imprimer, de luy accorder quatre cents escus par an durant le temps qu'il travaillera à cest ouvrage, qui sera payé pour les années qu'il y employera, et fera le tout à ses frais et despens, tant pour les inventions que les voyages qu'il faudra faire pour la veue de toutes les particularitez requises en cest illustre subject, que pour les graver et imprimer, pour les enclore ensuite dud. livre des pourtraicts des rois, des reines, dauphins et ducs d'Anjou de France, présenté à Votre Majesté, il y a quelques sepmaines; et sera obligé, le susdit Valdor, très-humble serviteur de Votre Majesté, de y employer ses veilles, et à prier Dieu pour la santé et prospérité de Votre Majesté.»

Cette lettre n'est pas datée; mais elle doit être de 1643 ou 1644. Valdor, ayant obtenu sans doute ce qu'il sollicitait, se mit de suite à la besogne, et dut même se faire aider pour avoir fini en cinq ans cette besogne. On remarque effectivement différentes mains dans les gravures qui ornent ce livre, médailles, cartes, sujets historiques, etc.

Novum Testamentum latine Vulgatæ editionis, Sixti V pont. max. jussu recognitum atque editum. — 1649, 2 vol. in-12 (quelquefois reliés en un).*

Avec frontispice gravé.

1650.

Esclaircissement de quelques difficultez touchant l'administration du cardinal Mazarin, par le sieur de Silhon, conseiller d'État. — 1650, in-fol.*

Laonici Chalcocondylæ historiæ Turcarum libri X (gr. lat.), ex interpretatione Conradi Clauseri; cum annalibus sultanorum (gr. lat.), ex interpretatione Joann. Leunclavii; accessit Caroli Annibalis Fabroti index Chalcocondylæ glossarium. — 1650, in-fol. grand papier.*

Cet ouvrage fait partie de la *Byzantine*. (Voyez 1648.)

Typographia regia. — M.DC.L. (On lit à la fin:) Parisiis. In Typographia regia, curante Sebastiano Cramoisy, regis ac reginæ regentis architypographo, 1650. — In-24 de 24 pages*.

Ce petit volume est fort curieux. Il renferme un catalogue des ouvrages publiés par l'Imprimerie royale jusqu'en 1650. On y trouve aussi quelques poésies en l'honneur du roi et de l'Imprimerie royale, et de plus une mention en forme d'inscriptions qui fixe la date de la fondation de l'Imprimerie du Louvre. (Voyez p. 67.)

1651.

Georgii Acropolitæ historia Byzantina, etc. (gr. lat.); Joelis chronographia compendiaria et Joannis Canani narratio de bello Constantinopolitano (gr. lat.), ex interpretatione Leonis Allatii, cum ejusdem notis et Theodosi Douzæ observationibus; accessit ejusdem Allatii diatriba de Georgiorum scriptis. — 1651, in-fol. grand papier.*

Cet ouvrage fait partie de la *Byzantine*. (Voyez 1648.)

Annæ Comnenæ Alexias, sive de rebus ab Alexio Comneno vel ejus tempore gestis libri XV (gr. lat.), ex interpretatione Petri Possini, cum ejusdem notis et præfationibus, annotationibusque Davidis Hoeschellis. — 1651, in-fol. grand papier.*

Cet ouvrage fait partie de la *Byzantine*. (Voyez 1648.)

Chronicon orientale, id est historia orientalis et præcipue Arabum ac Sarracenorum ante Mahometum, etc. liber ex arabico in latinum versus ab Abrahamo Ecchellensi, Syro-Maronita. — 1651, in-fol. grand papier.*

Cet ouvrage fait partie de la *Byzantine*. (Voyez 1648.)

La guerre des Suisses, traduite du premier livre des Commentaires de César, par Louis XIV, roi de France, avec des plans topographiques des batailles. — 1651, in-fol.

Ce livre, ouvrage de Louis XIV, âgé alors seulement de treize ans, est orné d'une vignette, d'une lettre grise, d'un fleuron et de quatre planches gravées par N. Cochin et A. Bosse.

Henri IV et Louis XIII avaient aussi traduit quelques livres des Commentaires de César dans leur jeunesse. Certains bibliographes ont prétendu que ces travaux avaient été imprimés à l'Imprimerie royale en 1650 (d'autres disent même en 1630); mais c'est une erreur, ils sont restés en manuscrits. (Voyez sur ce sujet *Examen critique et complément des Dictionnaires historiques* (par Barbier), t. I, p. 178.)

Traité qui contient la méthode la plus facile et la plus assurée pour convertir ceux qui se sont séparés de l'église, par le cardinal de Richelieu. — 1651, in-fol.

Ce livre, qui est orné d'un portrait de Richelieu, gravé par Cl. Mellan, ne porte pas le nom de l'Imprimerie royale, mais seulement l'adresse du libraire Cramoisy.

S. Patris nostri Theophylacti, Bulgariæ archiepiscopi, institutio regia, ad Porphyrogenetum Constantinum (gr. lat); interprete Petro Possino. — 1651, in-4°.*

Cet ouvrage fait partie de la *Byzantine*. (Voyez 1648.)

Introduction à la vie dévote, par le B. François de Sales, évesque de Genève. — 1651, in-8°, avec figures.

(2ᵉ édition du Louvre. Voyez 1641.)
Un exemplaire de ce livre, provenant de la reine Anne d'Autriche, avec le chiffre de cette princesse sur les plats, a été vendu 605 francs à la vente de Bure.

Notitia dignitatum imperii romani, ex nova recensione Philippi Labbæi Biturici... cum pluribus aliis opusculis, indicibus ac notis. — 1651, in-12.*

Cet ouvrage fait partie de la *Byzantine*. (Voyez 1648.) Il contient un texte revu et de plus les variantes des éditions précédentes.

1652.

Georgii Syncelli chronographia, ab Adamo usque ad Diocletianum (gr. lat.); et Nicephori, patriarchæ Constantinopolitani, breviarium chronographicum, etc. (gr. lat.), ex interpretatione et cum notis Jacobi Goar. — 1652, in-fol. grand papier. *

<small>Cet ouvrage fait partie de la *Byzantine*. (Voyez 1648.)</small>

De l'imitation de Jésus-Christ, par Thomas a Kempis, traduite en françois sur le manuscrit original de l'auteur, de l'an 1441, par Heribert Rosweyde. — 1652, in-8°.

<small>Quelques bibliographes attribuent cette traduction à Michel de Marillac, garde des sceaux.</small>

1653.

Histoire de Charles VI, roy de France, et des choses mémorables advenues depuis 1330 jusqu'en 1422, par Jean Juvenel (Juvenal) des Ursins, archevêque de Rheims; augmentée en cette seconde édition de plusieurs mémoires du même roy Charles VI, journaux et autres actes et pièces du même temps, non encore imprimés, avec les observations, preuves et additions de Denys Godefroy. — 1653, in-fol. *

Biblia sacra, Vulgatæ editionis, Sixti V pont. max. jussu recognita, et Clementis VIII auctoritate edita. — 1653, 2 vol. in-4°. *

<small>Avec frontispice gravé.</small>

1654.

Néant.

<small>(Voyez l'observation placée à l'année 1643.)</small>

1655.

S. Theophanis chronographia, a Constantino magno ad Michaelis et Theophili tempora (gr. lat.), et Leonis Grammatici vitæ recentiorum imperatorum (gr. lat.); ex interpretatione Jacobi Goar, cum ejusdem et Franc. Combefisii notis. — 1655, in-fol. grand papier. *

<small>Cet ouvrage fait partie de la *Byzantine*. (Voyez 1648.)</small>

Constantini Manassis breviarium historicum, ab exordio mundi ad initium imperatoris Alexii (gr. lat.), ex Joannis Leunclavii interpretat. cum ejusdem et Joann. Meursii notis, necnon Leonis Allatii et Caroli Annibalis Fabroti variis lectionibus, et glossario græco-barbaro (ejusdem Fabroti). — Georgii Codini et anonymi excerpta, de antiquitatibus Constantinopolitanis (gr. lat.), ex Petri Lambecii interpretatione, cum ejusdem animadversionibus et Joannis Meursii notis; accedunt Manuelis Chrysoloræ epistolæ III, de comparatione veteris et novæ Romæ; imperat. Leonis Sapientis oracula, cum figuris, et antiqua græca paraphrasi, Lambecii notis ac expositione Franc. Patricii; et auctoris incerti explicatio officiorum sanctæ ac magnæ ecclesiæ (gr. lat.), ex Bernardi Medonii interpretatione. — 1655, in-fol. grand papier.*

<small>Cet ouvrage fait partie de la *Byzantine*. (Voyez 1648.)</small>

La cérémonie du sacre de Louis XIV fait à Reims le 7 juin 1654, représentée au naturel, dessinée par ordre de S. M. par le chevalier Avice, et gravée par J. Le Pautre, avec description et explication des planches. — 1655, in-fol. en vente chez Edme Martin.

<small>Ce morceau, extrêmement rare, dit Heinecken, consiste en trois planches, avec un titre, une préface et l'explication.

On y joint différentes pièces du même genre.</small>

Del Mercurio, ovvero historia de' correnti tempi di D. Vittorio Siri, consigliere, elemosinario e historiografo della Maestà Christianissima. — 1664-1682, 15 tomes en 17 volumes in-4°, imprimés en différents lieux et à différentes dates.

<small>Nous ne devons nous occuper ici que des dix tomes en douze volumes qui ont été imprimés au Louvre sous les rubriques de *Casale* et *Parigi*, de 1655 à 1674; mais, comme ce livre a une certaine importance, et comme les volumes imprimés au Louvre forment la presque totalité de l'édition, nous donnerons ici la nomenclature complète des volumes :</small>

Tome	Lieu	Date	
I,	Casale,	1644 et 1646.	
II,	*Ibid.*	1647 et 1648.	
III,	Lione,	1652	
IV (2 p.),	Casale,	1655	
V (2 p.),	*Ibid.*	1655	
VI,	*Ibid.*	1667	
VII,	*Ibid.*	1667	Volumes imprimés
VIII,	*Ibid.*	1667	à
IX,	*Ibid.*	1667	l'Imprimerie
X,	*Ibid.*	1668	royale.
XI,	Parigi.	1670	
XII,	*Ibid.*	1672	
XIII,	*Ibid.*	1674	
XIV,	Firenze,	1682.	
XV,	*Ibid.*	1682.	

<small>Sept (ou pour mieux dire neuf) de ces volumes ont été imprimés au Louvre, sous la rubrique *Casale, per Georgio del Monte*, 1655-1668; ce sont les tomes IV (formant</small>

deux parties, autrement dit deux gros volumes), V (mêmes dispositions), VI, VII, VIII, IX et X. Trois autres tomes ont été imprimés au même lieu sous la rubrique *Parigi*, sans indication d'imprimeur, mais avec le nom du libraire (c'est André Cramoisy pour le premier, et Sébastien Mabre-Cramoisy pour les deux autres); ces tomes sont le XI°, le XII° et le XIII°. En tout dix, ou, pour mieux dire, douze volumes énormes (quelques-uns ont plus de 1700 pages), avec frontispices gravés.

Le premier, imprimé à Casale, en 1644, est dédié à Gaston de Bourbon; le second, imprimé également à Casale, en 1647, est dédié à Anne d'Autriche, femme de Louis XIII; le troisième, daté de Lyon 1652, est dédié à la grande duchesse de Toscane.

En l'an 1655, on imprima les tomes IV (en 2 volumes) et V (en deux volumes également), dédiés au roi Louis XIV. Ils sont ornés de frontispices gravés par G. Le Brun. On y lit dans un cartouche : «Il Mercurio di Vittorio Siri.....»

Nous donnons des renseignements sur les autres volumes à leurs dates respectives d'impression.

Exercices d'une âme royale, ou les devoirs les plus importans du chrétien enseignez à S. A. R. Henriette-Anne, princesse de la Grande-Bretagne, par le P. Cyprien de Gamache, capucin. — 1655, 2 vol. in-8°.

1656.

Philomathi (Fabii Chisii, postea Alexandri VII papæ) Musæ juveniles; editio novissima prioribus auctior et emendatior, procurante Wilhelmo a Furstenberg, canonico Trevirensi et Monasteriensi. — 1656, in-fol. *

Avec frontispice gravé.

L'idée d'une belle mort ou d'une mort chrétienne dans le récit de celle de Louis XIII, tirée de quelques mémoires du P. Jacques Dinet, de la compagnie de Jésus, son confesseur, par Antoine Girard, de la même compagnie. — 1656, in-fol.

Il colosso sacro, panegirico al card. Mazarino, da Girolamo Gratiani. — 1656, in-fol.

Isaaci Haberti comment. in B. Pauli epistolas ad Timotheum, Titum et Philemonem. — 1656, in-8°.

1657.

Histoire de l'empire de Constantinople sous les empereurs françois, divisée en deux parties, dont la première contient la conquête de Constantinople par les François et les Vénitiens, écrite par Geoffroy de Ville-Hardouin;

avec la suite de cette histoire jusqu'en 1240, tirée du manuscrit de Philippe Mouske ; la seconde contient une histoire générale de ce que les François et les Latins ont fait de plus mémorable dans l'empire de Constantinople depuis qu'ils s'en rendirent maîtres jusqu'à ce que les Turcs s'en soient emparés, etc. le tout avec des observations par Charles du Fresne, sieur du Cange. — 1657, in-fol. grand papier. *

> Cet ouvrage fait partie de la *Byzantine*. (Voyez 1648.)

Templum Famæ, S. R. E. principi eminentissimo Julio Mazarino Carmen heroicum, studiorum primitiæ Alphonsi de Mancini, card. Mazarini nepotis, et ipsi dicatum. — 1657, in-fol. *

Sereniss. reipublicæ Venetæ armorum trophæum, auctore Rapino. — 1657, in-fol.

S. P. N. Methodii, episcopi et martyris, convivium virginum (græce), nunc primum editum et latinitate donatum a Petro Possino. — 1657, in-fol.

S. Nili epistolæ (gr. lat.), cum notis Petri Possini. — 1657, in-4°.

> Il y a des frontispices différents.

1658.

Histoire des connestables, chanceliers et gardes des sceaux, mareschaux de France, admiraux, surintendans de la navigation et généraux des galères de France; des grands maîtres de la maison du roi et des prévôts de Paris, etc. par Jean Le Feron, revu et continué jusqu'à présent, et augmenté par Denys Godefroy. — 1658, in-fol. grand papier. *

> Avec un grand nombre de figures sur bois.

Pacis triumphalia : carmen ad illustrem cardinalem Mazarinum. — 1658, in-fol.

Nic. Charpy a Sancta-Cruce elogium apologeticum card. Mazarini, seu historiæ gallico-mazarinæ compendium. — 1658, in-fol.

Rapini lachrimæ in alumni sui Alfonsi Mancini tumulum. — 1658, in-fol.

1659.

Fata Manciniana. — 1659, in-fol.

> Il y a quelques exemplaires en grand papier.

1660.

Michaelis Glycæ Siculi annales, a mundi exordio ad mortem Alexii Comneni (gr. lat.), interpr. Joann. Leunclavio, ex recensione et cum notis Phil. Labbæi. — 1660, in-fol. grand papier.*

<small>Cet ouvrage fait partie de la *Byzantine*. (Voyez 1648.)</small>

Agathiæ Scolastici de imperio et rebus gestis imperatoris Justiniani libri V (gr. lat.), ex interpret. et cum notis Bonavent. Vulcanii; accesserunt ejusdem Agathiæ epigrammata, cum versione latina Josephi Scaligeri et Jani Dousæ a Noortwyck. — 1660, in-fol.*

<small>Cet ouvrage fait partie de la *Byzantine*. (Voyez 1648.)</small>

Chant nuptial pour le mariage du roi. — 1660, in-fol.

Traitté de paix entre les couronnes de France et d'Espagne, du 7 novembre 1659; avec le contrat de mariage du roi Louis XIV. — 1660, in-fol.

Pax inita ad Pyrenæos montes, anno 1659, latine exposita. — 1660, in-fol.

Pax Themidis cum Musis (auctore Rapino). — Parisiis, apud Sebastianum Cramoisy, regis et reginæ architypographum. — 1660, in-fol.

<small>Quoique le nom de l'imprimeur soit absent, il y a lieu de penser que ce livre sort des presses de l'Imprimerie royale, comme beaucoup d'autres imprimés au compte de Cramoisy, directeur de cet établissement.</small>

Illustr. card. Mazarini elogium apologeticum. — 1660, in-fol.

Combattimento spirituale del padre D. Lorenzo Scupoli, de' chierici regol. detti volgarmente Teatini. — *In Parigi, nella Stamperia reale*, 1660, in-fol.*

<small>Frontispice gravé par Rousselet.</small>

1661.

Histoire de Charles VII, roy de France, par Jean Chartier, Jacques le Bouvier dit *Berry*, Mathieu de Coucy, et autres autheurs du temps, qui contient les choses les plus mémorables advenues depuis l'an 1422 jusques en 1461; publiée et augmentée par Denys Godefroy. — 1661, in-fol.*

Recueil des épîtres et des évangiles de toute l'année, trad. avec leur explication, conformément aux sentiments des saints Pères, etc. par Ant. Gérard, de la compagnie de Jésus. — 1661, in-4°.

Édit du roy portant établissement de l'hôpital général pour le renfermement des pauvres mendians de la ville et faubourgs de Paris, du mois d'avril 1656. — 1661, in-4°.

Arrest du Conseil d'estat du roy, du 13 avril 1661, contre la doctrine de Jansénius. — 1661, in-4°.

Traité de la certitude des connoissances humaines, où sont expliqués les principes et les fondements de la morale, par Jean Silhon. — 1661, in-4°.

1662.

Procopii Cæsariensis historiarum sui temporis, seu de bellis imperat. Justiniani adversus Gothos, Vandalos, etc. libri VIII (gr. lat.), ex interpret. et cum notis Claudii Maltreti. — Ejusdem de ædificiis Justiniani libri VI (gr. lat.), eodem interprete. — Anecdota seu arcana Justiniani historia (gr. lat.), ex interpretatione et cum notis Nic. Alemanni. — Nicephori Cæsaris Bryennii commentariorum de rebus byzantinis libri IV (gr. lat.), ex interpretatione Petri Possini. — 1662-1663, 2 vol. in-fol. (t. Ier, 1662, t. II, 1663).*

> Cet ouvrage fait partie de la *Byzantine*. (Voyez 1648.)

1663.

Procopii Cæsariensis historiarum... libri VIII, etc. — 1663, in-fol. t. II.*
(Voyez 1662.)

1664.

Tarif des droits d'entrée et de sortie. — 1664, in-4°.

1665.

Annales ecclesiastici Francorum, auctore Carol. Lecointe, congreg. Orat. D. N. J. C. — 1665-1683, 8 vol. in-fol. (t. Ier, 1665; t. II, 1666; t. III, 1668; t. IV, 1670; t. V, 1673; t. VI, 1676; t. VII, 1678; t. VIII, 1683).

> Cet ouvrage renferme une foule d'actes, de chartes, de lettres et de dissertations qui le rendent précieux. Le dernier volume a été publié après la mort de l'auteur, par P. Gérard du Bois.

Renati Rapini, e soc. Jesu, hortorum libri IV, cum disputatione de cultura hortensi. — 1665, in-4°.*

1666.

Annales ecclesiastici Francorum, auctore Car. Lecointe. — 1666, in-fol. t. II.

(Voyez 1665.)

1667.

Il Mercurio di Siri. — 1667, in-4°, t. VI, VII, VIII, IX.

(Voyez 1655.)
Le tome VI est dédié à M. de Lionne et est orné du portrait de ce ministre, gravé par Larmessin, en 1664.
Le tome VII est dédié à M. de Gramont, avec son portrait, gravé par Larmessin, en 1665.
Le tome VIII est dédié à Le Tellier, avec son portrait, gravé par Larmessin, en 1662.
Le tome IX est dédié à Colbert, avec son portrait, gravé par Larmessin, en 1666.

Traité des droits de la reine très-chrétienne (Marie-Thérèse d'Autriche) sur divers États de la monarchie d'Espagne (par Ant. Bilain et l'abbé de Bourzeis). — 1667, in-4° et in-12, grand papier.

Tratados de los derechos de la reyna christianissima sobre varios estados de la monarquia de España. — 1667, in-12, Paris, nella impr. real.

(Voyez l'article précédent.)

Réponse à deux écrits imprimés à Bruxelles, au sujet des droits de la reine. — 1667, in-12.

Atlas des provinces échues à la reine. — 1667, in-12.

1668.

Annales ecclesiastici Francorum, auctore Car. Lecointe. — 1668, in-fol. t. III.

(Voyez 1665.)

Il Mercurio di Siri. — 1668, in-4°, t. X.

(Voyez 1655.)
Ce volume est dédié à Séguier, et est orné de son portrait; il a 1756 pages.

1669.

Néant.

(Voyez l'observation placée à l'année 1643.)

1670.

Joann. Cinnami de rebus gestis a Joanne et Manuale Comnenis libri VI (gr. lat.), cum notis historicis et philologicis Carol. du Fresne du Cange in Nicephori Bryennii et Annæ Comnenæ historiam, necnon in eumdem Cinnamum; accedit Pauli Silentiarii descriptio Sanctæ Sophiæ (gr. lat.), cura ejusdem du Cange, cum ejus uberiore commentario. — 1670, in-fol. grand papier, avec fig. en bois. *

> Cet ouvrage fait partie de la *Byzantine*. (Voyez 1648.)

Philippi Labbæi Biturici, e soc. Jesu, chronologia historica, technica, etc. — 1670, 5 vol. in-fol.

> Le dernier est du P. Briet. Très-probablement ces cinq volumes ne sont pas de la même année. M. Brunet (5°. édit.) les date de 1656-1670, et Adry les date de 1660; mais je n'ai pu voir que des exemplaires dont les titres uniformisés portent la date de 1670.

Annales ecclesiastici Francorum, auctore Car. Lecointe. — 1670, in-fol. t. IV.

> (Voyez 1665.)

Les tapisseries du roy, où sont représentés les quatre éléments et les quatre saisons, avec leurs explications. — 1670, in-fol. avec 44 planches, y compris le titre et les devises. *

> Cet ouvrage fait partie de la collection connue sous le nom de *Cabinet du Roi*. Peu de temps après sa publication, on conçut le dessein de faire graver toutes les tapisseries où était représentée l'histoire de Louis XIV; mais cette entreprise ne fut pas terminée : il n'en a été gravé que quatre morceaux qu'on joint aux saisons, mais sans description. (Voyez 1679.)

Courses de testes et de bagues, faites par le roy et sa cour en l'année 1662, à l'occasion de la naissance du Dauphin; décrites par Charles Perrault, avec une relation en vers latins par Esprit Flechier. — 1670, grand in-fol.*

> Avec 96 figures par Chauveau, Israel Sylvestre, et le frontispice par Rousselet. Cet ouvrage fait partie de la collection connue sous le nom de *Cabinet du Roi*.

Festiva ad capita annulumque decursus, rege Ludovico XIV, summisque aulæ proceribus, edita anno 1662; e gallico in latinum translata a Spiritu Flechier. — 1670, in-fol. max. cum figuris.

> Cet ouvrage fait partie de la collection connue sous le nom de *Cabinet du Roi*. C'est la traduction de l'ouvrage précédent.

Il Mercurio di Siri. — 1670, in-4°, t. XI.

(Voyez 1655.)

Ce volume est daté de Paris, sans indication d'imprimeur, mais avec le nom du libraire André Cramoisy, frère du directeur de l'Imprimerie royale, demeurant rue Saint-Jacques, *au Sacrifice d'Abraham*.

1671.

Mémoires pour servir à l'histoire naturelle des animaux, par Claude Perrault. — 1671, in-fol. avec 15 figures.

(Voyez la suite en 1676.)

Mesure de la terre (par M. Picard). — 1671, grand in-fol. avec 5 grandes planches.

Ce mémoire fait partie du *Recueil de plusieurs traités de mathématiques*, in-fol. 1676.

Conspectus operum Æthiopicorum quæ ad excudenda parata habet Jo. Mich. Vanslebius. — 1671, in-4°.

1672.

Il Mercurio di Siri. — 1672, in-4°, t. XII.

(Voyez 1655.)

Ce volume est daté de Paris, sans indication d'imprimeur, mais avec le nom du libraire Sébastien Mâbre-Cramoisy, imprimeur du roi, rue Saint-Jacques, *à la Cigogne*; Mâbre-Cramoisy était alors directeur de l'Imprimerie royale.

1673.

Annales ecclesiastici Francorum, auctore Car. Lecointe. — 1673, in-fol. t. V.

(Voyez 1665.)

Résolution des quatre principaux problèmes d'architecture, par M. Blondel, de l'Académie des sciences. — 1673, in-fol. max. grand in-fol. avec 8 planches.*

Ce travail, dédié à Colbert, fait partie du *Recueil de plusieurs traités de mathématiques*, in-fol. 1676.

Les plaisirs de l'isle enchantée; courses de bagues, collation ornée de machines, comédie mêlée de danse et de musique, ballet du palais d'Alcine, feu d'artifice et autres fêtes galantes magnifiques, faites par le roy

(Louis XIV), en son château de Versailles, le 7 mai 1664, et continuées plusieurs autres jours; avec 9 planches de Silvestre, et la description par André Felibien. — 1673, grand in-fol. *

> Le texte des *Plaisirs de l'isle enchantée* avait déjà été imprimé avec la *Princesse d'Elide*, comédie de Molière, qui en fait partie (Paris, Rob. Ballard, 1665, in-8°).
> Cet ouvrage fait partie de la collection connue sous le nom de *Cabinet du Roi*.

1674.

Il Mercurio di Siri. — 1674, in-4°, t. XIII.

> (Voyez 1655.)
> Ce volume est daté de Paris, sans indication d'imprimeur, mais avec le nom du libraire Sébastien Mâbre-Cramoisy, imprimeur du roi, rue Saint-Jacques, *à la Cigogne*; Mâbre-Cramoisy était alors directeur de l'Imprimerie royale.

1675.

Observations sur les eaux minérales de plusieurs provinces de France, faites en l'Académie royale des sciences, dans les années 1670 et 1671; par Samuel Cottereau du Clos. — 1675, in-12.

1676.

Annales ecclesiastici Francorum, auctore Car. Lecointe. — 1676, in-fol. t. VI.

> (Voyez 1665.)

Mémoires (Suite des) pour servir à l'histoire naturelle des animaux, par Claude Perrault. — 1676, grand in-fol. avec figures.

> (Voyez 1671 et 1686.)
> Ce livre contient 30 planches d'animaux et d'oiseaux de la ménagerie de Versailles, et les dissections anatomiques de chacun d'eux. Il est orné d'un frontispice, de deux vignettes, de deux lettres grises et de six culs-de-lampe gravés par Leclerc.
> Les planches ont été gravées par ordre du roi, et il devait, outre ces deux parties, en paraître une troisième dont les planches étaient pareillement gravées par Leclerc, mais elles sont refaites pour entrer dans les Mémoires de l'Académie des sciences. (Voyez 1686.)

Recueil de plusieurs traités de mathématiques, par MM. de l'Académie royale des sciences. — 1676, grand in-fol.

> Ce recueil est composé de six traités publiés à des époques différentes (1671-1677), et dont quatre sont ornés de planches, vignettes, etc. par de la Boissière, Leclerc, etc.

Mémoires pour servir à l'histoire des plantes, dressez par Denis Dodart, de l'Académie des sciences. — 1676, grand in-fol. avec figures.

> Ce livre, publié par ordre du roi, contient 38 planches, ou 39 si l'on compte la figure du trèfle répétée avec quelque changement. Ces planches ont été gravées par N. Robert et A. Bosse.
>
> Ce n'est que le commencement d'un très-grand ouvrage qui devait contenir toutes les plantes cultivées au Jardin du Roi. Les artistes, Robert, Bosse et de Chatillon, chargés des dessins et des gravures, avaient déjà terminé 281 planches; mais, avant de mettre ces planches au jour, on s'aperçut qu'il fallait y apporter différents changements et plusieurs augmentations, et l'ouvrage fut interrompu; toutefois un petit nombre de personnes en recueillirent les épreuves à mesure qu'elles furent tirées à l'Imprimerie royale, en 1701, et l'on en forma une continuation à l'ouvrage de Dodart, mais sans discours. Quoiqu'il existe 319 de ces planches, y compris celles qui forment la première partie, qui n'ont été déposées au Cabinet des estampes qu'en 1768, néanmoins on a rassemblé jusqu'à 402 estampes, à cause des épreuves de chaque changement qu'on a cru devoir recueillir également. Il est vrai que les variations survenues n'ont souvent produit d'autre singularité que d'augmenter le nombre. Ce ne sont que des épreuves tirées avant la lettre ou avec la phrase latine, traduite en français, ou avec une autre dénomination; mais il y en a aussi quelques autres où l'on a ajouté des détails essentiels. (Heinecken.)
>
> Vers 1780, Anisson fit imprimer un frontispice pour ce recueil, avec des éclaircissements et une table des 319 planches, le tout formant vingt feuillets.

De la percussion ou choq (*sic*) des corps, dans lequel les principales règles du mouvement sont expliquées et démontrées par leurs véritables causes, par M. Mariotte. — 1676, grand in-fol. avec un grand nombre de gravures.

> Ce travail important fait partie du *Recueil de plusieurs traités de mathématiques*, in-fol. 1676.

Lettres écrites par MM. Mariotte, Pecquet et Perrault sur le sujet d'une nouvelle découverte touchant la vue, faite par M. Mariotte. — 1676, grand in-fol.

> Ces lettres font partie du *Recueil de plusieurs traités de mathématiques*, in-fol. 1676.

Les divertissemens de Versailles donnez par le roy à toute sa cour, au retour de la conquête de la Franche-Comté, en 1674 (par Felibien). — 1676, in-fol.

> Avec 6 planches de Chauveau et Le Pautre.
> Cet ouvrage fait partie de la collection connue sous le nom de *Cabinet du Roi*.

Les métamorphoses d'Ovide mises en rondeaux (par Isaac de Benserade, ornées de figures gravées en taille-douce par J. Le Pautre, Chauveau et

Leclerc); imprimez par ordre de S. M. et dédiez à Monseigneur le Dauphin. — 1676, in-4°, grand papier.*

1677.

Les tableaux du cabinet du roy, au nombre de XXII, et les statues et bustés antiques, au nombre de XVIII, avec leur explication (par Felibien). — 1677, in-fol.

> Cet ouvrage fait partie de la collection connue sous le nom de *Cabinet du Roi*.
>
> En 1679, Felibien y ajouta 2 planches avec leur description, et y mit un autre ordre. Enfin le volume fut porté au nombre de 38 sujets, sans qu'on ait continué la description des nouvelles pièces. Postérieurement à 1727, 3 nouvelles planches ont été ajoutées aux 38 autres, savoir : la *Magdeleine dans le désert*, l'*Empire de Flore* et la *Fête flamande*. (Voyez le *Manuel* de M. Brunet, 5° édit. t. I°, col. 1442 et suiv.)

Traité du nivellement, avec la description de quelques niveaux nouvellement inventez par M. Mariotte. — 1677, grand in-fol.

> Ce travail fait partie du *Recueil de plusieurs traités de mathématiques*, in-fol. 1676.

Traité des triangles et des rectangles en nombres, dans lequel plusieurs belles propriétés de ces triangles sont démontrées par de nouveaux principes, par Frenicle. — 1677, grand in-fol.

> Ce travail fait partie du *Recueil de plusieurs traités de mathématiques*, in-fol. 1676.

Édits, déclarations, règlemens et ordonnances du roi Louis XIV sur le fait de la marine. — 1677, in-4°.

Le labyrinthe de Versailles, ou description en prose des bosquets [par Ch. Perrault], avec l'explication de ses fables [39] en vers, par Isaac de Benserade, et leurs représentations en [40] figures, gravées par Séb. Leclerc. — 1677, in-8°, grand papier.

> Cet ouvrage fait partie de la collection connue sous le nom de *Cabinet du Roi*.

Notitia dignitatum imperii, ex nova recensione Phil. Labbæi (2° édit. du Louvre). — 1677, in-12.

> (Voyez 1651.)

1678.

Annales ecclesiastici Francorum, auctore Car. Lecointe. — 1678, in-fol. t. VII.

> (Voyez 1665.)

1679.

Les tableaux du cabinet du roy, représentant vii sujets de l'Ancien Testament, xxii du Nouveau, v de la fable, i de l'histoire profane, et iii allégories. — 1679, in-fol.

> 2ᵉ édit. du Louvre. La 1ʳᵉ édition, de 1677, est préférée par les artistes pour les épreuves des estampes. (Voyez 1677.)

Les tapisseries du roy des iv éléments et des iv saisons, avec les devises qui les accompagnent et leurs explications, gravées par Séb. Leclerc et par Le Pautre. — 1679, in-fol.

> 2ᵉ édit. du Louvre. (Voyez 1670.)

Description de la grotte de Versailles, par André Felibien. — 1679, in-fol. avec 20 planches (par Le Pautre, Fr. Chauveau, Ét. Picard, Ét. Baudet, et J. Edelinck.)

> Cet ouvrage fait partie de la collection connue sous le nom de *Cabinet du Roi*.

Fontaines de Versailles. — 1679, in-fol. avec 20 planches.

> Cet ouvrage fait partie de la collection connue sous le nom de *Cabinet du Roi*.

Bassins de Versailles. — 1679, in-fol. 7 planches.

> Cet ouvrage fait partie de la collection connue sous le nom de *Cabinet du Roi*.

Statues antiques et modernes, termes (*sic*), bustes, sphinx et vases du roy. — 1679, in-fol. avec 18 planches (savoir : 15 statues et 3 bustes, gravés par Melan, et accompagnés de descriptions par Felibien).

> Cet ouvrage fait partie de la collection connue sous le nom de *Cabinet du Roi*.

Relation de la feste de Versailles du 18 juillet 1668; avec 5 planches gravées par Chauveau et Le Pautre. — 1679, in-fol. en largeur.

> Cet ouvrage fait partie de la collection connue sous le nom de *Cabinet du Roi*.

Les plaisirs de l'isle enchantée, ou les fêtes et divertissemens du roy à Versailles en 1664 et 1668. — 1679, in-fol.

> 2ᵉ édit. du Louvre. (Voyez 1673.)

Observations astronomiques et physiques faites en l'isle de Caïenne, par M. Richer, de l'Académie royale des sciences. — 1679, in-fol. (71 p.)

> Extrait du *Recueil d'observations faites par messieurs de l'Académie royale des sciences*, in-fol. 1693.

Le labyrinthe de Versailles, avec les figures et l'explication en vers. — 1679, in-8°.*

> Avec 41 planches gravées par Séb. Leclerc.
> 2° édit. du Louvre. (Voyez 1677.)

Mémoires pour servir à l'histoire des plantes, dressez par Denis Dodart, médecin. — 1679, in-12.*

> 2° édit. sans les planches.

1680.

Observations faites en divers endroits du royaume pendant l'année 1672, par M. Cassini. — Sans date (vers 1680), in-fol. (20 p.)

> Extrait du *Recueil d'observations faites par messieurs de l'Académie royale des sciences*, in-fol. 1693.

Voyage d'Uranibourg, ou observations astronomiques faites en Danemarck, par A. Picard, de l'Académie royale des sciences. — 1680, in-fol.

> Avec plusieurs planches.
> Ce mémoire fait partie du *Recueil d'observations faites par messieurs de l'Académie royale des sciences*, in-fol. 1693.

Conférence sur le fait des entrées. — 1680, in-4°.

Ordonnance sur les gabelles. — 1680, in-4°

> (Voyez 1750.)

Ordonnance sur les aides de Normandie. — 1680, in-4°.

1681.

Tychonis Brahe thesaurus observationum astronomicarum. — 1681, in-fol.

> Cet ouvrage, qui devait avoir 2 volumes, n'a été poussé que jusqu'à la page 96, contenant les observations de Tycho-Brahé de 1563 à 1582. La mort de Picard, arrivée le 12 octobre 1682, et celle de Colbert, le 6 septembre 1683, firent abandonner l'édition.
> L'inventaire de 1691 nous apprend que le livre avait été tiré à 500 exemplaires sur carré.

Publii Virgilii Maronis opera. — 1681, in-fol.*

> 2° édit. du Louvre. (Voyez 1641.)

Règlement sur les droits des fermes. — 1681, in-4°.

1682.

Néant.

(Voyez l'observation placée à l'année 1643.)

1683.

Annales ecclesiastici Francorum, auctore Car. Lecointe. — 1683, in-fol. t. VIII.

(Voyez 1665.)

Description générale de l'hôtel des invalides, établi par Louis le Grand dans la plaine de Grenelle, près de Paris, avec les plans, profils et élévations de ses faces, coupes, appartemens, vues et allées. — 1683, in-fol.

> Cet ouvrage est orné de 17 planches (y compris le titre), gravées par J. Marot, J. Le Pautre et P. Le Pautre. «Ces planches n'appartenoient point au roy, dit Heinecken; c'étoit le sieur Mortain, marchand d'estampes, qui avoit acheté dans une vente publique les planches et toute l'édition de cette Description des Invalides, attribuée au jeune Boulancourt. Il l'offrit à M. l'abbé de Louvois, alors bibliothécaire du roi, qui acquit ce nouveau volume pour rendre le recueil des estampes du roy plus ample qu'il n'étoit. Mais le sieur Boulancourt n'étoit pas l'auteur de cette description. Il avoit aussi acheté l'édition entière (consistant en 500 exemplaires), avant qu'elle eût été mise au jour, des héritiers du sieur de la Porte, alors commissaire des invalides, qui, avec l'agrément de M. de Louvois, ministre de la guerre, avoit fait graver les plans de cet hôtel, et y avoit joint des explications. Dans le marché de Mortain furent comprises deux nouvelles planches que ce marchand venoit de faire graver sur les dessins de Ferd. de la Monce : l'une représente le plan géométral de la nouvelle église, telle qu'on la voit dans sa perfection; et l'autre, une coupe de la même église, qui en fait connaître la décoration intérieure. Ensuite, le roi fit graver la vue et perspective de l'élévation générale en 2 planches par J. Le Pautre.»

Cet ouvrage fait partie de la collection connue sous le nom de *Cabinet du Roi*.

1684.

Les élémens de l'astronomie vérifiés par M. Cassini (suivis d'autres mémoires). — 1684, in-fol. (74 p.).

> Extrait du *Recueil d'observations faites par messieurs de l'Académie royale des sciences*, in-fol. 1693.

> Voyez *Discours préliminaires de l'astronomie* (1691), in-fol.

Themistii orationes XXXIII, e quibus tredecim nunc primum in lucem editæ (gr. lat.), ex versione et cum notis Dionysii Petavii; accesserunt ad easdem XX orationes notæ alternæ, ad reliquas XIII perpetuæ observationes Johannis Harduini, soc. Jes. — 1684, in-fol. grand et petit papier. *

> Les catalogues mss. d'Adry et d'Anisson indiquent à tort une édition de 1648 : Hardouin n'avait alors que deux ans. Peut-être y a-t-il des exemplaires où les derniers chiffres ont été transposés. Le catalogue d'Adry indique, au reste, une autre édition de 1682, qui n'existe pas davantage.

Histoire du roy Charles VIII (par Guillaume de Jaligny, André de la Vigne et autres historiens de ce temps-là), enrichie de plusieurs mémoires... par Denys Godefroy. — 1684, in-fol. *

Poemata Ferdinandi, episcopi Monasteriensis et Paderbornensis, S. R. I. principis, comitis Pyrmontani, liberi baronis de Furstenberg. — 1684, in-fol. *

1685.

Historiæ Byzantinæ scriptores, post Theophanem usque ad Nicephorum Phocam (gr. lat.), ex versione Franc. Combefisii. — 1685, in-fol. grand papier. *

> Cet ouvrage fait partie de la *Byzantine*. (Voyez 1648.)

Anastasii bibliothecarii historia ecclesiastica, sive chronographia tripertita, ex Georgio Syncello, Nicephoro et Theophane excerpta (gr. lat.); recensita et notis ac glossariis mixo-barbaris illustrata a Carol. Annib. Fabroto. — 1685, in-fol. grand papier. *

> 2ᵉ édit. du Louvre. (Voyez 1649, 1ʳᵉ édit.)
> Cet ouvrage fait partie de la *Byzantine*. (Voyez 1648.)

Découverte de la lumière céleste qui paroist dans le zodiaque, par messieurs de l'Académie royale des sciences. — 1685, in-fol. (68 p.)

> Extrait du *Recueil d'observations faites par messieurs de l'Académie royale des sciences*, 1693, in-fol.
> D'après l'inventaire de 1691, qui attribue ce travail à Cassini, il n'y avait alors que 16 feuilles imprimées (A à Q), au nombre de 500 exemplaires.

1686.

Joannis Zonaræ annales, ab exordio mundi ad mortem Alexii Comneni (gr. lat.), interprete Hieronymo Wolphio, ex recensione et cum notis Carol.

du Fresne du Cange. — 1686-1687, 2 vol. in-fol. grand papier (t. I, 1686; t. II, 1687).

<small>Cet ouvrage fait partie de la *Byzantine*. (Voyez 1648.)</small>

1687.

Joannis Zonaræ annales, etc. — 1687. in-fol. t. II.

<small>(Voyez 1686.)</small>

Codex canonum vetus ecclesiæ romanæ, restitutus, cum notis, a Franc. Pithœo; accedunt Petri Pithœi miscellanea ecclesiastica; Abbonis Floriacensis apologetic. et epistolæ, et formulæ antiquæ Alsaciæ : ex bibliotheca D. Claudii Le Peletier, regis administri. — 1687, in-fol. grand papier.*

Ordonnance sur les cinq grosses fermes. — 1687, in-4°.

1688.

Description anatomique de quatre lions et de divers animaux, avec des planches qui ne sont pas entrées dans les éditions de 1671 et 1676 [par Cl. Perrault.] — 1688, in-fol. *

<small>Ouvrage inachevé et non publié; il n'y a eu que 39 feuilles de tirées du texte et des planches de Leclerc. Ces planches et celles des éditions de 1671 et 1676 (voyez à ces dates *Mémoires pour servir à l'Histoire naturelle des animaux*, par Cl. Perrault) furent refaites in-4° pour entrer dans les Mémoires de l'Académie des sciences. Quoique daté de 1688, ce travail était encore en magasin à l'Imprimerie royale en 1691. L'inventaire de cette année le décrit ainsi : «Mémoires pour l'histoire naturelle des animaux, par M^{rs} de l'Académie royale des sciences, imprimez sur du grand-raisin fin, caractère petit-parangon, tirez à 1,200 exemplaires, in-folio, 31 feuilles jusqu'à Hb inclusivement, sur lesquels il n'y a aucune taille-douce tirée; chaque feuille faisant cahier. (Voyez 1690, *Mémoires pour servir à l'Histoire naturelle*.)</small>

Paschalion (Πασχάλιον), seu chronicon paschale a mundo condito ad imperatorem Heraclium, hactenus fastorum Siculorum nomine laudatum, et chronici Alexandrini lemmate vulgatum (gr. lat.), ex interpretat. et cum notis chronicis ac historicis Caroli du Fresne du Cange. — 1688, in-fol. avec 4 planches gravées.*

<small>Cet ouvrage fait partie de la *Byzantine*. (Voyez 1648.)</small>

1689.

Petri et Francisci Pithœi observationes ad Codicem et Novellas Justiniani;

accedit legum romanarum et mosaicarum collatio notis illustrata, edente, ex bibliotheca D. Claudii Le Peletier, regis administri, Francisco Desmares. — 1689, in-fol. grand papier.*

Règles de l'astronomie indienne, pour calculer les mouvements du soleil et de la lune, expliquées et examinées par M. Cassini, de l'Académie royale des sciences. — 1689 (à la fin), in-fol.

> Extrait du *Recueil d'observations faites par messieurs de l'Académie royale des sciences*, in-fol. 1693.
>
> D'après l'inventaire de 1691, il n'y avait encore que 16 feuilles tirées à 600 (on n'en trouva que 580 complètes), avec un fleuron en taille-douce.

1690.

Le livre des tactiques ou machinistes grecs. — [1690], in-fol.

> D'après l'inventaire de 1691, 79 feuilles étaient tirées à 300 exemplaires; elles étaient distribuées par cahiers de deux feuilles (sauf Qq, qui n'en avait qu'une) sur grand-raisin fin, caractère romain de saint-augustin et grec de gros-romain. Il y avait, sur ces 79 feuilles, 13 vignettes ou fleurons, et 136 figures de machines tirées. Une autre note du même inventaire nous apprend qu'il y avait au dépôt de l'Imprimerie royale 171 planches gravées. Tout cela n'a pas empêché le livre de rester inachevé et inédit.

Ouvrages posthumes de messieurs de l'Académie (royale des sciences) publiez par les soins de M. de la Hire. — [1690], in-fol.

> D'après l'inventaire de 1691, il y avait 95 feuilles tirées à 500 exemplaires sur écu, caractère saint-augustin, sans figures en taille-douce. Dans un autre endroit de l'inventaire, nous apprenons qu'il y avait 151 gravures sur bois faites pour ce livre. Ces renseignements nous semblent se rapporter au livre intitulé : *Divers ouvrages de mathématiques et de physique, par messieurs de l'Académie royale des sciences*, 1693, in-fol.

Mémoires pour l'histoire naturelle des animaux, par M^{rs} de l'Académie royale des sciences. — [1690], in-fol.

> D'après l'inventaire de 1691, 31 feuilles seulement étaient alors tirées; chaque feuille faisant cahier et allant par conséquent de A à Hh. Sur aucune les tailles-douces n'étaient tirées. L'ouvrage, imprimé sur grand-raisin fin, en caractère petit-parangon, était tiré à 1,200 exemplaires. Ces renseignements nous semblent convenir à la *Description anatomique*, etc. par Cl. Perrault (in-folio, daté de 1688), restée inachevée.

Discours préliminaire de l'astronomie. — [1690], in-fol.

> D'après l'inventaire de 1691, il y avait alors 8 feuilles tirées (A à H), à 500 exemplaires, sur écu, caractère de petit-parangon, sans figures (en taille-douce?). Ce travail

est sans doute celui qui a été publié dans le *Recueil d'observations faites par messieurs de l'Académie royale des sciences*, 1693, in-fol. sous ce titre : *Les éléments de l'astronomie vérifiés par M. Cassini*, avec la date particulière de 1684.

1691.

Épreuve des caractères et des planches gravées de l'Imprimerie royale. — 1691, grand in-fol.

Tiré à deux exemplaires, dont un pour Anisson et l'autre pour M. de Louvois. Ce dernier est à la Bibliothèque impériale.

1692.

Observations physiques et mathématiques pour servir à l'histoire naturelle et à la perfection de l'astronomie et de la géographie, envoyées des Indes et de la Chine à l'Académie des sciences, à Paris, par les Jésuites; avec les réflexions de messieurs de l'Académie et les notes du P. Th. Gouye, jésuite. — 1692, in-4°.

Mémoires de mathématiques et de physique, tirés des registres de l'Académie des sciences en 1692 (et 1693), par Philippe de la Hire et le P. Th. Gouye, jésuite. — 1692-1694, in-4°, 4 vol. avec figures en taille-douce (t. I, 1692; t. II et III, 1693; t. IV, 1694).

1693.

Veterum mathematicorum Athenæi, Apollodori, Philonis, Bitonis, Heronis et aliorum opera mathematica (gr. lat.), pleraque nunc primum edita ex mss. cod. Bibl. reg. studio Joanne Boivin. — 1693, in-fol. avec figures. *

Divers ouvrages de mathématiques et de physique, par messieurs de l'Académie des sciences. — 1693, in-fol. écu ordinaire, avec des figures en bois. *

L'inventaire de 1691 décrit ainsi ce livre : «Ouvrages posthumes de M^{rs} de l'Académie, publiez par les soins de M. de la Hire, imprimez à 500 exemplaires, caractère saint-augustin; 95 feuilles tirées, sans figures en taille-douce.»

Recueil d'observations faites en plusieurs voyages par ordre de S. M. (Louis XIV) pour perfectionner l'astronomie et la géographie; avec divers traités astronomiques; par messieurs de l'Académie royale des sciences.

— 1693, in-fol. écu, avec des figures démonstratives et nécessaires à l'intelligence du texte. *

> Ce volume se compose de divers mémoires ayant une pagination séparée, et dont quelques-uns ont une date bien antérieure à 1693. Comme ils se trouvent parfois isolément, nous les indiquerons à leur date, en renvoyant à ce volume, qui, d'après ce qu'on verra, a dû être tiré à 500 exemplaires.

De l'origine et des progrès de l'astronomie, et de son usage dans la géographie et la navigation, par M. Cassini, de l'Académie royale des sciences. — 1693, in-fol. (43 p.), avec planches.

> Extrait du *Recueil d'observations faites par messieurs de l'Académie royale des sciences*, 1693, in-fol.

Les hypothèses et les tables des satellites de Jupiter, réformées sur les anciennes observations, par M. Cassini. — 1693, in-fol.

> Extrait du *Recueil d'observations faites par messieurs de l'Académie royale des sciences*. 1693, in-fol.
>
> D'après l'inventaire de 1691, les *Hypothèses* et les *Tables* forment deux ouvrages distincts. Sur le premier, il n'y avait alors que 11 feuilles, et sur le second 14 feuilles tirées, à 500 exemplaires, sans figures.

Description des plantes de l'Amérique, avec leurs figures, par le P. Charles Plumier, minime. — 1693, in-fol. grand papier. *

> (Voyez 1697 et 1703.)

Le Neptune françois, ou recueil des cartes marines levées et gravées de l'ordre du roy, par J. Math. de Chazelles. — 1693, in-fol.

> M. Brunet (5ᵉ édit. t. I, col. 756) dit que ce livre, dont Sauveur et de Chazelles sont les auteurs, fut publié par Charles Pene, en 1693, et réimprimé en 1753 avec 29 planches.

Bibliotheca Telleriana, sive catalogus librorum bibliothecæ Car. Mauritii Le Tellier, archiep. ducis Remensis (a Nic. Clement, bibliothecario regio, digestus ac descriptus). — 1693, in-fol. *

> Il y a à la bibliothèque Sainte-Geneviève un exemplaire en grand papier qui a appartenu à Le Tellier lui-même.

Mémoires de mathématiques et de physique, tirés des registres de l'Académie royale des sciences, des années 1692 et 1693. — 1693, in-4°, tomes II et III.

> (Voyez 1692.)

1694.

Mémoires de mathématiques et de physique, par Philippe de la Hire. — 1694, in-4°, t. IV.

(Voyez 1692.)

Éloge de M. de Tournefort, par M. de Fontenelle; lettres sur la botanique, par M. P. Collet; réponse de M. Chomel (Tournefort) à deux de ces lettres. — 1694, in-4°.

Élémens de botanique, ou méthode pour connoistre les plantes, par Joseph Pitton de Tournefort, professeur de botanique. — 1694, 3 vol. in-8°, avec 451 figures, c'est-à-dire 1 vol. de texte et 2 vol. de planches. *

> Anisson possédait un exemplaire unique de cette édition :
> 1° Il était en feuilles.
> 2° Il était réglé.
> 3° Il y avait deux exemplaires des planches, l'un sur papier, l'autre sur vélin. Celui sur papier était des anciennes et plus belles épreuves, celui sur vélin était tiré pour être colorié.
> 4° On y avait ajouté les planches des *Institutiones rei herbariæ*.
> 5° On y avait joint une lettre critique sur la botanique, par P. Collet, qui parut dans le temps en petit format, sans nom d'imprimeur, sans date, etc. réimprimée de format in-8° pour cet exemplaire, ainsi qu'une lettre de M. Chomel en réponse à la critique de P. Collet. Cette réponse a été réimprimée peu de temps après l'ouvrage et de même format.
> 6° Il était accompagné du portrait de l'auteur.
> 7° Chaque planche était encadrée en couleur et rehaussée en or; les frontispices gravés étaient coloriés avec le plus grand soin, etc. etc.
> 8° On y avait joint encore l'éloge de Tournefort, par M. de Fontenelle, des cartons, etc.
> De plus, Anisson possédait un exemplaire in-folio, qui renfermait les trois volumes in-8°. On lisait sur le premier feuillet :
> «Les épreuves de ce volume ont été bien choisies et des meilleures : on les a collées afin d'en pouvoir faire un in-folio. Le discours est manuscrit; il est exact, et même augmenté en quelques endroits et rectifié; l'écriture n'est pas belle, mais elle est lisible. L'explication est presque toujours vis-à-vis les planches.»
> Le premier exemplaire fut vendu 105,000 francs en *assignats*, représentant 500 à 600 francs en argent (1795).

Les figures des plantes de la première édition de Tournefort. — 1694, 2 vol. in-8°.

1695.

Mémoire présenté au roy par M. Charles-Maurice Le Tellier, archevêque de Reims, contre l'érection de l'église de Cambray en archevêché. — 1695, in-4°.

1696.

Jacobi Sirmondi opera varia, ex ipsius schedis emendatiora, notis posthumis, epistolis et opusculis aliquibus auctiora; accedunt S. Theodori Studitæ epistolæ, aliaque scripta dogmatica, nunquam antea græce vulgata, pleraque Sirmondo interprete. (ed. Jac. de la Baume.) — 1696, 5 vol. grand in-fol. *

> Cet ouvrage était commencé avant 1687, car, sur l'inventaire de l'Imprimerie royale de 1691, on trouve, parmi les ouvrages commencés par le *feu* sieur Cramoisy, «le Recueil des ouvrages donnez par le P. Sirmond, imprimé à 500 exemplaires, dont 250 de grand-raisin et 250 de carré.» Il y en avait alors 160 feuilles ou 80 cahiers tirés du premier volume.

Analyse des infinimens-petis (*sic*), pour l'intelligence des lignes courbes, par Guill. Fr. marquis de l'Hopital. — 1696, in-4°.

> (Voyez 1726.)

Panégyriques et autres sermons prononcés par Esprit Flechier, évesque de Nismes. — 1696, in-4°.

1697.

Glossarium universale hebraicum, quo ad linguæ hebraicæ fontes linguæ et dialecti pene omnes revocantur; auctore Ludovico Thomassino, Oratorii D. J. presbytero (edentibus P. Bordes et Barat). — 1697, in-fol.

Description des plantes de l'Amérique, avec leurs figures, par Charles Plumier. — 1697, in-fol.

> 2° édit. (Voyez 1693 et 1713.)

Mémoires pour servir à l'histoire de Louis le Grand, par Jean Donneau, sieur de Visé. — 1697-1703, 10 vol. in-fol. (t. I et II, 1697; t. III et IV, 1698; t. V et VI, 1699; t. VII et VIII, 1700; t. IX, 1701; t. X, 1703).

1698.

Mémoires pour servir à l'histoire de Louis le Grand, etc. — 1698, in-fol. t. III et IV.

> (Voyez 1697.)

Histoire des plantes qui naissent aux environs de Paris, avec leur usage dans la médecine, par Pitton Tournefort. — 1698, in-12. *

1699.

Mémoires pour servir à l'histoire de Louis le Grand, etc. — 1699, in-fol. t. V et VI.

(Voyez 1697.)

Règlement pour l'Académie royale des sciences. — 1699 (?), in-4°.

OEuvres de Platon, traduites du grec en françois, avec des remarques et la vie de ce philosophe (par André Dacier). — 1699, 2 vol. in-12.

> Rien n'indique que ce livre ait été exécuté à l'Imprimerie royale. On lit seulement sur le titre : «A Paris, chez Jean Anisson, directeur de l'Imprimerie royale, rue de la Harpe.» Mais, comme Anisson l'a porté sur son catalogue des éditions du Louvre, il est probable qu'il y avait été imprimé pour sa librairie particulière. (Voyez à l'année 1702, *Médailles*, etc. in-4°.)

Règlement de Saint-Cyr. — 1699, in-12.

1700.

Mémoires pour servir à l'histoire de Louis le Grand, etc. — 1700, t. VII et VIII.

(Voyez 1697.)

Les estampes de l'histoire (métallique) de Louis XIV, gravées en taille-douce, sur les dessins de Charles-Nicolas Cochin, avec les explications historiques commencées par Jean-Pierre de Bougainville et continuées après son décès par ***. — 1700, in-fol. grand papier.

(Voyez 1702.)

Josephi Pitton Tournefort institutiones rei herbariæ; editio altera gallica longe auctior, quingentis circiter tabulis æneis adornata. — 1700, 3 vol. in-4°.

Le luthéranisme abjuré par Mme la princesse Marie-Élisabeth-Louise, palatine de Deux-Ponts. — 1700, in-12.

Règlement de Saint-Cyr. — 1700, in-12.

1701.

Mémoires pour servir à l'histoire de Louis le Grand, etc. — 1701, in-fol. t. IX.

(Voyez 1697.)

Règlement pour l'Académie des belles-lettres. — 1701, in-4°.

1702.

Nicephori Gregoræ historiæ Byzantinæ libri XXIV, ab Andronico Seniore ad Joann. Paleologum (gr. lat.); ex interpret. Hier. Wolphii et Joann. Boivin, qui omnes recensuit, et notas ac alias appendices addidit. — 1702, in-fol. grand papier. *

Cet ouvrage fait partie de la *Byzantine.* (Voyez 1648.)

Médailles sur les principaux événements du règne de Louis le Grand, avec des explications historiques [par l'Académie royale des médailles et des inscriptions]. — 1702, in-fol. grand papier. *

Ce que nous plaçons plus haut entre crochets ne se trouve qu'à certains exemplaires.

Heinecken parle ainsi de ce livre :

«C'est un ouvrage d'une grande beauté. Ant. Coypel, premier peintre du roi, en a fait tous les dessins, qui sont autant de poëmes historiques. La muse Clio, écrivant les fastes du roi sur les ailes du Temps, est au frontispice, gravé par Simonneau l'aîné. Toutes les pages de ce livre sont décorées d'un cadre dont les ornements font allusion à l'ouvrage. La préface, imprimée par les soins d'Anisson, consiste en sept feuilles. Les médailles et l'explication qui est en bas de chacune d'elles forment le nombre de 286 feuillets.»

La préface fut supprimée peu après la publication, de sorte qu'elle manque à beaucoup d'exemplaires. Sa suppression eut lieu par ordre de Louis XIV, qui la trouva trop louangeuse !

Une foule d'artistes ont concouru à la confection de ce beau livre.

Il y a à la Bibliothèque impériale (Estampes) un exemplaire sans les explications, dont le titre manuscrit porte : «Premières épreuves des médailles de l'Histoire du roy.»

Médailles sur les principaux événements du règne de Louis le Grand, avec des explications historiques, par l'Académie des médailles et inscriptions. — 1702, in-4°.

La gravure du frontispice n'est que la réduction de celui de l'édition in-folio. Le portrait du roi a été gravé par N. Pitau.

On lit dans un court avertissement qui remplace la préface de l'in-folio : «Ce que cette édition a de plus particulier, c'est que toutes les médailles sont gravées de la même grandeur dont elles ont été nouvellement frappées.»

A la fin : «A Paris, aux dépens d'Anisson, directeur de l'Imprimerie royale, rue de la Harpe. — 1702.»

1703.

Mémoires pour servir à l'histoire de Louis le Grand, etc. — 1703, in-fol. t. X.

(Voyez 1697.)

Caroli Plumier filicetum americanum, seu filicum polypodiorum, adiantorum, etc. in America nascentium, icones. — 1703, in-fol. grand papier.

C'est un recueil de planches au nombre de 222, avec un frontispice en latin.
Les planches 165 à 222 sont les mêmes que les n°ˢ 51 à 108 de la *Description des plantes de l'Amérique*, etc. (Voyez 1693.)

Les statuts de l'ordre du Saint-Esprit, establyͬ par Henri III° du nom, roy de France et de Pologne, l'an 1578, au mois de décembre, avec une addition contenant les délibérations faites pour le changement ou interprétation desdits statuts; avec des vignettes de Séb. Leclerc. — 1703, in-4°, grand papier.

Anisson avait un exemplaire sur vélin.

Traité dogmatique et historique des édits et des autres moyens dont on s'est servi dans tous les temps (en France) pour établir et maintenir l'unité de l'église catholique, par le P. Louis Thomassin, de l'Oratoire; avec un supplément pour répondre à divers écrits séditieux, et particulièrement à l'Histoire de l'édit de Nantes. — 1703, 3 vol. in-4° (c'est-à-dire 1 vol. en deux parties, avec supplément).

Josephi Pitton Tournefort corollarium institutionum rei herbariæ. — 1703, in-4°, avec 489 planches.

Caroli Plumier nova plantarum americanarum genera. — 1703, in-4°, avec 40 planches.

Abrégé de la vie de Jacques II, roy de la Grande-Bretagne, tiré d'un écrit anglois du P. François Sandas, de la compagnie de Jésus, par le P. François Bretonneau, de la même compagnie. — 1703, in-12. *

L'office des chevaliers de l'Ordre du Saint-Esprit. — 1703, in-16, avec gravures. *

> Il y a des exemplaires sur vélin; j'ai vu deux exemplaires de ce livre dont les gravures de fin de chapitres sont transposées.

1704.

Néant.

> (Voyez l'observation placée à l'année 1643.)

1705.

Traité des fougères de l'Amérique, en latin et en françois, par le P. Charles Plumier, minime. — 1705, 1 vol. in-fol. avec 172 figures.

> Anisson avait un exemplaire précieux, auquel on avait ajouté 50 planches gravées seulement au trait par le P. Plumier, pour être par lui terminées et mises à la suite de son Traité des fougères, qui ne contient que 172 planches : celles-ci commencent au n° 173 et continuent jusqu'au n° 222. Le texte relatif à ces 50 planches n'a point été imprimé. Ces planches sont très-rares.
>
> Anisson avait, en outre, une copie des manuscrits du P. Plumier sur la botanique, 8 vol. in-fol. brochés, grand papier. Ces manuscrits devraient être précieux pour les personnes qui étudient la botanique.

1706.

Description de l'église royale des invalides, avec toutes ses architectures et tableaux, par M. Felibien des Avaux. — 1706, in-fol. avec gravures.

> On a fait quatre bordures différentes, dont on s'est servi pour orner toutes les pages de quelques exemplaires de cette édition. La bordure du titre imite la frise ou bande du dedans du dôme, et les trois autres représentent celles des vitraux du grand sanctuaire, de la croix grecque et de quatre chapelles rondes. Les vignettes, culs-de-lampe, lettres grises et autres fleurons de ce livre sont gravés par Audran, Tardieu, Le Pautre et B. Picart, d'après les tableaux, bas-reliefs et autres ornements de l'église. On n'a imprimé que fort peu d'exemplaires avec ces bordures; le plus grand nombre en est destitué. (Heinecken.)
>
> Il est à remarquer que Felibien avait déjà publié, en 1702, in-12, une description de cet édifice, avec un plan général de la nouvelle et de l'ancienne église. Il donna encore, en 1706, de la nouvelle église, une description in-12, en 2 vol. qui diffère de l'édition in-fol. en ce que les noms des artistes se trouvent dans la dernière.
>
> L'abbé Peran, qui publia aussi une description de l'Hôtel des invalides, en 1756, in-fol. attribue encore à Felibien deux autres éditions de son livre, une in-fol. en 1702, et une autre lorsque le dôme qui couronne l'église fut entièrement terminé.

Table chronologique des ordonnances faites par les rois de France de la troisième race, depuis Hugues Capet jusqu'en 1400; par Eusèbe Laurière, etc. — 1706, in-4°.

<small>Voyez les préfaces des tomes XV et XX des *Ordonnances des rois de France de la 3ᵉ race* [1723], pour avoir des détails sur l'origine de cette publication.</small>

1707.

Histoire des démeslez de la cour de France avec la cour de Rome, au sujet de l'affaire des Corses, en 1662 ; avec plusieurs pièces servant de preuves, et le traité de paix; avec la figure de la pyramide élevée à Rome; par Fr. Séraphin Regnier Desmarais. — 1707, in-4°.*

Mémoires d'artillerie (par Saint-Rémy). — 1707, 2 vol. in-4°.

Sermons du P. Louis Bourdaloue, de la compagnie de Jésus, contenant l'Avent, le Caresme, les Mystères, les Panégyriques, etc. donnés au public par le P. François Bretonneau, de la même compagnie. — 1707-1721, 14 vol. in-8°.

<small>Voici l'ordre de publication des volumes :

1707. — *L'Avent*....... I.	1716. — *Les Dimanches*. IX.
Le Carême..... II.	*Idem*......... X.
Idem......... III.	*Idem*......... XI.
Idem......... IV.	1721. — *Exhortations*... XII.
1709. — *Les Mystères*... V.	*Idem*......... XIII.
Idem......... VI.	*Retraite*...... XIV.
1711. — *Les Fêtes*...... VII.	
Idem......... VIII.	

M. Brunet (5ᵉ édit. t. Iᵉʳ, col. 1175) n'indique pas cette édition comme étant du Louvre. Il dit seulement : *Paris, Rigaud*. Mais Rigaud était alors directeur de l'Imprimerie royale, et fit imprimer ce livre, destiné à sa librairie, au Louvre même. (Voyez ce que nous disons au sujet des Œuvres de Platon, de 1699.)

On joint ordinairement à ces 14 volumes 2 volumes de *Pensées*, imprimées en 1734, mais non à l'Imprimerie royale.

Nous avons vu chez M. G. Charavay l'original du traité entre Claude Rigaud et le P. Martineau, au nom de la maison professe des jésuites de Paris, pour l'impression des quatre premiers volumes de cette édition de Bourdaloue. Il est daté du 1ᵉʳ mai 1705. Rigaud s'engage à imprimer ces quatre volumes sur beau papier, en caractère dit *saint-augustin*, dans le format in-8°, conforme à l'édition des lettres de saint Augustin, publiées par M. Dubois; à faire graver en taille-douce le portrait de Bourdaloue, pour être mis en tête du premier volume; à remettre cinquante exemplaires reliés en veau, aussitôt après l'impression; à payer la somme de 6,500 livres en trois années consécutives et en douze payements égaux. Le traité porte, en outre, qu'il aura privilége pour imprimer les volumes subséquents dans les mêmes conditions, c'est-à-dire en en remettant cinquante exemplaires et en payant pour chaque volume 1,625 livres.</small>

1708.

Néant.

(*Voyez* l'observation placée à l'année 1643.)

1709.

Bourdaloue. *Les Mystères.* — 1709, 2 vol. in-8°.
(Voyez 1707.)

Lettre du roy (Louis XIV) à M. le duc de Tresmes, pair de France, gouverneur de Paris, au sujet des propositions faites pour la paix, de la part des puissances alliées, du 12 juin 1709. — 1709, in-12.

1710.

Recueil de pièces concernant les religieuses de Port-Royal-des-Champs, qui se sont soumises à l'église. — 1710, in-4° et in-12.

Ce livre, dont l'introduction est attribuée au P. Lallemant, d'après Lelong, fut contrefait par un imprimeur de Lyon appelé *André Moulin*, chez qui, en 1711, on saisit 395 exemplaires, ayant pour indices typographiques: *Paris, 1711* (in-12). (Voyez p. 84.)

1711.

Statuts de l'ordre du Saint-Esprit, establiy par Henri III, au mois de décembre 1578. — 1711, in-4°.

(Voyez 1703.)

Bourdaloue. *Les Fêtes.* — 1711, 2 vol. in-8°.

(Voyez 1707.)

L'Iliade et l'Odyssée d'Homère, traduction de Mme Dacier. — 1711-1716, Paris, Rigaud, 6 vol. in-12 (t. I, 1711; t. II, 1712; t. III, 1713; t. IV, 1714; t. V, 1715; t. VI, 1716).

Même observation que pour les Œuvres de Platon, de 1699, et celles de Bourdaloue, de 1707.

1712.

Mémoire de M. le Dauphin pour N. S. P. le Pape, imprimé par ordre du roy. — 1712, in-4°.

Bulle du Pape sur le Mémoire de M. le Dauphin. — 1712, in-4°.

L'Iliade et l'Odyssée. — 1712, in-12, t. II.

(Voyez 1711.)

1713.

Description des plantes de l'Amérique, par Charles Plumier, minime. — 1713, in-fol. 108 planches, dont les 50 premières sont aussi dans le Traité des fougères, 1705.

2ᵉ édit. du Louvre. (Voyez 1693.)

Recueil d'édits, déclarations, etc. sur les ventes, tontines et loteries, depuis 1601 jusqu'en 1669. — 1713, 4 vol. in-4°.

L'Iliade et l'Odyssée. — 1713, in-12, t. III.

(Voyez 1711.)

1714.

Acta conciliorum et epistolæ decretales ac constitutiones summorum pontificum (gr. lat.), ad Philippi Labbæi et Gabrielis Cossartii labores, haud modica accessione facta et emendationibus plurimis additis, præsertim ex codicibus manuscriptis, cum notis, locupletissimis indicibus, studio Joann. Harduini, e soc. Jesu. — 1714-1715, 12 vol. in-fol. grand papier (t. I, II, III, IV, V, VI (2 part.). VII, VIII, IX, X, 1714; t. XI et XII, 1715). *

> Les comptes de l'Imprimerie royale nous apprennent qu'il fut payé en 1716, au directeur de cet établissement, «8,578 livres pour reste et parfait payement des avances qu'il a faites pour l'édition des Conciles telle qu'elle devoit être présentée au feu roy.»
> Un arrêt fut rendu au Parlement contre cette édition des Conciles en 1725.
> «Cet ouvrage ayant subi des corrections, dit M. Brunet, il est bon d'avoir doubles les feuilles cartonnées, et il n'est point inutile non plus d'y joindre le volume intitulé *Addition ordonnée par arrêt du Parlement pour être jointe à la collection des conciles, etc.* (en latin et en français, in-fol. Paris, Imprimerie royale, 1722), qui fut supprimé par le Parlement lui-même, à la sollicitation des jésuites.»
> Anisson avait un exemplaire de cette collection de Conciles avec avertissement, additions et pièces manuscrites, arrêts du conseil et conspectus du P. Hardouin.

Histoire de l'Académie royale des sciences. — 1714-1791, 80 vol. in-4°.

> Il ne parut en 1714 que 2 volumes, comprenant les années 1711 et 1712, et ornés d'un frontispice en taille-douce représentant Minerve qui tient le portrait de Louis XIV dessiné par Hyacinthe Rigaud. Les autres volumes parurent les années suivantes.

CATALOGUE CHRONOLOGIQUE. 161

Il faut joindre à ces 80 volumes 2 volumes publiés pendant la Révolution, et dont ne parle pas M. Brunet. Ces volumes, imprimés chez Dupont, comprennent l'année 1789, publiée en l'an II, et l'année 1790, publiée en l'an V.

On doit y joindre aussi les ouvrages suivants, imprimés à l'Imprimerie royale :

1° Recueil de plusieurs traités de mathématiques, par MM. de l'Académie royale des sciences. — 1676, grand in-fol.

2° Recueil d'observations faites en plusieurs voyages pour perfectionner l'astronomie et la géographie, par les mêmes. — 1693, in-fol.

3° Divers ouvrages de mathématiques et de physique, par les mêmes. — 1693, in-fol.

4° Mémoires de mathématiques et de physique, tirés des registres de l'Académie des sciences, en 1692 et 1694, par Ph. de la Hire et le P. Gouye. — 1692-1694, 4 vol. in-4°.

5° Grandeur de la terre, suite de 1718. — 1720, in-4°.

6° Géométrie de l'infini, suite de 1727. — 1727, in-4°.

7° Traité de l'aurore boréale, suite de 1731. — 1733 et 1744, in-4°.

8° Éléments d'astronomie, 1740; Tables astronomiques, 1740; Méridienne de Paris, 1740 (suite de 1740), par Cassini, et addition aux *Tables astronomiques*, par Cassini de Thury, 1756, in-4°.

9° Figure de la terre, suite de 1744, par Bouguer et de la Condamine. — 1749, in-4°.

10° Justification de la mesure de la terre, par Bouguer. — 1752, in-4°.

11° Journal d'un voyage à l'équateur, suite de 1751, par de la Condamine. — 1752, et suppl. 1754.

12° Mesure des trois premiers degrés du méridien, par le même. — 1751.

13° Voyage dans l'Amérique septentrionale, par Chabert. — 1753.

14° Mémoires de Fontaine, suite de 1762. — 1764.

15° Journal du voyage de Courtanvaux. — 1768.

On peut y joindre encore les ouvrages suivants, non imprimés au Louvre :

1° Academiæ scientiarum historia, auctore Duhamel, secunda editio. — 1702, Parisiis, 1 vol. in-4°.

2° Histoire de l'Académie des sciences, 1666-1699. — 1733, Paris, 11 tomes en 14 volumes, in-4°.

3° Histoire de l'Académie des sciences, de 1699 à 1710. — Paris, 12 vol. in-4°.

4° Tables astronomiques de La Hire, suite de 1702, 1 vol. in-4°.

5° Art de faire des dessins avec des carreaux mi-partis de deux couleurs. — Paris, suite de 1706, in-4°.

6° Tables des matières, de 1666 à 1790, par Godin, Demours et Cotte. — 1734-1809, Paris, 10 vol. in-4°.

7° Nouvelle table, par l'abbé Rozier. — 1775-1776, Paris, 4 vol. in-4°.

8° Table générale et méthodique, par MM. Eug. de Rozière et Eug. Chatel. — Paris, 1856, in-4°.

9° Recueil des pièces qui ont remporté les prix de 1720 à 1772. — 9 vol. in-4°.

10° Recueil des machines approuvées par l'Académie. — 1735-1777, 7 vol. in-4°.

Instructions pour les ingénieurs et dessineurs qui lèvent les plans des places du roy ou des cartes. — 1714, in-4°, 1 feuille.

Prières du matin et du soir, pour tous les jours de la semaine, avec des vignettes en taille-douce gravées par N. Tardieu, sur les dessins d'A. Coypel, à l'usage de Philippe de France, roy d'Espagne. — 1714, in-8°.

> Anisson avait un exemplaire dont la 1re feuille était en vélin. Il le désignait sous le nom de *Bréviaire de Philippe V*.

L'Iliade et l'Odyssée. — 1714, in-12, t. IV.

(Voyez 1711.)

1715.

Acta conciliorum, etc. — 1715, in-fol. t. XI et XII.

(Voyez 1714.)

Gallia christiana in provincias ecclesiasticas distributa, qua series et historia archiepiscoporum, episcoporum et abbatum Franciæ vicinarumque ditionum, ab origine ecclesiarum ad nostra tempora deducitur, et probatur ex authenticis instrumentis ad calcem appositis, opera et studio D. Dionysii Sammarthani [pour les quatre premiers volumes; les tomes V à X sont de D. Étienne Brice, les autres de DD. Jacques Taschereau et Pierre Henri]. — 1715-1785, 13 vol. in-fol. (t. I, 1715; t. II, 1720; t. III, 1725; t. IV, 1728; t. V, 1731; t. VI, 1739; t. VII, 1744; t. VIII, 1744; t. IX, 1751; t. X, 1751; t. XI, 1759; t. XII, 1770; t. XIII, 1785). *

> Un article des comptes de l'Imprimerie royale pour 1716 semble démontrer qu'il y avait alors déjà huit volumes rédigés, pour l'impression desquels Rigaud reçut 10,000 livres en à-compte.
>
> Le tome XIV, comprenant la province de Tours, était commencé seulement lorsque survint la Révolution, qui suspendit l'impression. Les deux premiers cahiers, composés seulement de 4 feuilles, étaient tirés, et furent réunis au volume XIII dans quelques exemplaires. Ce volume XIV a été publié récemment par M. Hauréau (imprimerie de Firmin Didot). Il manque encore 2 volumes, comprenant les provinces de Besançon (*Vesontio*) et Vienne, ce qui fait que la 1re édition de ce livre, en 4 vol. in-fol. est encore utile.

État du gouvernement du royaume de France en 1715, sous le règne de Louis XV, compris dans une déclaration du roi du 15 septembre 1715, portant établissement de plusieurs conseils pour la direction des affaires du royaume. — 1715, in-4°.

L'Iliade et l'Odyssée. — 1715, in-12, t. V.
(Voyez 1712.)

1716.

Histoire de l'Académie des sciences (année 1713). — 1716, 1 vol. in-4°.
(Voyez 1714.)

Édit du roy portant établissement d'une chambre de justice, du mois de mars 1716. — 1716, in-4°.

Bourdaloue. *Les Dimanches*. — 1716, 3 vol. in-8°.
(Voyez 1707.)

L'Iliade et l'Odyssée. — 1716, in-12, t. VI.
(Voyez 1711.)

1717.

Histoire de l'Académie des sciences (année 1714). — 1717, 1 vol. in-4°.
(Voyez 1714.)

Histoire et mémoires de l'Académie royale des inscriptions et belles-lettres (de 1701 à 1793.) — 1717-1793, 46 vol. in-4° (t. I et II, 1717; t. III et IV, 1723; t. V et VI, 1729; t. VII et VIII, 1733; t. IX et X, 1736; t. XI (tables des 10 volumes), 1740; t. XII et XIII, 1740; t. XIV et XV, 1743; t. XVI et XVII, 1751; t. XVIII, XIX, XX, 1753; t. XXI, 1754; t. XXII (tables), 1756; t. XXIII et XXIV, 1756; t. XXV et XXVI, 1759; t. XXVII et XXVIII, 1761; t. XXIX et XXX, 1764; t. XXXI et XXXII, 1768; t. XXXIII (tables), 1770; t. XXXIV et XXXV, 1770; t. XXXVI et XXXVII, 1774; t. XXXVIII et XXXIX, 1777; t. XL et XLI, 1780; t. XLII et XLIII, 1786; t. XLIV (tables), 1793; t. XLV et XLVI, 1793).*

> Le tome I⁰ʳ est orné d'une planche en taille-douce représentant l'Histoire, qui tient une plume et un volume ouvert; auprès d'elle est le Temps, et au-dessus le portrait de Louis XIV tenu par des génies. La planche a été gravée par C. Simonneau, sauf le portrait du roi, qui est l'œuvre de N. Pitau.
>
> Il faut joindre à ces 46 volumes de l'ancienne Académie des inscriptions 4 autres volumes composés de documents laissés par elle, et qui forment les tomes XLVII, XLVIII, XLIX et L de la collection des anciens mémoires. Ces volumes, publiés par la nouvelle Académie, furent imprimés à l'Imprimerie impériale dans l'ordre suivant: t. XLVII, 1809; t. XLVIII, XLIX et L, 1808.
>
> On peut joindre encore à ces 50 volumes le «Tableau général, raisonné et métho-

dique, des ouvrages contenus dans le Recueil de l'Académie des inscriptions, par M. Dell' Averdi. — 1791, Paris, Didot, in-4°.» Mais ce volume est sans intérêt. Il serait mieux d'y joindre le volume de tables publié par MM. de Rozière et Chatel (Durand, 1856, in-4°), et qui embrasse non-seulement les 50 volumes dont nous venons de parler, mais encore plusieurs volumes de la nouvelle Académie des inscriptions.

Relation d'un voyage du Levant fait par ordre du roy (Louis XIV) en 1700, contenant l'histoire ancienne et moderne de plusieurs isles de l'Archipel, de Constantinople, des costes de la mer Noire, de l'Arménie, de la Géorgie, des frontières de Perse et de l'Asie mineure; avec des figures en taille-douce et des remarques, par Joseph Pitton Tournefort. — 1717, 2 vol. in-4°, avec figures. *

Stephani Baluzii historiæ Tutelensis libri III, cum appendice veterum auctorum. 1717, in-4°. *

Règlement du roy et instruction touchant l'administration des haras du royaume. — 1717, in-4°.

1718.

Histoire de l'Académie des sciences (années 1715 et 1716). — 1718, 2 vol. in-4°.

(Voyez 1714.)

Maximes pour la conduite du prince Michel, roy de Bulgarie; traduites du grec en vers françois par le P. D. Bernard. — 1718, in-4°.

1719.

Aristotelis opera (gr. lat.), cum notis, ex nova edit. Joann. Alb. Fabricii. — 1719, 2 vol. in-fol.

Histoire de l'Académie des sciences (années 1717 et 1718). — 1719, 2 vol. in-4°.

(Voyez 1714.)

Antonii de Jussieu appendices ad Josephi Pitton Tournefort institutiones rei herbariæ. — 1719, in-4°, avec figures.

Anisson dit 3 volumes : c'est une erreur : il réunit sans doute les deux ouvrages.

Manifeste sur les sujets de rupture entre la France et l'Espagne. — 1719, in-4°.

Sermons du P. Charles de la Rue, de la compagnie de Jésus, pour l'Avant et le Caresme. — 1719, 4 vol. in-8°.

1720.

Gallia christiana. — 1720, in-fol. t. II.

(Voyez 1715.)

Histoire de l'Académie des sciences (année 1718, suite). — 1720, 1 vol. in-4°.

(Voyez 1714.)
A partir de là, les volumes sont ornés d'un nouveau frontispice qui représente Minerve tenant le portrait de Louis XV, gravé par Ch. Dupuis.

Explication de la bulle *Unigenitus*. — 1720, in-4°.

Le catalogue Anisson porte : *Pièces* sur la constit. *Unigenitus*.

Traité de la grandeur et de la figure de la terre, ou suite des Mémoires de l'Académie royale des sciences, avec les mémoires de mathématiques et de physique. — 1720, in-4°.

Ce volume fait partie des Mémoires de l'Académie des sciences (suite de 1718).

1721.

Histoire de l'Académie des sciences (année 1719). — 1721, 1 vol. in-4°.

(Voyez 1714.)

Instruction générale sur la manière de secourir la Provence. — 1721, 1 vol. in-4°.

Bourdaloue. *Exhortations*. — 1721, 2 vol. in-8°.

(Voyez 1707.)

Le même. *Retraite*. — 1721, 1 vol. in-8°.

(Voyez 1707.)

1722.

Addition ordonnée par arrêt du Parlement, pour être jointe à la collection des conciles du P. Hardouin. — 1722, in-fol.

Cette *addition* fut supprimée par le Parlement lui-même, à la sollicitation des jésuites. Elle fut réimprimée à Utrecht, en 1730 et 1751, in-4°, sous le titre d'*Avis des censeurs nommés par la cour du Parlement de Paris*.

Histoire de l'Académie des sciences (année 1720). — 1722, 1 vol. in-4°.

(Voyez 1714.)

1723.

Médailles sur les principaux événements du règne de Louis le Grand, avec des explications historiques. — 1723, in-fol. grand papier.

> Cette édition, qui est la 2° in-fol. (ou la 3° en comptant l'in-4° de 1702), va jusqu'à la mort de Louis XIV, en 1715. Elle diffère de la 1re en ce que l'on en a supprimé quelques pièces et ajouté d'autres. On n'y trouve pas la préface, qui a pourtant été ajoutée à quelques exemplaires.
>
> Quelques bibliographes citent une édition de 1732, qui n'existe pas. Il y a eu confusion des deux derniers chiffres.

Ordonnances des rois de France de la troisième race, recueillies par ordre chronologique, avec des renvois des unes aux autres, des sommaires, des observations sur le texte, et cinq tables, contenant tout ce qu'on a trouvé d'ordonnances imprimées ou manuscrites, depuis Hugues Capet jusqu'à la fin du règne de Charles le Bel [continué jusqu'à la fin du règne de Louis XII], par Eusèbe de Laurière. — 1723-1790, 14 vol. in-fol. (t. I, 1723; t. II, 1729; t. III, 1732; t. IV, 1734; t. V, 1736; t. VI, 1741; t. VII, 1745; t. VIII, 1750; t. IX, 1751; Tables, 1757; t. X, 1763; t. XI, 1769; t. XII, 1777; t. XIII, 1782; t. XIV, 1790).*

> Les cahiers de A à M du 15° volume étaient tirés en 1793 (en épreuve jusqu'à P).
>
> Les tomes XV à XXI ont été publiés depuis la Révolution par l'Académie des inscriptions.
>
> La collection se compose de 23 volumes :
>
> 21 volumes de texte,
>
> 1 volume de table pour les 9 premiers volumes,
>
> 1 volume de table générale publié par M. Pardessus.
>
> Il faut joindre à cette collection le volume in-4° publié par Laurière en 1706.
>
> L'Académie avait commencé la publication d'un volume de supplément, mais elle y a renoncé et a fait supprimer ce qui était tiré (je possède tout ce qui a été composé de ce volume).
>
> Le 1er volume est de Laurière, qui a commencé le second; la fin du 2° et les sept autres sont de Secousse; de Villevant et de Bréquigny publièrent les volumes X, XI, XII, XIII; de Bréquigny publia seul le XIV° et prépara le XV°; M. de Pastoret a publié les tomes XV à XX; M. Pardessus a publié le XXI°, plus la table générale.

Mémoires de littérature tirés des registres de l'Académie royale des inscriptions et belles-lettres, depuis 1700 jusqu'en 1723 (édit. de Claude Gros de Boze). — 1723, in-fol. avec figures.

Histoire de l'Académie des sciences (année 1721). — 1723, 1 vol. in-4°.

(Voyez 1714.)

Histoire de l'Académie des belles-lettres, etc. de 1711 à 1723. — 1723, in-4°, t. III et IV.

(Voyez 1717.)

Provisions d'un titre de comte de Castille. — 1723, in-4°.

Ordinaire de la messe. — 1723, in-12.

1724.

Règlement et modèles pour la tenue des regîtres-journaux de tous les comptables des droits rétablis dépendants des fermes-unies, avec une table des matières. — 1724, 3 vol. in-fol.

Histoire de l'Académie des sciences (année 1722). — 1724, 1 vol. in-4°.

(Voyez 1714.)

Règlement du roi et instruction touchant l'administration des haras du royaume. — 1724, in-4°.

Les statuts de l'ordre du Saint-Esprit, étably par Henri III, en 1578. — 1724, in-4°, grand papier.

Observations générales sur les incommoditez ausquelles sont sujets les équipages des vaisseaux, et la manière de les traiter; par M. de Chirac, premier médecin de feu S. A. R. Mgr le duc d'Orléans. — 1724, in-8°, 2 feuilles un quart.

1725.

Gallia christiana. — 1725, in-fol. t. III.

(Voyez 1715.)

Arrest du conseil d'Estat du roy, du 21 avril 1725, sur la nouvelle collection des conciles faite par le P. Jean Hardouin, jésuite. — 1725, in-fol.

Histoire de l'Académie des sciences (année 1723). — 1725, 1 vol. in-4°.

(Voyez 1714.)

Statuts de l'ordre de Saint-Michel, avec les noms des officiers de cet ordre, depuis son établissement, par Louis XI, le 1ᵉʳ août 1469 ; avec les figures de Ch. Nic. Cochin. — 1725, in-4°.*

Ressources à procurer au peuple de Paris. — 1725, in-4°.

Éloge du czar Pierre Iᵉʳ, lu à l'assemblée publique de l'Académie des sciences du 14 novembre 1725. — 1725, in-12, 52 pages.

1726.

Sancti Cæcilii Cypriani, episcopi Carthaginensis et martyris, opera ; studio ac labore Stephani Baluzii ; absolvit post Baluzium ac præfationem et vitam S. Cypriani adornavit unus e monachis congregat. S. Mauri (D. Prudentius Maran). — 1726, in-fol. grand papier. *

> Anisson avait un exemplaire avec les cartons et leur concordance.

Lettre de M. d'Angervilliers pour le soulagement des taillables dans la confection des rôles (1ᵉʳ octobre 1726). — 1726 (?), in-fol. (?).

Histoire de l'Académie des sciences (année 1724). — 1726, 1 vol. in-4°.

> (Voyez 1714.)

Analyse des infinimens-petits, pour l'intelligence des lignes courbes, par (Guill.-Franç. Antoine) de l'Hospital Sainte-Mesme. — 1726, in-4°.

> 2ᵉ édit. du Louvre. (Voyez 1696.)

Extrait des Mémoires de l'Académie pour le jaugeage des navires, par M. de Marian. — 1726, in-4°.

1727.

Suite et arrangement des volumes d'estampes dont les planches sont à la Bibliothèque du roy (par de Chaulnes). — 1727, in-fol.

> (Voyez 1743.)

Histoire de l'Académie des sciences (année 1725). — 1727, 1 vol. in-4°.

> (Voyez 1714.)

Élémens de la géométrie de l'infini (par Bernard Le Bouvier de Fontenelle). — 1727, in-4°.

> Ce volume fait partie des Mémoires de l'Académie royale des sciences (année 1727).

Traité de la saignée, principalement du pied, par J. B. Sylva, médecin. — 1727, 2 vol. in-8°.

1728.

Gallia christiana. — 1728, in-fol. t. IV.

(Voyez 1715.)

Recueil d'édits, déclarations, ordonnances, arrêts et règlements concernant l'Hôtel royal des Invalides, rendus depuis 1660 jusqu'en 1727. — 1728, in-fol.

Traité de la coupe des pierres, où, par une méthode facile et abrégée, l'on peut aisément se perfectionner en cette science, par J. B. de la Rue. — 1728, in-fol. avec figures.

Recherches à faire sur l'histoire naturelle et les arts. — 1728, in-fol. (et in-4° sans date).

Histoire de l'Académie des sciences (année 1726). — 1728, 1 vol. in-4°.

(Voyez 1714.)

Édit de mars 1727 qui confirme l'ordre du Saint-Esprit dans ses priviléges. — 1728, in-4°.

Bail des fermes royales unies, fait à Pierre Carlier, le 19 aoust 1726. — 1728, in-4°.*

Règlement pour l'ordre de Saint-Michel. — 1728, in- (?).

Connoissance des temps pour l'année 1729, au méridien de Paris, publiée par l'ordre de l'Académie royale des sciences et calculée par (Jacques) Lieutaud, de la même académie. — 1728, in-8°.

> Ce volume de la Connaissance des temps est le premier qui ait eu les honneurs du Louvre. Commencé dès 1679, cet ouvrage a eu ses 50 premiers volumes imprimés par l'imprimeur du choix de chacun des académiciens calculateurs, et les 65 suivants l'ont été par l'Imprimerie du Louvre.
>
> Voici la liste chronologique de ces calculateurs, tous membres de l'Académie des sciences, astronomes, et les volumes qu'ils ont rédigés :

1° Picard, 1679 à 1683	5 vol.	Imprimeries du commerce.
2° Le Fèvre, 1684 à 1702	19	
3° Lieutaud, 1703 à 1728	26	
TOTAL	50	

Encore Lieutaud, 1729.................. 1 vol.
4° Godin, 1730 à 1734.................. 5
5° De Maraldi, 1735 à 1759............. 25
6° De Lalande, 1760 à 1775............. 16
7° Jeaurat, 1776 à 1787................ 12
8° Méchain, 1788 à 1793................ 6
                          Total....... 65

} Imprimerie royale.

Ce livre a été continué depuis la Révolution.

Règlement pour le régiment des gardes-françoises. — 1728, in-12.

Il y a des éditions de 1740, 1757 et 1786.

Code militaire, ou compilation des ordonnances des rois de France concernant les gens de guerre, par le sieur de Briquet. — 1728, 5 vol. in-12.

Épreuve du second alphabet (de l'Imprimerie royale), appelé *la Sédanoise*. — 1728, in-16 (?).

(Voyez l'article *Epreuve du premier alphabet droit et penché*, 1740.)

1729.

Ordonnances des rois de France. — 1729, in-fol. t. II.

(Voyez 1723.)

Recueil d'estampes d'après les plus beaux tableaux et d'après les plus beaux dessins qui sont en France dans les cabinets du roy, dans celui de monseigneur le duc d'Orléans et dans d'autres cabinets, divisé suivant les différentes écoles, avec un abrégé de la vie des peintres et une description historique de chaque tableau. — 1729, in-fol. grand papier. *

Ce recueil est vulgairement appelé *Crozat*, parce que l'amateur de ce nom avait formé le projet de faire graver, à ses dépens et par souscription, les tableaux et les dessins de sa propre collection en même temps que ceux spécifiés plus haut.

Nous empruntons à Heinecken les renseignements suivants sur ce livre précieux :

Le tome I*er*, contenant l'école romaine, parut en 1729. Il renferme 54 pages de texte et 140 estampes, quoique le dernier morceau ne porte que le numéro 137; mais il y a dans le corps de l'ouvrage trois planches qui sont cotées *bis*, avec étoiles, savoir : 3*, 3** et 90*. Les graveurs sont : Jérôme Frezza, Claude Duflos, le comte de Caylus, en qualité d'amis de Crozat, Nicolas Le Sueur, Nicolas de Larmessin, Jacob Frey, Jacques Chereau, etc. etc.

Après la publication du premier tome, Crozat, s'apercevant que la direction d'un tel ouvrage devenait trop laborieuse pour lui, mit à la tête de l'entreprise, qui était cependant toujours la sienne, puisqu'il fournissait les fonds, Robert, peintre du cardinal de Rohan. Robert se chargea de faire graver et délivrer 110 nouvelles estampes d'après les tableaux et les maîtres de l'école vénitienne, ce qui devait composer le second volume; mais cet artiste mourut, et Crozat, n'espérant pas pouvoir le remplacer, se dégoûta de son entreprise, d'autant plus qu'il ne voyait pas le public trop empressé à la favoriser. Il se contenta de faire délivrer aux souscripteurs quarante-deux planches, qui étaient gravées, sans les accompagner d'aucun discours, au moyen de quoi il se trouva quitte envers eux. On forma du tout un volume, auquel on donna le même titre en y ajoutant 2ᵉ *partie*. Enfin, Crozat mourut en 1740, et avec lui s'éteignit l'espérance de voir finir cet ouvrage. Les planches et ce qui restait d'exemplaires furent vendus à une compagnie de libraires. Ils engagèrent M. Mariette à donner une nouvelle forme à ce recueil, qu'il divisa alors en deux volumes à peu près égaux; il y ajouta les descriptions qui manquaient, et il en avertit le public dans un programme imprimé en 1742.

Un sieur Bazan, ayant fait en 1764 l'acquisition de ces planches, les a fait réimprimer, ainsi que les discours, et en a fait une nouvelle édition semblable à la précédente, avec cette différence que les planches imitant le lavis des dessins, qui précédemment étaient gravées sur bois, l'étaient sur cuivre. Ces nouvelles estampes valent les premières.

Le dernier éditeur, séparant les estampes gravées d'après les plus beaux tableaux italiens qui étaient dans le cabinet du duc d'Orléans, en fit un volume composé de 45 estampes, avec une explication pour chaque sujet, et intitulé : *Recueil d'après la galerie du Palais-Royal.* (Voir 1742, 1763-1764.)

Histoire de l'Académie des sciences (année 1727). — 1729, 1 vol. in-4°.

(Voyez 1714.)

Histoire de l'Académie des belles-lettres, de 1718 à 1725. — 1729, in-4°, t. V et VI.

(Voyez 1717.)

Phædri fabulæ et Publii Syri sententiæ, juxta edit. Fabri (editio præstans, minutissimis caracteribus excusa). — 1729, 1 vol. in-32, 24, 18, 16, suivant la grandeur du papier.

C'est sans doute par erreur de chiffre que le catalogue d'Adry mentionne une édition in-24 de 1739.

Ce livre est le premier qui fut imprimé avec le caractère dit *sédanoise*.

Il en existe quelques exemplaires sur vélin.

1730.

Histoire de l'Académie des sciences (année 1728). — 1730, 1 vol. in-4°.

(Voyez 1714.)

Recueil des règlements généraux et particuliers concernant les manufactures et fabriques du royaume. — 1730-1736, 6 vol. in-4° (t. I et II, 1730; t. III, IV, V, VI, 1736).*

> Cette collection est composée de différentes manières. Le catalogue Anisson la porte à 8 volumes, le catalogue de la bibliothèque de l'Imprimerie nationale à 7, le catalogue Lamoignon à 4 seulement.

Connoissance des temps pour 1731, par Godin. — 1730, in-8°.

> (Voyez 1728.)

1731.

Gallia christiana. — 1731, in-fol. t. V.

> (Voyez 1715.)

Observations sur une maladie des bêtes à cornes dans l'Auvergne, en 1731. — 1731, in-fol.

Histoire de l'Académie des sciences (année 1729). — 1731, 1 vol. in-4°.

> (Voyez 1714.)

Le Bombardier françois, ou nouvelle méthode de jeter les bombes avec précision, par Bernard Forest de Bélidor. — 1731, in-4°, avec figures, grand papier.*

Connoissance des temps pour 1732, par Godin. — 1731, in-8°.

> (Voyez 1728.)

Tables pour jeter les bombes avec précision; extrait du *Bombardier françois*, de M. Bélidor. — 1731, in-18.*

1732.

Ordonnances des rois de France de la 3ᵉ race. — 1732, in-fol. t. III.

> (Voyez 1723.)

Ordonnance du 7 octobre 1732 sur l'artillerie (avec planches). — 1732, in-fol.

Histoire de l'Académie des sciences (année 1730). — 1732, 1 vol. in-4°.

> (Voyez 1714.)

Connoissance des temps pour 1733, par Godin. — 1732, in-8°.

> (Voyez 1728.)

Discours sur les différentes figures des astres, d'où l'on tire des conjectures sur les étoiles qui paraissent changer de grandeur et sur l'anneau de Saturne; avec une exposition abrégée des systèmes de Descartes et de Newton, par P. L. Moreau de Maupertuis. — 1732, in-8°.

(Voyez 1741.)

1733.

Statuts et catalogue des chevaliers de l'ordre du Saint-Esprit. — 1733, in-fol.

Histoire de l'Académie des sciences (année 1731). — 1733, 1 vol. in-4°.

(Voyez 1714.)

Traité physique et historique de l'aurore boréale, par M. de Mairan. — 1733, 1 vol. in-4°.

(Voyez 1744, 2ᵉ édition.)
Ce volume fait partie des Mémoires de l'Académie des sciences (suite de 1731).

Histoire de l'Académie des belles-lettres (depuis 1726 jusqu'à 1730). — 1733, in-4°, tomes VII et VIII.

(Voyez 1717.)

Connoissance des temps pour 1734, par Godin. — 1733, in-8°.

(Voyez 1728.)

Quinti Horatii Flacci opera, editio altera (minutissimis caracteribus impressa). — 1733, in-16, 18, 24, 32, suivant la grandeur du papier.*

Ce volume se joint ordinairement aux Fables de Phèdre, de 1729.

1734.

Ordonnances des rois de France de la 3ᵉ race. — 1734, in-fol. t. IV.

(Voyez 1723.)

Mémoires pour servir à l'histoire naturelle des insectes, par R. Ant. Ferchault de Réaumur. — 1734-1742, in-4°, 6 vol. (t. I, 1734; t. II, 1735; t. III, 1736; t. IV, 1737; t. V, 1739; t. VI, 1742).

Cet ouvrage n'est pas achevé; l'auteur avait à traiter encore des grillons, des sauterelles et des coléoptères, ce qui aurait formé plusieurs autres volumes.
M. Brunet, à qui nous empruntons ces renseignements, dit encore qu'il y a deux

éditions sous la même date : « la première se reconnaît à la forme des caractères et à la beauté des épreuves des gravures, lesquelles sont toutes tirées sur un papier fort et assez grand pour dépasser de toute la grandeur de la planche les marges des volumes. »

Cette note est bien obscure. On ne voit pas si ces deux éditions sont toutes deux de l'Imprimerie royale; ce n'est pas probable. Il est aussi improbable qu'elles soient de la même date, et on va voir pourquoi : « La première se reconnaît à la forme des caractères, » dit M. Brunet; mais quelle est cette *forme*, qui permettrait de distinguer l'édition aux belles *épreuves* des gravures? Il ne le dit pas. La seconde édition dont parle M. Brunet est sans doute celle dont il est question aux pages 96-97, et publiée par Didot (*François* et non *Pierre*, comme je l'ai imprimé, trompé par son double prénom); mais on voit que cette édition a été exécutée avec des caractères imitant ceux de l'Imprimerie royale : il est donc difficile de les distinguer, si on ne donne pas le nom de l'éditeur et la date exacte de l'impression, car il est impossible d'admettre que celle de Didot soit conforme, en ce point, à celle de l'Imprimerie royale, puisque cet illustre typographe n'est né qu'en 1732. Je fais toutes ces observations parce qu'il m'a été impossible de découvrir, à Paris, un exemplaire de l'édition de Didot, que les libraires mêmes ne connaissent point, et je n'ai pu, par conséquent, comparer les deux éditions et voir quelle est la plus belle.

Connoissance des temps pour 1735, par Maraldi. — 1734, in-8°.

(Voyez 1728.)

Règlement touchant la marine de la Compagnie des Indes, arrêté dans l'assemblée du 16 septembre 1733. — 1734, in-12.

1735.

Histoire de l'Académie des sciences (années 1732-1733). — 1735, 2 vol. in-4°.

(Voyez 1714.)

Mémoires pour servir à l'histoire naturelle des insectes, par Réaumur. — 1735, in-4°, t. II.

(Voyez 1734.)

Dialogue de Plutarque sur la musique, traduit du grec en françois par Jean-Pierre Burette. — 1735, in-4°.

On lit dans la vie de Burette, placée en tête du catalogue de ses livres, que ce volume n'a été tiré qu'à 12 exemplaires. Il est extrait des Mémoires de l'Académie des inscriptions et belles-lettres.

Recueil des ordonnances, édits, etc. concernant la juridiction de la Chambre des comptes sur les trésoriers de France. — 1735, in-4°.

Recueil de prières et de pratiques très-utiles pour se conduire à Dieu dans tous les exercices de la vie chrétienne, avec l'ordinaire de la messe, l'office de la Sainte-Vierge, celui des Morts, les vêpres du dimanche, etc. — 1735, 2 vol. in-4°.

Connoissance des temps pour 1736, par Maraldi. — 1735, 1 vol. in-8°.

(Voyez 1728.)

1736.

Ordonnances des rois de France de la 3⁰ race. — 1736, in-fol. t. V.

(Voyez 1723.)

Histoire de l'Académie des sciences (année 1734). — 1736, 1 vol. in-4°.

(Voyez 1714.)

Histoire de l'Académie des belles-lettres, de 1731 à 1733. — 1736, in-4°, t. IX et X.

(Voyez 1717.)

Mémoires pour servir à l'histoire naturelle des insectes, par Réaumur. — 1736, in-4°, t. III.

(Voyez 1734.)

Recueil des règlements concernant les manufactures et les fabriques du royaume. — 1736, in-4°, t. III, IV, V, VI.

(Voyez 1730.)

Connoissance des temps pour 1737, par Maraldi. — 1736, in-8°.

(Voyez 1728.)

1737.

Mémoires pour servir à l'histoire naturelle des insectes, par Réaumur. — 1737, in-4°, t. IV.

(Voyez 1734.)

Connoissance des temps pour 1738, par Maraldi. — 1737, in-8°.

(Voyez 1728.)

1738.

Histoire de l'Académie des sciences (année 1735). — 1738, 1 vol. in-4°.

(Voyez 1714.)

Connoissance des temps pour 1739, par Maraldi. — 1738, in-8°.

(Voyez 1728.)

La figure de la terre déterminée par les observations de MM. de Maupertuis, Clairaut, Camus et Le Monnier, de l'Académie royale des sciences, et de M. l'abbé Outhier, correspondant de la même Académie, accompagnés de M. Celsius, professeur d'astronomie à Upsal; faites par ordre du roi au cercle polaire, par M. de Maupertuis. — 1738, in-8° avec planches.

(Voyez 1741.)

Réponse à la dissertation de M. Celsius, professeur royal d'astronomie à Upsal, sur les observations que l'on a faites en France pour déterminer la figure de la terre; par M. Cassini. — 1738, in-8°, 1 feuille.

1739.

Gallia christiana. — 1739, in-fol. t. VI.

(Voyez 1715.)

Catalogus codicum manuscriptorum Bibliothecæ regiæ. — Tomus primus (digestus ab Aniceto Millot), cura Stephani Fourmont et Guillelmi de Villefroy (avec un Mémoire historique sur cette bibliothèque, par MM. Sallier, Boudot et autres). — 1739-1744, 4 vol. in-fol. (t. I, 1739; t. II, 1740; t. III et IV, 1744).*

Catalogue des livres imprimez de la Bibliothèque du roy (par MM. Sallier, Boudot, etc.). — 1739-1753, 6 vol. in-fol. (t. Ier [théologie], 1739; t. II [théologie], 1740; t. III [théologie], 1742; t. IV et V [1 et 2 des belles-lettres], 1750; t. VI [1er de la jurisprudence], 1753.)

> Le droit civil devait former 2 volumes; mais il n'en a été imprimé que 527 pages de la 1re partie et 224 pages de la seconde; encore même les 24 dernières pages de cette 2e partie n'existent-elles qu'en épreuves.
>
> Réunis aux 4 volumes du Catalogue des manuscrits, cette collection forme 10 volumes. Le XIe n'a pas été publié. Il se trouve en épreuves à la Bibliothèque impériale.

M. Brunet en a un autre exemplaire provenant de la bibliothèque d'Anisson. (Voyez 1792.)

Histoire de l'Académie des sciences (année 1736). — 1739, 1 vol. in-4°.

(Voyez 1714.)

A partir de cette année, le frontispice a été changé, et le portrait de Louis XV représente ce prince plus âgé.

Traité de paix entre le roy, l'empereur et l'empire, conclu à Vienne le 18 novembre 1738. — 1739, in-4°.*

Bail des fermes royales unies fait à Jacques Forceville. — 1739, in-4°.

Mémoires pour servir à l'histoire naturelle des insectes, par M. de Réaumur. — 1739, in-4°, t. V.

(Voyez 1734.)

Connoissance des temps pour 1740, par Maraldi. — 1739, in-8°.

(Voyez 1728.)

1740.

Catalogus codicum manuscriptorum Bibliothecæ regiæ. — 1740, 1 vol. in-fol. t. II.

(Voyez 1739.)

Catalogue des livres imprimez de la Bibliothèque du roy. — 1740, in-fol. t. II.

(Voyez 1739.)

Oriens christianus, in quatuor patriarchatus digestus, Constantinopolitanum, Alexandrinum, Antiochenum et Hierosolimitanum, quo exhibentur ecclesiæ, patriarchæ cæterique præsules totius Orientis; opus postumum Michaelis Le Quien. — 1740, 3 vol. in-fol.*

On place ce livre dans la *Byzantine*. (Voyez 1648.)

Histoire de l'Académie des sciences (années 1737 et 1738). — 1740, 2 vol. in-4°.

(Voyez 1714.)

Table des matières contenues dans les dix premiers volumes de l'Académie des inscriptions et belles-lettres. — 1740, in-4°, t. XI.

(Voyez 1717.)

Histoire de l'Académie royale des belles-lettres, de 1734 à 1737. — 1740, in-4°, t. XII.

(Voyez 1717.)

Mémoires de l'Académie royale des belles-lettres, de 1734 à 1737. — 1740, in-4°, t. XIII.

(Voyez 1717.)

Statuts de l'ordre du Saint-Esprit. — 1740, in-4°, grand papier.*

Tables astronomiques du soleil, de la lune, des planètes, des étoiles fixes et des satellites de Jupiter et de Saturne, avec l'explication et l'usage de ces mêmes tables, par Jacques Cassini. — 1740, in-4°.*

Ce volume fait partie des Mémoires de l'Académie des sciences pour 1740.

Élémens d'astronomie, par Jacques Cassini. — 1740, in-4°, avec figures.

Ce volume fait partie des Mémoires de l'Académie des sciences pour 1740.

Connoissance des temps pour 1741, par Maraldi. — 1740, in-8°.

(Voyez 1728.)

L'office des chevaliers de l'ordre du Saint-Esprit. — 1740, in-18, titre gravé.*

Épreuve du premier alphabet droit et penché, ornée de quadres et de cartouches, gravés par ordre du roi, pour l'Imprimerie royale, par Louis Luce, et finis en 1740. — 1740, in-32.*

Cette plaquette se compose de 8 feuillets non paginés, dont 10 pages seulement sont imprimées. L'exemplaire que possède l'Imprimerie impériale est accompagné de plusieurs feuillets blancs pour donner du corps à la reliure. Le format semble être l'in-32 ; néanmoins il est difficile de se prononcer, parce que le premier et le dernier feuillet ont les vergeures du papier en travers, ce qui est contraire à la disposition de l'in-32. On lit sur le 3° feuillet :

« *Introduction à cette épreuve.* Lorsque l'épreuve du caractère du second alphabet, la *Sédanoise,* parut, en 1728, on jugea que c'étoit ce qu'il pouvoit y avoir de plus petit : néanmoins, suivant l'ordre rétrograde que l'on a tenu, ce second alphabet n'annonçoit pas moins qu'il seroit nécessaire qu'il y en eût un premier, afin de rendre complets par là les caractères de l'Imprimerie royale. On a donc entrepris de graver un premier alphabet; mais il a fallu beaucoup de temps pour un caractère aussi fin que son premier degré le demandoit, ce qui a été cause qu'il n'a pu être fini qu'en cette année 1740. Il est le plus petit et le plus délicat qui se soit vu jusqu'à présent, étant d'un tiers de corps et d'œil au-dessous de la *Sédanoise.* »

Puis viennent trois fables de La Fontaine, une ode d'Horace, des vignettes sur le corps du premier alphabet, la suscription « A Paris, de l'Imprimerie royale, MDCCXL, » et enfin une page de fleurs de lis qui termine l'ouvrage à la 15ᵉ page.

1741.

Ordonnances des rois de France de la 3ᵉ race. — 1741, in-fol. t. VI.
(Voyez 1723.)

Histoire de l'Académie des sciences (année 1739). — 1 vol. in-4°.
(Voyez 1714.)

Connoissance des temps pour 1742, par Maraldi. — 1741, in-8°.
(Voyez 1728.)

Discours sur la parallaxe de la lune, pour perfectionner la théorie de la lune et celle de la terre, par M. de Maupertuis. — 1741, in-8°.*

1742.

Catalogue des livres imprimez de la Bibliothèque du roy. — 1742, in-fol. t. III.
(Voyez 1739.)

Recueil d'estampes de Crozat. — 1742, in-fol. t. II.
(Voyez 1729.)

Mémoires de l'Académie des sciences (année 1740). — 1742, 1 vol. in-4°.
(Voyez 1714.)

Mémoires pour servir à l'histoire naturelle des insectes, par M. de Réaumur. — 1742, in-4°, t. VI.
(Voyez 1734.)

Connoissance des temps pour 1743, par Maraldi. — 1742, in-8°.
(Voyez 1728.)

Discours sur les différentes figures des astres, avec une exposition des systèmes de Descartes et de Newton, par Louis Moreau de Maupertuis. Nouvelle édition augmentée. — 1742, in-8°.
(Voyez 1732.)

Éloge de M. le cardinal de Polignac, lu à l'assemblée publique de l'Académie royale des sciences du 4 avril 1742. — 1742, in-12 (3 feuilles).

Éloge de M. Newton. — 1742, 2 feuilles in-12.

1743.

Catalogue des volumes d'estampes qui composent la collection communément appelée *le Cabinet du Roy,* dont les planches sont déposées à la Bibliothèque du roi; par de Chaulnes. — 1743, in-fol.*

2° édit. (Voyez 1727.)

Histoire de l'Académie des belles-lettres, de 1738 à 1740. — 1743, in-4°, t. XIV.

(Voyez 1717.)

Mémoires de l'Académie des belles-lettres, de 1738 à 1740.—1743, in-4°, t. XV.

(Voyez 1717.)

Connoissance des temps pour 1744, par Maraldi. — 1743, in-8°.

(Voyez 1728.)

Astronomie nautique, ou élémens d'astronomie, par Louis Moreau de Maupertuis. — 1743, in-8°.

(Voyez 1751, 2° édition.)

Art de faire éclore et d'élever en toute saison des oiseaux domestiques de toutes espèces, par M. de Réaumur. — 1743, in-12. *

Traités et conventions pour les malades, blessés et prisonniers de guerre. — 1743, in-(?)

1744.

Gallia christiana. — 1744, in-fol. t. VII et VIII.

(Voyez 1715.)

Catalogus codicum manuscriptorum Bibliothecæ regiæ. — 1744, in-fol. t. III (en deux volumes).

(Voyez 1739.)

Histoire de l'Académie des sciences (année 1741). — 1744, 1 vol. in-4°.

(Voyez 1714.)

A partir de ce volume, on trouve au frontispice une nouvelle gravure, par Tardieu fils.

Analyse géographique de l'Italie, etc. par d'Anville. — 1744. in-4°.*

Connoissance des temps pour 1745, par Maraldi. — 1744, in-8°.

(Voyez 1728.)

Règlement pour la librairie et l'imprimerie de Paris. — Arrêté au Conseil d'État du roy, Sa Majesté y étant, le 28 février 1723. — 1744, in-12 (5 feuilles).

1745.

Ordonnances des rois de France de la 3ᵉ race. — 1745, in-fol. t. VII.

(Voyez 1723.)

Catalogue des livres du cabinet de M. de Boze. M.DCCXLV (sans nom d'imprimerie). — 1745, in-4°.

Ce catalogue, rédigé par Boudot, a été publié par Gabriel Martin. C'est un magnifique volume petit in-4°, orné de deux planches en taille-douce, par Bouchardon.

L'ouvrage se compose de 4 feuillets préliminaires sans folios : un pour le titre et trois pour la table méthodique, non compris un feuillet occupé par une taille-douce avec cette épigraphe :

> Ede tuos tandem sociis Faustine libellos.
>
> (Mart. lib. I, epigr. 26.)

Plus 332 pages de texte et 31 pages de table alphabétique; en tout 92 feuilles.

Ce livre a été tiré en petit nombre; il y a quelques exemplaires sur papier de Hollande.

Il y a un fleuron en taille-douce sur la première page de texte.

Histoire de l'Académie des sciences (année 1742). — 1745, 1 vol. in-4°.

(Voyez 1714.)

Le poëme de Fontenoy, par François-Marie Arouet de Voltaire. — 1745, in-4°. *

L'exemplaire d'Anisson renfermait un billet de Voltaire à M. de Maurepas.

Moyens faciles de conserver les oiseaux morts. — 1745, in-4° (1/2 feuille).

Connoissance des temps pour 1746, par Maraldi. — 1745, in-8°.

(Voyez 1728.)

1746.

Histoire de l'Académie des sciences (année 1743). — 1746, 1 vol. in-4°.

(Voyez 1714.)

Connoissance des temps pour 1747, par Maraldi. — 1746, in-8°.

(Voyez 1728.)

1747.

Traité de la fabrique des manœuvres pour les vaisseaux, ou l'art de la corderie perfectionné, par Henri-Louis du Hamel du Monceau, de l'Académie des sciences. — 1747, in-4°, avec figures.*

Connoissance des temps pour 1748, par Maraldi. — 1747, in-8°.

(Voyez 1728.)

Ordonnance du roy portant règlement général concernant les hôpitaux militaires. — 1747, in-8°.*

Formules de pharmacie pour les hôpitaux militaires du roy, avec l'état des drogues simples qu'il faut approvisionner et des médicamens composez qui doivent se trouver continuellement ou que l'on emploie journellement dans les apothicaireries du roy. — 1747, in-12.

1748.

Histoire de l'Académie des sciences (année 1744). — 1748, 1 vol. in-4°.

(Voyez 1714.)

Traité de paix d'Aix-la-Chapelle, entre le Roi, l'Angleterre et la Hollande, 18 octobre 1748. — 1748, in-4°.

(Voyez 1750.)

Ordonnance du roy concernant les hôpitaux militaires. — 1748, in-4°.

Connoissance des temps pour 1749, par Maraldi. — 1748, in-8°.

(Voyez 1728.)

1749.

Histoire de l'Académie des sciences (année 1745). — 1749, 1 vol. in-4°.

(Voyez 1714.)

Figure de la terre déterminée par Bouguer et de la Condamine. — 1749, in-4°.

Ce volume fait partie des Mémoires de l'Académie des sciences pour 1744. (Voyez la Justification, année 1752.)

Histoire naturelle, générale et particulière, avec la description du cabinet du roy, par MM. de Buffon et Daubenton. — 1749-1789, in-4°, 36 vol. (t. I, II, III, 1749).

> Le catalogue Anisson décrit ainsi l'exemplaire de ce bibliophile, qui était distribué en 38 volumes :
>
> «Première édition et exemplaire unique : dessin original du portrait de M. de Buffon, d'autres avant et avec la lettre, etc. Toutes les figures avant la lettre et celles des quadrupèdes sont tirées de l'édition de Hollande et coloriées; celles des oiseaux ne sont pas coloriées, mais il y a des doubles tirés au bistre pour être coloriés. On a fait une table manuscrite des planches qui composent les 38 volumes.»

Connoissance des temps pour 1750, par Maraldi. — 1749, in-8°.

(Voyez 1728.)

Office de la Vierge pour tous les jours de la semaine. — 1749, in-12.

Art de faire éclore et d'élever en toute saison des oiseaux domestiques de toutes espèces, soit par le moyen de la chaleur du fumier, soit par celle du feu ordinaire, par René-Ant. Ferchault de Réaumur. — 1749, 2 vol. in-12.

(Voyez 1743 et 1751.)

Dissertation sur la glace, ou explication physique de la formation de la glace, par Dortous de Mairan. — 1749, in-12, avec figures.

1750.

Ordonnances des rois de France de la 3ᵉ race. — 1750, in-fol. t. VIII.

(Voyez 1723.)

Catalogue des livres imprimez de la Bibliothèque du roy. — 1750, in-fol. t. IV et V de la collection (I et II des belles-lettres).

(Voyez 1739.)

Buffon. *Histoire générale et quadrupèdes.* — 1750, in-4°; réimpression des t. I, II et III (sans l'errata).

(Voyez 1749.)

Traité de paix entre le Roy, le roy de la Grande-Bretagne et les états généraux des Provinces-Unies des Pays-Bas, conclu à Aix-la-Chapelle, le 18 octobre 1748, avec les accessions du roy catholique, de la reine de Hongrie et de Bohême, etc. — 1750, in-4°.*

(Voyez 1748.)

Œuvres (de théâtre) de Prosper Jolyet de Crébillon. — 1750, 2 vol. in-4°.*

Mémoires de mathématique et de physique présentés à l'Académie royale des sciences par divers savants (étrangers). — 1750-1786, 11 vol. in-4°, avec figures.

> Il n'y a que les 7 premiers volumes imprimés au Louvre.
> Voici la date d'impression de chacun de ces volumes :
>
> T. I....... 1750 ⎫
> II...... 1757 ⎪
> III...... 1760 ⎪ Volumes imprimés
> IV...... 1763 ⎬ au Louvre.
> V....... 1768 ⎪
> VI...... 1774 ⎪
> VII..... 1776 ⎭
>
> VIII.... 1780 ⎫ Volumes imprimés
> IX...... 1780 ⎬ chez Moutard,
> X....... 1785 ⎪ imprimeur du roi.
> XI...... 1786 ⎭

Ordonnance de Louis XIV, roy de France et de Navarre, sur le fait des gabelles. — 1750, in-4°.*

(Voyez 1680.)

Connoissance des temps pour 1751, par Maraldi. — 1750, in-8°.

(Voyez 1728.)

Psalterium distributum... cum officio beatissimæ Virginis. — 1750, in-12. (Anisson.)

Histoire naturelle, générale et particulière, avec la description du cabinet du roy, par MM. de Buffon et Daubenton. — 1750-1789, 72 vol. in-12 (t. I, II, III, IV, V, VI, 1750).

> 1re édit. in-12 de ces volumes, 3° édit. en comptant les deux éditions in-4°. (Voyez 1749 et 1750.)
> L'exemplaire d'Anisson avait les figures avant la lettre et des doubles au bistre pour être coloriés.

1751.

Gallia christiana. — 1751, in-fol. t. IX et X.

(Voyez 1715.)

Observations de la lune, du soleil et des étoiles fixes, pour servir à la physique céleste et aux usages de la navigation; où l'on donne le mouvement de la lune en ascension droite, déterminée indépendamment de la parallaxe, et les nouvelles recherches pour constater l'indication de l'orbite lunaire au plan de l'écliptique; par M. Pierre-Charles Lemonnier. — 1751-1793(?), 5 parties en 1 vol. in-fol. (liv. I, 1751; liv. II, 1754; liv. III, 1759 [avec un titre un peu différent]; liv. IV, 1773; liv. V, 1793?)

Histoire de l'Académie des sciences (année 1746). — 1751, 1 vol. in-4°.

(Voyez 1714.)

Histoire de l'Académie des belles-lettres, de 1741 à 1743. — 1751, in-4°, t. XVI.

(Voyez 1717.)

Mémoires de l'Académie des belles-lettres, de 1741 à 1743. — 1751, in-4°, t. XVII.

(Voyez 1717.)

Journal du voyage fait par ordre du roi à l'équateur, servant d'introduction historique à la mesure des trois premiers degrés du méridien, par Charles Marie de la Condamine. — 1751, in-4°, avec figures.*

Ce volume fait partie des Mémoires de l'Académie des sciences pour 1751.
Il y a des suppléments datés de 1752 et 1754, et des remarques de M. Bouguer sur le *Supplément*.

Mesure des trois premiers degrés du méridien dans l'hémisphère austral, tirée des observations de Messieurs de l'Académie des sciences, par Charles-Marie de la Condamine. — 1751, in-4°.*

Ce volume fait partie des Mémoires de l'Académie des sciences.

Connoissance des temps pour 1752, par Maraldi. — 1751, in-8°.

(Voyez 1728.)

Astronomie nautique, par Moreau de Maupertuis. — 1751, in-8°.

2ᵉ édit. du Louvre. (Voyez 1743.)

Buffon. *Histoire naturelle, etc.* — 1751, in-12, t. I, II, III, IV, V et VI.

2ᵉ édit. in-12 de ces volumes; 4ᵉ édit. en comptant les deux éditions in-4°. (Voyez 1749 et 1750.)

Pratique de l'art de faire éclore et d'élever en toute saison des oiseaux domestiques de toutes espèces, par le moyen du fumier ou du feu ordinaire, par René-Ant. Ferchault de Réaumur. — 1751, in-12.*

Art de faire éclore, etc. (voyez le n° précédent). — 1751, 2 vol. in-12, avec figures.

(Voyez 1743.)

1752.

La grande gallerie de Versailles et les deux salons qui l'accompagnent, peints par Charles Le Brun, premier peintre de Louis XIV, dessinés par J. B. Massé et gravés sous ses yeux par les meilleurs maîtres du temps (avec l'explication et le portrait de Massé, gravé par Wille, d'après Tocqué). — 1752, in-fol. max.*

Il y a dans cet ouvrage 52 planches, y compris celle de la Franche-Comté reconquise, que le roi donna à Massé pour augmenter son recueil.

Il y a des exemplaires qui ont de plus les portraits de Le Brun et de Massé.

Rainssaut, garde du cabinet des médailles du roi, avait déjà publié une *Explication des tableaux de la galerie de Versailles et de ses deux salons* (Versailles, 1687, in-4°), par ordre exprès du roi. Ce petit livre est orné de vignettes, lettres grises et culs-de-lampe.

Massé s'est servi de cette description pour son livre. Il fit imprimer séparément son texte, in-8°, en 1783, pour la commodité des amateurs.

Histoire de l'Académie des sciences (années 1747 et 1748). — 1752, 2 vol. in-4°.

(Voyez 1714.)

Catalogue raisonné des tableaux du roi, fait par ordre de Sa Majesté, avec un abrégé de la vie des peintres qui les ont exécutés, par Bernard Lépicié. — 1752-1754, 2 vol. in-4° (t. I, 1752; t. II, 1754).*

Justification des Mémoires de l'Académie des sciences de 1744 et du livre de la figure de la terre, par Bouguer. — 1752, in-4° de 54 pages.

Ce volume fait partie des Mémoires de l'Académie des sciences pour 1744.

Cours de mathématiques, par Camus. — 1752, 2 vol. in-8°.

Connoissance des temps pour 1753, par Maraldi. — 1752, in-8°.

(Voyez 1728.)

Buffon. *Histoire naturelle*, etc. — 1752, in-12, t. I, II, III, IV, V, VI.

3° édit. in-12 de ces volumes; 5° édit. en comptant les deux éditions in-4°. (Voyez 1749, 1750, 1751.)

1753.

Catalogue des livres imprimez de la Bibliothèque du roy. — 1753, in-fol. t. VI de la collection.

(Voyez 1739.)

Histoire de l'Académie des sciences (année 1749). — 1753, 1 vol. in-4°.

(Voyez 1714.)

Histoire de l'Académie des inscriptions, depuis 1744 jusqu'en 1747. — 1753, in-4°, t. XVIII.

(Voyez 1717.)

Mémoires de l'Académie des inscriptions, de 1744 à 1746. — 1753, in-4°, t. XIX et XX.

(Voyez 1717.)

Buffon. *Histoire naturelle*, etc. — 1753, in-4°, t. IV.

(Voyez 1749.)

Éclaircissemens géographiques sur la carte de l'Inde, par J. B. d'Anville. — 1753, in-4°.

Voyage fait par ordre du roi, en 1750 et 1751, dans l'Amérique septentrionale, pour rectifier les cartes des côtes de l'Acadie, de l'isle Royale et du banc de Terre-Neuve, et pour en fixer les principaux points par des observations astronomiques, par Joseph Bernard de Chabert. — 1753, in-4°, avec figures.*

Instruction sur le service que les régimens de cavalerie devront faire dans les camps qui s'assembleront dans la présente année. Du 29 juin 1753. — 1753, in-4°.

Instruction sur le service de l'infanterie. — 1753, in-4°.

Mémoires sur l'ancienne chevalerie considérée comme un établissement politique et militaire, par La Curne de Sainte-Palaye. — 1753, in-4°.

Extrait du tome XX des Mémoires de l'Académie des inscriptions.
M. Brunet ne mentionne pas cette édition, qui serait la première.

Instructions sur les droits des fermes. — 1753, in-4°.

Connoissance des temps pour 1754, par Maraldi. — 1753, in-8°.

(Voyez 1728.)

Buffon. *Histoire naturelle, etc.* — 1753, in-12, t. VII et VIII.

(Voyez 1750.)

Avis pour le transport par mer des arbres, des plantes vivaces, des semences et de diverses autres curiosités d'histoire naturelle (2° édition). — 1753, in-12. *

1754.

Observations de la lune, du soleil et des étoiles fixes. — 1754, in-fol. livre II.

(Voyez 1751.)

Histoire de l'Académie des sciences (année 1750). — 1754, 1 vol. in-4°.

(Voyez 1714.)

Histoire de l'Académie des inscriptions, de 1747 à 1748. — 1754, in-4°, t. XXI.

(Voyez 1717.)

Catalogue raisonné des tableaux du roi, etc. — 1754, in-4°, t. II.

(Voyez 1752.)

Traité physique et historique de l'aurore boréale, par Dortous de Mairan. 2° édition, augmentée de plusieurs éclaircissements. — 1754, in-4°, avec figures. *

Ce volume fait partie des Mémoires de l'Académie des sciences pour 1731. (Voyez 1733.)

Connoissance des temps pour 1755, par Maraldi. — 1754, in-8°.

(Voyez 1728.)

1755.

Ordonnances des rois de France de la 3° race. — 1755, in-fol. t. IX.

(Voyez 1723.)

Histoire de l'Académie des sciences (année 1751). — 1755, 1 vol. in-4°.

(Voyez 1714.)

Buffon. *Histoire naturelle, etc.* — 1755, in-4°, t. V.

(Voyez 1749.)

Mémoires des commissaires du Roi et de ceux de Sa Majesté Britannique, sur les possessions et les droits respectifs des deux couronnes en Amérique, Acadie, Sainte-Lucie, etc. par de Silhouette et de la Galissonnière, avec les actes publics et pièces justificatives. — 1755, 4 vol. in-4°, avec planches. *

Connoissance des temps pour 1756, par Maraldi. — 1755, in-8°.

(Voyez 1728.)

Nouveau zodiaque réduit à l'année 1755, par M. de Maupertuis. — 1755, in-8°. *

Ordonnance du roy sur l'exercice de la cavalerie. — 1755, 1 vol. in-12.

Ordonnance du roy sur l'exercice de l'infanterie. — 1755, 1 vol. in-12.

1756.

Histoire de l'Académie des sciences (année 1752). — 1756, 1 vol. in-4°.

(Voyez 1714.)

Table de l'Académie des inscriptions, du vol. XII au vol. XXI. — 1756, in-4°, t. XXII.

(Voyez 1717.)

Histoire de l'Académie des inscriptions, de 1749 à 1751. — 1756, in-4°, t. XXIII.

(Voyez 1717.)

Mémoires de l'Académie des inscriptions, de 1749 à 1751. — 1756, in-4°, t. XXIV.

(Voyez 1717.)

Buffon. *Histoire naturelle, etc.* — 1756, in-4°, t. VI.

(Voyez 1749.)

Addition aux tables astronomiques de Cassini, par Cassini de Thury. — 1756, in-4°.

Ce volume fait partie des Mémoires de l'Académie des sciences pour 1740. — (Voyez 1740.)

Histoire générale des guerres, divisée en trois époques : la première, depuis le déluge jusqu'à l'ère chrétienne; la seconde, depuis l'ère chrétienne jusqu'à la chute de l'empire d'Orient, et la troisième, depuis la chute de l'empire d'Orient jusqu'à l'année 1748; par Philippe-Auguste de Sainte-Foy, chevalier d'Arcq. — 1755, 3 vol in-4°.*

> Le *Catalogue de la bibliothèque de l'Imprimerie nationale* n'indique que deux volumes.

Mémoire contenant le précis des faits, avec leurs pièces justificatives, pour servir de réponse aux observations envoyées par les ministres d'Angleterre dans les cours de l'Europe. — 1756, in-4°.*

Connoissance des temps pour 1757, par Maraldi. — 1756, in-8°.

> (Voyez 1728.)

Prières qui se disent au salut de la chapelle du roi. — 1756, in-18.

1757.

Table générale et chronologique des neuf premiers volumes des ordonnances des rois de France de la 3ᵉ race (de 875 à 1411), par de Villevault. — 1757, in-fol. t. IX *bis* de la collection.

> (Voyez 1723.)

Histoire de l'Académie des sciences (année 1753). — 1757, 1 vol. in-4°.

> (Voyez 1714.)

Académie des sciences. — *Mémoires des savants étrangers.* — 1757, in-4°, t. II.

> (Voyez 1750.)

OEuvres dramatiques de Philippe Nericault Destouches. — 1757, 4 vol. in-4°.

Analyse de la carte intitulée *Les côtes de la Grèce et de l'Archipel,* par Jean-Baptiste Bourguignon d'Anville. — 1757, in-4°. *

Mémoires des commissaires de S. M. T. C. (MM. de Silhouette et de la Galissonnière) et de ceux de S. M. Britannique (MM. Shirley et Mildmay) sur les possessions et droits respectifs des deux couronnes en Amérique, avec les actes publics et pièces justificatives. — 1757, 4 vol. in-4°.

> Cet article semble faire double emploi avec celui inscrit à l'an 1755, sous un titre analogue.

Mémoire de M. Duhamel sur la garance. — 1757, in-4°.

Premières observations faites par ordre du roi pour connoître la distance terrestre entre Paris et Amiens, avec les mêmes mesures qui ont servi au Nord et au Pérou, où l'on déduit succinctement divers détails préliminaires pour constater la grandeur du degré de France et pour décider de la courbure des méridiens. — 1757, in-8° (2 feuilles). *

Opérations faites par ordre de l'Académie royale des sciences pour la vérification du degré du méridien compris entre Paris et Amiens, par MM. Bouguer, Camus, Cassini de Thury et Pingré. — 1757, in-8° (2 feuilles).

> Au titre d'entrée en matière on lit : «Opérations faites par ordre de l'Académie pour mesurer l'intervalle entre les centres des pyramides de Villejuive et de Juvisy, en conclure la distance de la tour de Montlhéri au clocher de Brie-Comte-Robert, et distinguer entre les différentes déterminations que nous avons du degré du méridien aux environs de Paris celle qui doit être préférée.» (Lu à l'Académie, le 23 mars 1757.)

Connoissance des temps pour 1758, par Maraldi. — 1757, in-8°.

> (Voyez 1728.)

Office de la sainte Vierge pour tous les jours de la semaine, en deux parties (latine et française). — 1757, 2 vol. in-12.

Ordonnance du roi portant règlement pour les colporteurs de la chambre syndicale, du 29 novembre 1757. — 1757, in-12 (8 pages).

1758.

Buffon. *Histoire naturelle,* etc. — 1758, in-4°, t. VII.

> (Voyez 1749.)

Connoissance des temps pour 1759, par Maraldi. — 1758, in-8°.

> (Voyez 1728.)

Premiers traités élémentaires de mathématiques, dictés en l'Université de Paris, par feu M. Pierre Lemonnier, pour servir d'introduction à la physique générale. — 1758, in-8°.

Parallèle de la conduite du roi (de France) avec celle du roi d'Angleterre, électeur de Hanovre, relativement aux affaires de l'Empire, et notamment à la rupture de la capitulation de Closter-Seven par les Hanovriens. — 1758, in-8° et in-12.

Manière de faire usage des bougies ou des sondes antivénériennes, médicamenteuses, et chirurgicales, propres à guérir toutes les espèces de rétentions d'urine, maladies de l'urètre et de la vessie, par M. André, maître chirurgien juré, et de la charité de la paroisse royale de Saint-Louis, à Versailles. — 1758, in-8° (3 feuilles).

Buffon. *Histoire naturelle*, etc. — 1758, in-12, t. IX, X, XI, XII, XIII.

(Voyez 1750.)

Les Confessions de saint Augustin, traduites en françois, par Philippe Goibaud, sieur du Bois. — 1758, 3 volumes in-12.

(Voyez 1759 pour les *Soliloques* et le livre *De l'esprit et de la lettre*.)
M. Anisson avait un exemplaire de ce livre en papier de Hollande, avec trois dessins originaux de la main de François Boucher, donnés par Mme de Pompadour pour servir de frontispice aux trois volumes.

Règles à observer pour les prisonniers anglois en France. — 1758, in-(?)

1759.

Gallia christiana. — 1759, in-fol. t. XI.

(Voyez 1715.)

Observations de la lune, des planètes et des étoiles fixes, livre III, où l'on trouve les ascensions droites, moyennes, tant des étoiles de la première grandeur, déterminées par des hauteurs égales prises à l'orient et à l'occident, que des étoiles zodiacales, vérifiées avec un nouveau quart de cercle mural; avec divers élémens de la théorie du soleil et un discours sur les éclipses du soleil, dans lequel on expose les moyens qu'il a fallu employer et la nécessité absolue de calculer, en se servant de l'angle parallactique, les nouvelles lunes écliptiques observées depuis la fondation de l'Académie des sciences, pour perfectionner la théorie de la lune; par M. Lemonnier. — 1759. in-fol.

(Voyez 1751.)

Ordres et signaux, par M. Bigot de Morogues. — 1759, in-fol.

Histoire de l'Académie des sciences (année 1754). — 1759, 1 vol. in-4°.

(Voyez 1714.)

Histoire de l'Académie des inscriptions, de 1752 à 1754. — 1759, in-4°, t. XXV.

(Voyez 1717.)

Mémoires de l'Académie des inscriptions, de 1752 à 1754. — 1759, in-4°, t. XXVI.

(Voyez 1717.)

Code de musique pratique, ou méthode pour apprendre la musique, par Jean-Philippe Rameau. — 1759, in-4°.

Connoissance des temps pour 1760, par Jérôme Le François de Lalande. 1759, in-8°.

(Voyez 1728.)

Le manuel et le livre de saint Augustin *De l'esprit et de la lettre*, traduits en françois par Philippe Goibaud, sieur du Bois. — 1759, 1 vol. in-12.

Les soliloques et les méditations de saint Augustin, traduits par Philippe Goibaud, sieur du Bois. — 1759, 1 vol. in-12.

(Pour les deux derniers articles, voyez 1758.)

1760.

Histoire du roi (Louis XV) par médailles. — 1760 (?), in-fol.

Cet ouvrage, inachevé, se compose de 20 pages de texte avec encadrements, vignettes et culs-de-lampe, accompagnées de neuf grandes planches en taille-douce, dont voici la liste :

1710. Naissance du roi (Louis XV).
1715. Mort de Louis XIV.
1715. Même sujet.
1715. La régence conférée au duc d'Orléans.
1715. Lit de justice tenu au sujet de la régence.
1716. L'application du régent aux affaires et les espérances que donne le roi.
1716. L'établissement d'une chambre de justice.
1716. Le succès des soins donnés par le régent à l'administration du royaume.
1717. La révocation de la chambre de justice.

Ces planches sont datées des années 1753 à 1759, toutes dessinées et gravées en partie par Cochin fils.

L'exemplaire de la Bibliothèque impériale a deux planches de plus. Celui d'Anisson en avait quatre, «qui n'ont jamais paru, dit-il, ce qui fait treize, des explications et épreuves, des vers et une notice.»

Ce livre semble avoir été inspiré par celui de Godonesche, intitulé *Médailles du règne de Louis XV*, ouvrage gravé, dont la dernière édition est de 1748. (Voyez sur ce dernier livre le nouveau *Catalogue* [imprimé] *de la Bibliothèque impériale*.)

Buffon. *Histoire naturelle*, etc. — 1760, in-4°, t. VIII.

(Voyez 1749.)

Académie des sciences. — *Mémoires des savants étrangers.* — 1760, in-4°, t. III.

(Voyez 1750.)

Épreuves des caractères de l'Imprimerie royale gravés par MM. Grandjean, Alexandre et Luce. — 1760, in-4°. *

Règlement sur les frais de justice. — 1760, in-4°.

Traité de Turin en 1760, sur les limites de la France et des états de la maison de Savoie. — 1760, in-4°.

Code de musique pratique, ou méthode pour apprendre la musique même à des aveugles, pour former la voix et l'oreille, avec de nouvelles réflexions sur le principe sonore, par Jean-Philippe Rameau. — 1760, in-4°.

(Voyez 1759.)

Rhodogune, tragédie de Corneille, imprimée chez Mme de Pompadour (par un détachement de l'Imprimerie royale, et en partie avec ses fontes). — 1760, in-4°. (Anisson, catal. ms.)

«Cette tragédie, qui est très-rare, parce qu'elle ne s'est pas vendue, a été imprimée en partie par Mme de Pompadour et sous ses yeux, dans son appartement; elle est ornée de son portrait et d'une figure dessinée par Boucher, gravée par elle (Mme de Pompadour) et retouchée par Cochin.» (Anisson, catal. impr.)

Recueil de règlemens concernant les frais de justice à la charge du domaine. — 1760, in-4°.

(Voyez 1782.)

Connoissance des temps pour 1761, par Lalande. — 1760, in-8°.

(Voyez 1728.)

De la dédicace ou consécration d'une église, traduit du pontifical romain. — 1760, in-8°, grand papier.*

Ce livre est porté par erreur à la date de 1790 sur le *Catalogue de la Bibliothèque de l'Imprimerie nationale.*

Il a été imprimé à l'occasion de la dédicace de l'église paroissiale de Choisy. «A la suite de cette cérémonie, aussi auguste que religieuse, dit Anisson, Louis XV admit à sa table tous les évêques consécrateurs, et fit servir chez le curé une table pour tous les prêtres qui avoient employé leur ministère dans cette cérémonie.»

Physique des comètes, par le P. Berthier. — 1760, in-12.

(Voyez 1764.)

1761.

Histoire de saint Louys, publiée par Jehan sire de Joinville, avec les Annales de son règne, par Guill. de Nangis, sa vie et ses miracles, par le confesseur de la reine Marguerite; le tout publié d'après les manuscrits de la Bibliothèque du roi et accompagné d'un glossaire (par Cl. Sallier, J. B. Melot et J. Capperonnier). — 1761, in-fol.*

Histoire de l'Académie des sciences (année 1755). — 1761, 1 vol. in-4°.

(Voyez 1714.)

Histoire de l'Académie des inscriptions, de 1755 à 1757. — 1761, in-4°, t. XXVII.

(Voyez 1717.)

Mémoires de l'Académie des inscriptions, de 1755 à 1757. — 1761, in-4°, t. XXVIII.

(Voyez 1717.)

Buffon. *Histoire naturelle*, etc. — 1761, in-4°, t. IX.

(Voyez 1749.)

Fable de l'Olympe. — 1761, in-4°.

Extrait des *Mémoires de l'Académie des belles-lettres*, t. XXXV.

Observation du passage de Vénus sur le disque du soleil (par M. P. Ch. Lemonnier). — 1761, in-4°.

Connoissance des temps pour 1762, par Lalande. — 1761, in-8°.

(Voyez 1728.)

Mémoire historique sur la négociation de la France et de l'Angleterre, depuis le 26 mars 1761 jusqu'au 20 septembre de la même année, avec les pièces justificatives contenant des propositions de paix offertes par la France. — 1761, in-8°.*

Éloge historique du duc de Bourgogne (depuis 1751 jusqu'en 1761), par Lefranc de Pompignan. — 1761, in-8°, avec figures.

Méthode à suivre dans le traitement des différentes maladies épidémiques qui règnent le plus ordinairement à Paris, par J. B. Nicolas Boyer. — 1761, in-12.

<small>Le catalogue d'Adry porte : «1671, in-fol. grand papier.» Il y a au moins là une erreur, car Boyer n'est né qu'en 1693. Le catalogue d'Anisson mentionne deux éditions, mais toutes deux in-12, 1761 et 1762. M. Quérard, dans sa *France littéraire*, dit la même chose. Nous avons suivi cette indication.</small>

(Voyez 1762.)

1762.

Histoire de l'Académie des sciences (années 1756 et 1757). — 1762, 2 vol. in-4°.

(Voyez 1714.)

Procès-verbaux des séances des sceaux tenues par le roi Louis XV pendant les années 1757 à 1761. — 1762, in-4°.

Connoissance des temps pour 1763, par Lalande. — 1762, in 8°.

(Voyez 1728.)

Système sur le déluge, démontré par une machine physique, par l'abbé Le Brun, ex-oratorien, précepteur des pages de la reine. — 1762, in-8°.

Exposition du calcul astronomique, par M. de Lalande. — 1762, in-12.

Méthode à suivre dans le traitement des différentes maladies épidémiques qui règnent le plus ordinairement à Paris, par J. B. Nicolas Boyer. — 1762, in-12 (2 feuilles).*

Histoire d'un insecte qui dévore les grains en Angoumois (par MM. Duhamel et Tillet). — 1762, in-12, avec figures.

1763.

Ordonnances des rois de France de la 3ᵉ race. — 1763, in-fol. t. X.

(Voyez 1723.)

Histoire de l'Académie des sciences (années 1758 et 1761; pour les années 1759 et 1760, voyez 1765 et 1766). — 1763, 2 vol. in-4°.

(Voyez 1714.)

Académie des sciences. — *Mémoires des savants étrangers.* — 1763, in-4°, t. IV.

(Voyez 1750.)

Buffon. *Histoire naturelle, etc.* — 1763, in-4°, t. X.

(Voyez 1749.)

Traité de paix entre le roi (de France), le roi d'Espagne et le roi de la Grande-Bretagne, avec l'accession du roi de Portugal, en 1763 (le 10 février). — 1763, in-4°.

Mémoire de M. Antoine de Parcieux, lu à l'Académie des sciences en 1762, sur un moyen de faire venir de belles eaux à Paris. — 1763, in-4°.

Mémoire sur l'Yvette (par M. de Parcieux). — 1763, in-4°.

(N'est-ce pas le même que le précédent?)

Observations sur la maladie des bêtes à cornes, et remèdes. — 1763, in-4°.

Observations sur la maladie des bestiaux. — 1763 (?), in-4°.

(N'est-ce pas le même que le précédent?)

Articles préliminaires de la paix de 1763. — 1763, in-8°.

Connoissance des temps pour 1764, par Lalande. — 1763, in-8°.

(Voyez 1728.)

1764.

Essai sur la qualité des monnoies étrangères et sur leurs différents rapports avec les monnoies de France, par Macé de Richebourg. — 1764, in-fol.*

Histoire de l'Académie des sciences (année 1762). — 1764, 1 vol. in-4°.

(Voyez 1714.)

Histoire de l'Académie des inscriptions, de 1758 à 1760. — 1764, in-4°, t. XXIX.

(Voyez 1717.)

Mémoires de l'Académie des inscriptions, de 1758 à 1760. — 1764, in-4°, t. XXX.

(Voyez 1717.)

Buffon. *Histoire naturelle, etc.* — 1764, in-4°, t. XI et XII.

> (Voyez 1749.)
> Le tome XI porte, au frontispice, 1754, mais c'est une erreur typographique.

Mémoires donnés à l'Académie des sciences, non imprimés dans leur temps, par M. Fontaine, de cette académie. — 1764, in-4°.

> Ce volume fait suite aux Mémoires de l'Académie pour 1762.

Connoissance des temps pour 1765, par Lalande. — 1764, in-8°.

> (Voyez 1728.)

Buffon. *Histoire naturelle, etc.* — 1764, in-12, t. XIV, XV, XVI, XVII, XVIII et XIX.

> (Voyez 1750.)

Principes physiques, par le P. Berthier. — 1764, 3 vol. in-12.

> (Voyez 1760.)

Office à l'usage des chevaliers de Notre-Dame du Mont-Carmel et de Saint-Lazare de Jérusalem. — 1764, 1 vol. in-18.*

1765.

Notice des diplômes, des chartes et des actes relatifs à l'histoire de France, depuis l'an 23 jusqu'en 841, par l'abbé de Foy. — 1765, in-fol. t. Ier et unique.*

> Cet ouvrage inachevé, commencé par Secousse, se joint aux *Tables chronologiques des diplômes, etc.* par de Bréquigny. (Voyez 1769.)

Histoire de l'Académie des sciences (année 1759). — 1765, 1 vol. in-4°.

> (Voyez 1714.)

Buffon. *Histoire naturelle, etc.* — 1765, in-4°. t. XIII.

> (Voyez 1749.)

Ordonnance du roi concernant la marine, du 25 mars 1765. — 1765, in-4°.*

> Il y a une édition in-12.

Histoire de la découverte faite en France de matières semblables à celles dont la porcelaine de la Chine est composée, par Guettard. — 1765, in-4°.

Mémoire sur la navigation de France aux Indes, par Daprès de Mannevilette. 1765, in-4°.*

Traité du calcul intégral, par Condorcet (inachevé; les feuilles de A à T seulement). — 1765 (?), in-4°. (Cat. Anisson.)

Connoissance des temps pour 1766, par Lalande. — 1765, in-8°.
(Voyez 1728.)

Buffon. *Histoire naturelle, etc.* — 1765, in-12, t. XX et XXI.
(Voyez 1750.)

Éloge de M. le marquis de Montmirail, lu à l'assemblée publique de l'Académie royale des sciences, du 17 avril 1765. — 1765 (?), in-12 (1 feuille).

Office de l'ordre du Saint-Esprit. — 1765, in-(?).

1766.

Ordonnance du roi pour régler l'exercice de l'infanterie (du 1er janvier 1766), suivie de l'école de bataillon. — 1766, 2 vol. in-fol.*

Histoire de l'Académie des sciences (années 1760-1763). — 1766, 2 vol. in-4°.
(Voyez 1714.)

Buffon. *Histoire naturelle, etc.* — 1766, in-4°, t. XIV.
(Voyez 1749.)

Mémoires sur l'Égypte ancienne et moderne, suivis d'une description du golphe Arabique ou de la mer Rouge, par J. B. Bourguignon d'Anville. — 1766, in-4°, avec 5 cartes.*

Connoissance des temps pour 1767, par Lalande. — 1766, in-8°.
(Voyez 1728.)

Buffon. *Histoire naturelle, etc.* — 1766, in-12, t. XXII, XXIII, XXIV, XXV, XXVI et XXVII.
(Voyez 1750.)

1767.

Histoire de l'Académie des sciences (année 1764). — 1767, 1 vol. in-4°.
(Voyez 1714.)

Buffon. *Histoire naturelle, etc.* — 1767, in-4°, t. XV.

    (Voyez 1749.)

Recueil d'observations de médecine des hôpitaux militaires, par Hautesierck. — 1767, 2 vol. in-4°.*

Connoissance des temps pour 1768, par Lalande. — 1767, in-8°.

    (Voyez 1728.)

Mémoire sur l'observation des longitudes en mer (par M. Charles-François-Philippe de Charnières). — 1767, in-8°.*

Buffon. *Histoire naturelle, etc.* — 1767, in-12, t. XXVIII et XXIX.

    (Voyez 1750.)

1768.

Histoire de l'Académie des sciences (année 1765). — 1768, 1 vol. in-4°.

    (Voyez 1714.)

Histoire de l'Académie des inscriptions, de 1761 à 1763. — 1768, in-4°, t. XXXI.

    (Voyez 1717.)

Mémoires de l'Académie des inscriptions, de 1761 à 1763. — 1768, in-4°, t. XXXII.

    (Voyez 1717.)

Académie des sciences. — *Mémoires des savants étrangers.* — 1768, in-4°, t. V.

    (Voyez 1750.)

Règlement des états de Bretagne. — 1768, in-4°.

Mémoire sur la navigation de la France aux Indes, par Daprès de Mannevilette. (2° édition.) — 1768, in-4°.*

Essays d'analyse, par Condorcet. — 1768, in-4°.

Journal du voyage de M. de Courtanvaux sur la frégate *l'Aurore*, pour essayer, par ordre de l'Académie, plusieurs instruments relatifs à la longitude; mis en ordre et publié par MM. Pingré et Messier. — 1768, in-4°, avec 6 planches.*

    Ce volume fait partie des Mémoires de l'Académie des sciences.

Lettres patentes du roi, en forme d'édit, portant règlement pour le collége de chirurgie de Paris, données à Versailles au mois de mai 1768. — 1768, in-4°.

Mémoire sur l'extinction des communautés religieuses. — 1768, in-4° (?).

Mémoires concernant les impositions et droits en Europe. — 1768, 4 vol. in-4°.

Connoissance des temps pour 1769, par Lalande. — 1768, in-8°.

(Voyez 1728.)

Expériences sur les longitudes, faites à la mer en 1767 et 1768, publiées par ordre du roi, par de M. de Charnières. — 1768, 1 vol. in-8°.*

Anisson dit 3 volumes. (Voyez 1767.)

Buffon. *Histoire naturelle, etc.* — 1768, in-12, t. XXX et XXXI.

(Voyez 1750.)

Tibère, ou les six premiers livres des Annales de Tacite, traduits en françois, avec des remarques, une table géographique, une table des matières, un supplément au VI° livre, une dissertation dans laquelle on examine quelle étoit la parente de l'empereur Tibère dont ce prince faisoit espérer le mariage à Séjan, le texte latin des six livres des Annales; par l'abbé Jean-Philippe-René de la Bletterie. — 1768, 3 vol. in-12, avec figures.*

Anisson avait un exemplaire précieux, dans lequel, outre les figures gravées, on avait mis les dessins de Gravelot.

Nouvel office pour les chevaliers de l'ordre du Saint-Esprit. — 1768, in-12.

Titre gravé.

Ordonnance du roi pour régler le service dans les places et dans les quartiers (du 1" mars 1768). — 1768, in-16.

1769.

Ordonnances des rois de France de la 3° race. — 1769, in-fol. t. XI.

(Voyez 1727.)

Recherches sur les communes, par M. de Bréquigny. — 1769, in-fol.

Extrait du tome XI des *Ordonnances des rois de France.*

Table chronologique des diplômes, chartes, titres et actes imprimés concernant l'histoire de France, par M. de Bréquigny. — 1769-1793, 4 vol. in-fol. (t. I, 1769; t. II, 1775; t. III, 1783; t. IV, 1793).*

<small>Le dernier volume ne fut tiré que jusqu'à la feuille Bbbij. Il allait en épreuve jusqu'à D. Il en fut conservé quelques exemplaires, notamment à la Bibliothèque nationale, mais les autres furent détruits; ce 4° volume est entré en entier dans le 4° volume publié par M. Pardessus, qui a continué la publication.</small>

Histoire de l'Académie des sciences (année 1766). — 1769, 1 vol. in-4°.

<small>(Voyez 1714.)</small>

Recueil d'édits, déclarations, etc. sur les ventes, tontines et loteries, depuis 1601 jusqu'en 1769. — (1670 à) 1769, 4 vol. in-4°.*

Description des cérémonies faites à Lyon en 1768. — 1769, in-4°.

Mémoire sur la situation actuelle de la compagnie des Indes (par l'abbé Morellet). — 1769, in-4°.

Réponse au mémoire de l'abbé Morellet, sur la compagnie des Indes, par Necker. — 1769, in-4°.

<small>(Voyez Examen de la réponse de M. Necker. — 1769, in-4°.)</small>

Mémoire sur l'éboulement des montagnes (par M. Perronet). — 1769, in-4°.

Mémoire sur les essais des matières d'argent, par M. Tillet. — 1769, in-4°.

Connoissance des temps pour 1770, par Lalande. — 1769, in-8°.

<small>(Voyez 1728.)</small>

Traité des mesures itinéraires anciennes et modernes, par Jean-Baptiste Le Bourguignon d'Anville. — 1769, in-8°.*

Traité sur le sucre, par M. Brun, du Cap-François. — 1769, in-8°.

Méthode pour l'administration des dragées du sieur Keyser dans le traitement des maladies vénériennes, imprimée par ordre du roi pour servir dans les hôpitaux et maisons où lesdites maladies sont traitées aux frais de Sa Majesté. — 1769, in-8° (3 feuilles 1/2).

Buffon. *Histoire naturelle*, etc. (NOUVELLE ÉDITION.) — 1769-1770, 13 vol.

in-12 (t. I, II, III, IV, V, VI, VII, VIII, IX et X, 1769; t. XI, XII et XIII, 1770).

Les 31 volumes de la 5ᵉ édition réduits à 13.

1770.

Gallia christiana. — 1770, in-fol. t. XII.

(Voyez 1715.)

Histoire de l'Académie des sciences (années 1767 et 1768). — 1770, 2 vol. in-4°.

(Voyez 1714.)

Table de l'Académie des inscriptions, du vol. XXIII au vol. XXXII. — 1770, in-4°, t. XXXIII.

(Voyez 1717.)

Histoire de l'Académie des inscriptions, de 1764 à 1766. — 1770, in-4°, t. XXXIV.

(Voyez 1717.)

Mémoires de l'Académie des inscriptions, de 1764 à 1766. — 1770, in-4°, t. XXXV.

(Voyez 1717.)

Buffon. *Histoire naturelle des oiseaux*. — 1770-1783, 9 vol. in-4° (t. I [16ᵉ de la collection], 1770).

L'exemplaire d'Anisson, sur grand papier, toutes les feuilles satinées et choisies, les figures tirées sur grand papier in-folio et coloriées avec le plus grand soin, formait 10 volumes.

Dénombrement de la population du duché de Bourgogne. — 1770, in-4°.

Essais antihydrophobiques (par Baudot). — 1770, in-4°.

Différens procédés pour employer le charbon de terre, par M. Jars. — 1770, in-4°.

Mémoire (de l'école vétérinaire) sur les maladies des bêtes à cornes. — 1770, in-4°.

Connoissance des temps pour 1771, par Lalande. — 1770, in-8°.

(Voyez 1728.)

Lettres au R. P. Parrenin, missionnaire à Pékin, contenant diverses questions sur la Chine, par Dortous de Mairan. — 1770, in-8°.*

Cours de mathématiques à l'usage du corps d'artillerie, par Bezout. — 1770, 4 vol. in-8°.*

Élémens de l'art vétérinaire, par Claude Bourgelat. — 1770, in-8°, avec figures.

Buffon. *Histoire naturelle.* (Nouvelle édition.) — 1770, in-12, t. XI, XII et XIII.

(Voyez 1769.)

Buffon. *Histoire naturelle des oiseaux.* — 1770-1785, 18 vol. in-12 (t. I et II [14 et 15 de la collection], 1770; t. III et IV [16 et 17], 1772; t. V et VI [18 et 19], 1775; t. VII, VIII IX et X [20, 21, 22 et 23], 1779; t. XI, XII, XIII et XIV [24, 25, 26 et 27], 1780; t. XV et XVI [28 et 29], 1781; t. XVII et XVIII [30 et 31], 1785.)

1771.

Buffon. *Histoire naturelle des oiseaux.* — 1771-1786, 10 vol. in-fol. (t. I, 1771; t. II, 1772; t. III, 1774; t. IV, 1775; t. V, 1778; t. VI, VII et VIII, 1783; t. IX, 1784; t. X, 1786).

L'exemplaire d'Anisson avait toutes les feuilles satinées et choisies, les figures tirées sur papier de Hollande et coloriées avec le plus grand soin. «On peut regarder cet exemplaire comme le plus beau qui existe.» (Anisson.)

Buffon. *Histoire naturelle des oiseaux.* — 1771, in-4°, t. II (17 de la collection).

(Voyez 1770.)

Recueil des états de péages des généralités du royaume qui ont été confirmés, de ceux qui sont supprimés ou réunis au domaine du roi, et de ceux qui restent à vérifier sur titres représentés. — 1771, in-4°.*

États formés en Europe après la chute de l'empire romain en Occident, par Jean-Baptiste Bourguignon d'Anville. — 1771, in-4°.*

Mémoires sur les pépinières. — 1771, in-4°.

Instruction sur la culture de la garance. — 1771, in-4°.

Recueil des actes sur la régie du droit des cartes. — 1771, 1 vol. in-4°.

Connoissance des temps pour 1772, par Lalande. — 1771, in-8°.
(Voyez 1728.)

Astronomie nautique lunaire, où l'on traite de la latitude et de la longitude en mer (par P. Ch. Lemonnier). — 1771, in-8°.*

Essai théorique et pratique sur la ferrure, par Claude Bourgelat. — 1771, in-8°.

Éloge de M. de Mascaron, mort le 12 octobre 1746. — 1771, in-12 (2 feuilles).

Extrait de l'*Encyclopédie militaire*.

1772.

Buffon. *Histoire naturelle des oiseaux.* — 1772, in-fol. t. II.
(Voyez 1771.)

Histoire de l'Académie des sciences (année 1769). — 1772, 1 vol. in-4°.
(Voyez 1714.)

Histoire des ordres royaux, hospitaliers-militaires de Notre-Dame du Mont-Carmel et de Saint-Lazare de Jérusalem, par Gautier de Sibert. — 1772, 1 vol. in-4°.*

Le catalogue d'Adry cite une édition in-12 en 2 vol. 1772.

Histoire de la maison de Bourbon (ornée d'un frontispice gravé, de 18 portraits, vignettes et culs-de-lampe, et d'une carte généalogique gravée), par Joseph Rigault-Desormeaux, historiographe de la maison de Bourbon. — 1772-1788, 5 vol. in-4° (inachevé) (t. I, 1772; t. II, 1775; t. III, 1781; t. IV, 1786; t. V, 1788).*

Lettre de M. Maupin sur l'art de faire le vin. — 1772, in-4°.

Instruction sur la culture de la garance, par Althen. — 1772, in-4°.

Observations sur les effets de la fumée du varech. — 1772, in-4°.

Connoissance des temps pour 1773, par Lalande. — 1772, in-8°.
(Voyez 1728.)

Traité de Plutarque sur la manière de discerner un flatteur d'avec un ami;

Banquet des sept sages; traduits du grec, avec le texte en regard (par de la Porte du Theil). — 1772, in-8°.*

Élémens de minéralogie docimastique, par M. Sage, de l'Académie royale des sciences. — 1772, 2 vol. in-8°.*

Théorie et pratique des longitudes en mer. — 1772, in-8°.*

Buffon. *Histoire naturelle des oiseaux.* — 1772, in-12, t. III et IV.
(Voyez 1770.)

L'Empire de Russie, par d'Anville. — 1772, in-12.*

L'Empire turc, par d'Anville. — 1772, in-12.*

1773.

Observations de la lune, des planètes et des étoiles fixes, livre IV. — 1773, in-fol.
(Voyez 1751.)

Commerce de la Grande-Bretagne et tableaux de ses importations et exportations, de 1697 à 1773, par Charles Whitworth. — 1773, in-fol.

Histoire de l'Académie des sciences (année 1770). — 1773, 1 vol. in-4°.
(Voyez 1714.)

Voyage fait par ordre du roi, en 1768 et 1769, à différentes parties du monde, pour éprouver en mer les horloges marines inventées par Ferdinand Berthoud, par d'Éveux de Fleurieu. — 1773, 2 vol. in-4°, avec figures.*

Connoissance des temps pour 1774, par Lalande. — 1773, in-8°.
(Voyez 1728.)

Mémoire de chimie, par M. Sage. — 1773, in-8°.

Règlement de M. Larcher pour le spirituel de l'école militaire; 7 juillet 1773. — 1773, in-(?).

1774.

Buffon. *Histoire naturelle des oiseaux.* — 1774, in-fol. t. III.
(Voyez 1771.)

Baux pour l'entretien des routes de France. — 1774-1783, 14 vol. in-fol.

(Catalogue Claudin, vente de mai 1865.)

Histoire de l'Académie des sciences (année 1771). — 1774, 1 vol. in-4°.

(Voyez 1714.)

Histoire de l'Académie des inscriptions, de 1767 à 1769. — 1774, in-4°, t. XXXVI.

(Voyez 1717.)

Mémoires de l'Académie des inscriptions, de 1769 à 1769. — 1774, in-4°, t. XXXVII.

(Voyez 1717.)

Académie des sciences. — *Mémoires des savants étrangers.* — 1774, in-4°, t. VI.

(Voyez 1750.)

Observations météorologiques du P. Amyot. — 1774, in-4°.

Mémoires de l'inspecteur des domaines (pour M. le comte de Vertus, etc.). — 1774, 3 vol. in-4°.

Traité des rivières et des torrens, par le P. Frisi, augmenté du Traité des canaux navigables; traduit de l'italien par de Serrey. — 1774, in-4°, avec figures.*

Traité de la météorologie, par le P. Cotte. — 1774, in-4°, avec figures.

OEuvres complètes de M. le comte de Buffon. — 1774-1789, 14 vol. in-4°.

>   *Histoire générale.* — 1774-1779, 6 vol. (t. I et II, 1774; t. III, 1775; t. IV, 1776; t. V, 1778; t. VI, 1779).

>   *Quadrupèdes.* — 1777-1789, 8 vol. (t. I, 1777; t. II, 1781; t. III, 1784; t. IV, 1785; t. V, 1786; t. VI, 1787; t. VII, 1788; t. VIII, 1789).

>   Ces deux parties se réunissent aux Oiseaux et aux Minéraux de la grande édition de 1749.

Buffon. *Histoire naturelle.* (*Suppléments.*) — 1774-1789, 7 vol. in-4°

(t. I, 1774; t. II et atlas, 1775; t. III, 1776; t. IV, 1777 ; t. V, 1778; t. VI, 1781; t. VII, 1789).

<small>Le dernier fut publié par Lacépède, après la mort de Buffon.</small>

L'agriculture, poëme dédié au roi, par le président Pierre Fulcrand de Rosset, avec un discours sur la poésie géorgique. — 1774-1783, 2 vol. in-4°, avec figures (1re partie, 1774; 2° partie, 1783). *

<small>Il doit y avoir un *supplément*.
Il y a des exemplaires sur grand papier de Hollande.
Ce livre a été réimprimé en 1777 et 1800, in-12. Une note du Catalogue d'un amateur (M. Renouard), t. III, p. 38, nous apprend qu'avant de paraître ce livre avait été revu et corrigé par Gresset et le ministre Bertin.</small>

Buffon. *Histoire naturelle.* (*Suppléments.*) — 1774-1789, 7 vol. in-4° (8 avec l'atlas) (t. I [30 de la collection], 1774; t. II (atlas) [31], 1775; t. III [32], 1776; t. IV [33], 1777; t. V [34], 1778; t. VI [35], 1781; t. VII [36], 1789).

Histoire de la chirurgie, depuis son origine jusqu'à nos jours (1774), par Dujardin [et Peyrilhe]. — 1774-1780, 2 vol. in-4° (t. I, de Dujardin, 1774; t. II, de Peyrilhe, 1780). *

Mémoire concernant l'école royale gratuite de dessin, où l'on montre l'utilité de cet établissement, les avantages qui en résultent, les détails de l'administration et de la direction, et généralement tout ce qui peut y avoir rapport. — 1774, in 4° (5 feuilles et 1/2).

Connoissance des temps pour 1775, par Lalande. — 1774, in-8°.

<small>(Voyez 1729.)</small>

Buffon. *Histoire naturelle.* (*Suppléments.*) — 1774-1789, 14 vol. in-12 (t. I et II [41 et 42 de la collection], 1774; t. III et IV [43 et 44], 1776; t. V et VI [45 et 46], 1777; t. VII, VIII, IX et X [47, 48, 49 et 50], 1778; t. XI et XII [51 et 52], 1782; t. XIII et XIV [53 et 54], 1789).

<small>Les deux derniers volumes furent publiés par Lacépède, après la mort de Buffon.</small>

OEuvres complètes de M. le comte de Buffon. — 1774-1789, 27 vol. in-12.

Histoire générale. — 1774-1778, 14 vol. (t. I, II, III, IV, V, VI et VII, 1774; t. VIII et IX, 1776; t. X, XI, XII et XIII, 1778; t. XIV [table pour les deux parties], 1779).

Histoire des quadrupèdes. — 1775-1789, 13 vol. (t. I, II, III, IV, V, VI et VII, 1775; t. VIII et IX, 1777; t. X et XI, 1782; t. XII et XIII, 1789).

> Ces 27 volumes se réunissent aux Oiseaux et aux Minéraux de la grande édition in-12. Ce ne sont même à proprement parler que les premiers volumes de cette édition, arrangés avec des titres différents.

OEuvres de théâtre de Germain Poullain de Sainte-Foix. — 1774, 3 vol. in-12, avec figures.*

Ordonnances du roi concernant les élèves de l'hôtel de l'école royale militaire placés dans les troupes. — 1774, in-12 (2 feuilles).*

Office à l'usage des chevaliers de Notre-Dame du Mont-Carmel et de Saint-Lazare de Jérusalem. — 1774, 1 vol. in-16.

1775.

Table chronologique des diplômes, etc. par Bréquigny. — 1775, in-fol. t. II.

> (Voyez 1769.)

Discours sur les monuments publics de tous les âges et de tous les peuples connus, suivi d'une description d'un monument projeté à la gloire de Louis XVI et de la France; observations sur les monuments modernes de Paris, et projets de décoration et d'utilité publique pour cette capitale; par l'abbé de Lubersac; dédié au roi. — 1775, in-fol. avec 2 planches.

> Frontispice gravé représentant Louis XVI la main tendue vers un livre que tient la religion. Au bas on lit : «François, votre roi vous jure de vous rendre heureux; il tiendra son serment;» et plus bas : *Hoc monumentum ibit in œvum.*
>
> Anisson possédait un exemplaire auquel on avait joint le dessin original du frontispice sur vélin, et le frontispice gravé avant et après la lettre. Tous les feuillets étaient encadrés dans de très-grand papier.

Histoire de l'Académie des sciences (année 1772, 1re partie). — 1775, 1 vol. in-4°.

> (Voyez 1714.)

Histoire de la maison de Bourbon, par M. Désormeaux. — 1775, in-fol. t. II.

> (Voyez 1772.)

Buffon. *Histoire naturelle des oiseaux.* — 1775, in-4°, t. III.

(Voyez 1770.)

Buffon. *Histoire naturelle. (Suppléments.)* — 1775, in-4°, t. II et atlas.

(Voyez 1774.)

Buffon. *OEuvres complètes. (Histoire générale.)* — 1775, in-4°, t. III.

(Voyez 1774.)

Limites avec le canton de Berne. — 1775, in-4°.

Mémoire sur l'artillerie, par M. de Vallière. — 1775, in-4°.

Mémoires de l'inspecteur des domaines contre le marquis de Saluces. — 1775, in-4°.

Recueil d'observations sur les maladies des bêtes à cornes. — 1775, in-4°(?).

Mémoire sur les moyens de perfectionner le cristal pour les lunettes achromatiques, par M. Libaude. — 1775, in-4°.

Mémoire sur les maladies contagieuses du bétail. — 1775, in-4°.

Deuxième mémoire instructif sur l'exécution du plan adopté par le roi pour les maladies contagieuses du bétail. — 1775, in-4°.

Traitement du tænia. — 1775, in-4°.

Précis dudit traitement. — 1775, in-4°.

Instruction pour l'établissement d'ateliers de charité. — 1775, in-4°.

Relation d'un voyage en Allemagne, qui comprend les opérations relatives à la figure de la terre et à la géographie particulière du Palatinat, du duché de Wurtemberg, du cercle de Souabe, de la Bavière et de l'Autriche, fait par ordre du roi; suivie de la description des conquêtes de Louis XV, depuis 1745 jusqu'en 1748, par Cassini de Thury. — 1775, in-4°. *

Antiquités géographiques de l'Inde et de plusieurs autres contrées de la haute Asie, par d'Anville. — 1775, in-4°, avec 3 cartes. *

Histoire des campagnes du maréchal de Maillebois en Italie, pendant les années 1745 et 1746, par le marquis Masson de Pezay. — 1775, 3 vol. in-4° et un atlas in-fol.

Instructions et avis aux habitans des provinces méridionales de la France, sur la maladie putride et pestilentielle qui détruit le bétail, publiés par ordre du roi. — 1775, in-4°.*

Connoissance des temps pour 1776, par Jeaurat. — 1775, in-8°.

(Voyez 1728.)

Hymnes de Callimaque, nouvelle édition, avec le texte grec, version françoise et des notes, par François-Jean-Gabriel de la Porte du Theil. — 1775, in-8°.*

Avis au peuple des provinces où la contagion sur le bétail a pénétré, et à ceux des provinces voisines. — 1775, in-8° (1 feuille).

Buffon. *Histoire naturelle des oiseaux.* — 1775, in-12, t. V et VI.

(Voyez 1770.)

Buffon. *OEuvres complètes.* (*Quadrupèdes.*) — 1775, in-12, t. I, II, III, IV, V, VI et VII.

(Voyez 1774.)

1776.

Chiffre indéchiffrable. — 1776, in-fol.

Cet ouvrage, qui est inscrit dans le catalogue Anisson sous le titre général «De l'écriture, des chiffres, manières d'écrire secrètement,» fut contrefait avec le nom de l'Imprimerie royale.

Histoire de l'Académie des sciences (année 1772, 2° partie). — 1776, 1 vol. in-4°.

(Voyez 1714.)

Buffon. *Histoire naturelle.* (*Suppléments.*) — 1776, in-4°, t. III.

(Voyez 1774.)

Buffon. *OEuvres complètes.* (*Histoire générale.*) — 1776, in-4°, t. IV.

(Voyez 1774.)

Académie des sciences. — *Mémoires des savants étrangers.* — 1776, in-4°, t. VII.

(Voyez 1750.)

Histoire ecclésiastique de la cour de France, où l'on trouve tout ce qui concerne l'histoire de la chapelle et des principaux officiers ecclésiastiques de nos rois, par Oroux. — 1776, 2 vol. in-4°.*

Description du cabinet littéraire de feu don Carlos Clemente Antonio, infant d'Espagne. — 1776 (?), in-4°.*

Nouveau système typographique, ou moyen de diminuer de moitié, dans toutes les imprimeries de l'Europe, le travail et les frais de composition, de correction et de distribution, découvert en 1774 par Mme H***, et les expériences faites en 1775 à l'Imprimerie royale par don Francisco Bartelli de S. Paul, ancien secrétaire du protectorat de France en cour de Rome. — 1776, in-4°.*

Oraison funèbre du comte de Mouy, par J. B. Marie de Beauvais, évêque de Senez. — 1776, in-4°.

Méthode pour guérir la rage. — 1776, in-4°.

Traitement du tænia. — 1776, in-4°.

(Voyez 1775.)

Connoissance des temps pour 1777, par Jeaurat. — 1776, in-8°.

(Voyez 1728.)

Analyse des bleds, et expériences propres à faire connoître la qualité du froment, et principalement celle du son de ce grain, par M. Sage. — 1776, in-8°.

Buffon. *Histoire naturelle.* (*Suppléments.*) — 1776, in-12, t. III et IV.

(Voyez 1774.)

Buffon. *OEuvres complètes.* (*Histoire générale.*) — 1776, in-12, t. VIII et IX.

(Voyez 1774.)

Riz économique. (Instruction sur son emploi.) — 1776, in-12.

1777.

Ordonnances des rois de France de la 3e race. — 1777, in-fol. t. XII.

(Voyez 1723.)

Recherches sur les bourgeoisies, par M. de Bréquigny. — 1777, in-fol.

> Extrait du tome XII des *Ordonnances des rois de France*.

Buffon. *Histoire naturelle des oiseaux.* — 1777, in-fol. t. IV.

> (Voyez 1771.)

Histoire de l'Académie des sciences (année 1773). — 1777, 1 vol. in-4°.

> (Voyez 1714.)

Histoire de l'Académie des inscriptions, de 1770 à 1772. — 1777, in-4°, t. XXXVIII.

> (Voyez 1717.)

Mémoire de l'Académie des inscriptions, de 1770 à 1772. — 1777, in-4°, t. XXXIX.

> (Voyez 1717.)

Buffon. *Histoire naturelle.* (*Suppléments.*) — 1777, in-4°, t. IV.

> (Voyez 1774.)

Buffon. *OEuvres complètes.* (*Quadrupèdes.*) — 1777-1789, 8 vol. in-4° (t. I, 1777; t. II, 1781; t. III, 1783; t. IV, 1785; t. V, 1786; t. VI, 1787; t. VII, 1788; t. VIII, 1789).

> Le dernier volume a été publié par Lacépède, après la mort de Buffon.

Fragment d'un ouvrage grec d'Anthémius sur les paradoxes de méchanique; revu et corrigé sur quatre manuscrits, avec une traduction françoise et des notes, par M. Louis Dupuy, secrétaire perpétuel de l'Académie royale des inscriptions et belles-lettres. — 1777, in-4°, avec cartes.

> Extrait des *Mémoires de l'Académie des inscriptions*, t. XLII.
> Suivant Anisson, il y aurait eu deux éditions différentes.

Supplément à la convention entre les rois de France et d'Espagne. — 1777, in-4°.

Cintrement et décintrement des ponts. — 1777, in-4°.

Mémoire instructif sur une nouvelle jauge. — 1777, in-4°.

Observations à faire sur le flux et le reflux. — 1777, in-4°.

Traitement des gales et gonorrhées simples. — 1777, in-4°.

Analyse de procès-verbaux d'expériences pour l'eau de salubrité. — 1777, in-4°.

Mémoire sur la mer Caspienne, par d'Anville. — 1777, in-4°.

Vocabulaire des termes de marine en anglois et en françois, par Dan. Lescallier. — 1777, in-4°.*

Connoissance des temps pour 1778, par Jeaurat. — 1777, in-8°.

(Voyez 1728.)

Principes de morale, de politique et de droit public, puisés dans l'histoire de notre monarchie, ou discours sur l'histoire de France, dédiés au roi, par Moreau, historiographe de France. — 1777-1793, 21 vol. in-8° (t. I, II, III, IV, V et VI, 1777; t. VII, 1779; t. VIII et IX, 1780; t. X, XI et XII, 1781; t. XIII et XIV, 1782; t. XV, XVI, XVII et XVIII, 1786; t. XIX, 1787; t. XX et XXI, 1793).*

Règlemens pour les écoles royales vétérinaires de France, divisés en deux parties, la première contenant la police et la discipline générale, la seconde concernant l'enseignement en général, l'enseignement en particulier et la police des études. — 1777, in-8°.

Expériences propres à faire connoître que l'alkali volatil fluor est le remède le plus efficace dans les asphyxies, par Sage. — 1777, in-8°.

Considérations générales sur l'étude et les connoissances que demande la composition des ouvrages de géographie, par J. B. Bourguignon d'Anville. — 1777, in-8°.

Élémens de minéralogie docimastique, par Sage. — 1777, 2 vol. in-8°.

Recherches sur la préparation que les Romains donnoient à la chaux, etc. par de la Faye. — 1777, in-8°.*

(Voyez une suite à ces recherches en 1778.)

Buffon. *Histoire naturelle.* (*Suppléments.*) — 1777, in-12, t. V et VI.

(Voyez 1774.)

Buffon. *OEuvres complètes.* (*Quadrupèdes.*) — 1777, in-12, t. VIII et IX.

(Voyez 1775.)

Instruction pour les desservans des paroisses des colonies. — 1777, in-12.

1778.

Neptune américo-septentrional, contenant les côtes, îles, etc. de cette partie du monde, depuis le Groënland jusqu'au golfe du Mexique. — 1778, grand in-folio.

<small>Avec 18 cartes et un frontispice gravé.</small>

Buffon. *Histoire naturelle des oiseaux.* — 1778, in-fol. t. V.

<small>(Voyez 1771.)</small>

Histoire de l'Académie des sciences (années 1774 et 1775). — 1778, 2 vol. in-4°.

<small>(Voyez 1714.)</small>

Buffon. *Histoire naturelle des oiseaux.* — 1778, in-4°, t. IV et V.

<small>(Voyez 1770.)</small>

Buffon. *Histoire naturelle (Suppléments.)* — 1778, in-4°, t. V.

<small>(Voyez 1774.)</small>

Buffon. *Œuvres complètes. (Histoire naturelle.)* — 1778, in-4°, t. V.

<small>(Voyez 1774.)</small>

Voyage fait par ordre du roi, en 1771 et 1772, en diverses parties de l'Europe, de l'Afrique et de l'Amérique, pour déterminer la latitude et la longitude des côtes, isles, etc. par M. de Verdun [et MM. de Borda et Pingré]. — 1778, 2 vol. in-4°.*

Code corse, ou recueil des édits, déclarations, lettres patentes, arrêts et règlemens publiés dans l'isle de Corse depuis sa soumission à l'obéissance du roi, avec la traduction en italien. Imprimé par ordre du roi. — 1778, 3 vol. in-4°.

Mémoire sur le procédé de l'affinage à la monnoye, par M. Tillet. — 1778, in-4°.

Connoissance des temps pour 1779, par Jeaurat; *idem* pour 1780, par le même. — 1778, 2 vol. in-8°.

<small>(Voyez 1728.)</small>

Mémoires sur la manière dont les animaux sont affectés par différens fluides aériformes, méphytiques, et sur les moyens de remédier aux effets de ces fluides, etc. par Jean-Baptiste Bucquet, docteur régent, etc. — 1778, in-8°.*

Flore françoise, ou description succincte de toutes les plantes qui croissent naturellement en France, disposée selon une nouvelle méthode d'analyse, etc. par le chevalier de la Marck. — 1778, 3 vol. in-8°, avec 8 planches.*

Maximes et réflexions morales (de François VI, duc de la Rochefoucauld, avec une notice sur le caractère et les écrits de cet auteur, des notes politiques et morales par Abraham-Nicolas Amelot de la Houssaie). — 1778, in-8°.*

> Avec un portrait par Cheffort.
> Anisson possédait un exemplaire avec 4 portraits de l'auteur, au bistre, tirés sur vélin.

Règlement provisoire sur le service de la cavalerie et des dragons en campagne. — 1778, in-8°.

Le parfait boulanger, ou traité complet sur la fabrication et le commerce du pain, par M. Parmentier. — 1778, in-8°.*

Mémoire pour servir de suite aux Recherches sur la préparation que les Romains donnaient à la chaux, etc. par de la Faye. — 1778, in-8°.

> (Voyez 1777.)

Précis des moyens de secourir les personnes empoisonnées par les poisons corrosifs, par Navier. — 1778, in-8°.

> (Voyez 1788.)

Buffon. *Histoire naturelle.* (*Suppléments.*) — 1778, in-12, t. VII, VIII, IX et X.

> (Voyez 1774.)

Buffon. *OEuvres complètes.* (*Histoire naturelle.*) — 1778, in-12, t. X, XI, XII et XIII.

> (Voyez 1774.)

L'art de guérir radicalement, et sans le secours d'aucun bandage, les hernies, par M. Maget, ancien chirurgien major de la marine, et chirurgien de la garde de Paris. — 1778, in-12.

> (Voyez 1788.)

Instruction particulière ordonnée par le roi, pour le service et la discipline des brigades détachées de la maréchaussée de l'Isle de France, du 18 septembre 1778. — 1778, in-12 (3 feuilles).

1779.

Histoire de l'Académie des sciences (année 1776). — 1779, 1 vol. in-4°.

(Voyez 1714.)

Buffon. *Histoire naturelle des oiseaux.* — 1779, in-4°, t. VI.

(Voyez 1770.)

Buffon. *OEuvres complètes.* (*Histoire naturelle.*) — 1779, in-4°, t. VI.

(Voyez 1774.)

La Gazette de France. in-4°, de 1779 à 1786 inclusivement (8 ans) et du 1er janvier à la fin d'avril 1792.

Le 1er janvier 1779, l'impression de la *Gazette de France*, accordée le 11 octobre 1631 à Théophraste Renaudot et à une imprimerie particulière, fut confiée à l'Imprimerie royale. — A partir du 2 janvier 1787, cet ouvrage fut imprimé chez la veuve de Jean-Thomas *Herissand*, jusqu'au 31 août 1787. — Du 4 au 14 septembre, elle fut imprimée à *l'imprimerie des bâtiments de Sa Majesté*, et du 18 septembre 1787 jusqu'en 1789, à l'imprimerie de la *Gazette de France*.

On lit en tête du numéro de la *Gazette de France* du 25 décembre 1778 :

«A compter du 1er janvier 1779, la *Gazette de France* sera imprimée à l'Imprimerie royale. Par ce changement, l'on a en vue de porter la partie typographique de la Gazette au degré de perfection dont elle est susceptible. Il n'y aura plus qu'un seul format d'une feuille, imprimé à deux colonnes, sur un papier plus grand et plus beau. On n'y emploiera qu'un seul caractère, qui tiendra le milieu entre le gros et le petit des gazettes actuelles, sans nuire à l'abondance des matières. On n'y trouvera qu'un abonnement uniforme de 12 livres par année. Les personnes qui ont souscrit pour la Gazette en gros caractère, supprimée par cet arrangement, auront la liberté de retirer la portion qui leur reviendra de l'abonnement de 24 livres en proportion du temps à courir pour en compléter le service, ou de laisser cette portion entre les mains du caissier de la régie, en déduction du prix de l'abonnement qu'elles jugeroient à propos de renouveler. Il faudra toujours s'adresser, relativement aux matières de la Gazette, au sieur Bret, auteur de cette feuille, et à l'égard des abonnemens, au sieur Mugnerot pour la province, et au sieur Arnoux pour Paris, Versailles et les environs.»

On ne jugera peut-être pas sans intérêt les détails curieux que renferme cet avis au public, relatif au plus ancien journal français. Nous ajouterons que les bureaux de la Gazette étaient alors, comme l'Imprimerie royale, dans la grande galerie du Louvre. C'est sans doute ce voisinage qui fit songer à utiliser les types royaux.

Après une interruption de six ans, en 1792, on revint à l'Imprimerie royale; mais ce ne fut pas pour longtemps. Dans le prospectus de cette nouvelle série, daté de l'Imprimerie royale, 1791, on dit que la *Gazette de France* appartenait au Ministère des affaires étrangères.

L'Euphrate et le Tigre, par J. B. Bourguignon d'Anville, premier géographe du roi, des Académies royales des inscriptions et belles-lettres et des sciences, et de celle des sciences de Pétersbourg. — 1779, in-4°.

Mémoires sur les cartes de l'ancienne Gaule dressées par d'Anville. — 1779, in-4°.

Voyage dans les mers de l'Inde, fait par ordre du roi, à l'occasion du passage de Vénus sur le disque du soleil, le 6 juin 1761 et le 3 du même mois 1769, par M. Le Gentil. — 1779-1781, 2 vol. in-4° avec figures (t. I, 1779; t. II, 1781).*

Exposé des motifs de la conduite du roi relativement à l'Angleterre. — 1779, in-4°.

Autre exposé. — 1779, in-4°.

Recherches sur les méthodes employées par les essayeurs pour établir le titre des matières d'or, par M. Tillet. — 1779, in-4°.

Machine du sieur Dussau pour les fractures et luxations. — 1779, in-4°.

Connoissance des temps pour 1781, par Jeaurat. — 1779, in-8°.

(Voyez 1728.)

Principes de morale, etc. par Moreau. — 1779, in-8°, t. VII.

(Voyez 1777.)

Buffon. *Histoire naturelle des oiseaux.* — 1779, in-12, t. VII, VIII, IX et X.

(Voyez 1770.)

Buffon. *OEuvres complètes.* (*Histoire naturelle.*) — 1779, in-12, t. XIV (table).

(Voyez 1774.)

Mémoire sur un nouveau moyen de faire avec exactitude le départ de plusieurs essais d'or, par M. Tillet. — 1779, in-12.

Règlement provisoire sur le service de l'infanterie en campagne. — 1779, in-24.

1780.

Histoire de l'Académie des sciences (année 1777). — 1780, 1 vol. in-4°.

(Voyez 1714.)

Histoire de l'Académie des inscriptions, 1773, 1774, 1775 et partie de 1776. — 1780, in-4°, t. XL.

(Voyez 1717.)

Mémoires de l'Académie des inscriptions, 1773, 1774, 1775 et partie de 1776. — 1780, in-4°, t. XLI.

(Voyez 1717.)

Buffon. *Histoire naturelle des oiseaux.* — 1780, in-4°, t. VII.

(Voyez 1770.)

Histoire de la chirurgie, depuis son origine jusqu'à nos jours. — 1780, in-4°, t. II.

(Voyez 1774.)

La Gazette de France. — 1780, in-4°.

(Voyez 1779.)

Hospice de la Charité. — 1780, in-4°.

(Catal. ms. d'Anisson.)

Connoissance des temps pour l'année 1782, par Jeaurat; *idem* pour 1783, par le même. — 1780, 2 vol. in-8°.

(Voyez 1728.)

Principes de morale, etc. par Moreau. — 1780, in-8°, t. VIII et IX.

(Voyez 1777.)

Traité des fièvres de l'isle de Saint-Domingue, avec un mémoire sur les avantages qu'il y auroit à changer la nourriture des gens de mer, par Poissonnier-Desperrières. — 1780, in-8°. *

Traité sur les maladies des gens de mer, par Poissonnier-Desperrières. — 1780, in-8°. *

Ordonnance du roi portant règlement général concernant les hôpitaux militaires. — 1780, in-8°.

Buffon. *Histoire naturelle des oiseaux.* — 1780, in-12, t. XI, XII, XIII et XIV.

(Voyez 1770.)

Article ajouté au cartel pour les prisonniers. — 1780, in-(?).

1781.

Histoire de l'Académie des sciences (année 1778). — 1781, 1 vol. in-4°.

(Voyez 1714.)

Buffon. *Histoire naturelle des oiseaux.* — 1781, in-4°, t. VIII.

(Voyez 1770.)

Buffon. *Histoire naturelle. (Suppléments.)* — 1781, in-4°, t. VI.

(Voyez 1774.)

Buffon. *OEuvres complètes. (Histoire naturelle.)* — 1781, in-4°, t. II.

(Voyez 1777.)

Voyages dans les mers de l'Inde, etc. par M. Le Gentil. — 1781, in-4°, t. II.

(Voyez 1779.)

Histoire de la maison de Bourbon, par M. Désormeaux. — 1781, in-4°, t. III.

(Voyez 1777.)

L'Iliade et l'Odyssée d'Homère, traduites en vers françois, par M. de Rochefort, de l'Académie royale des inscriptions et belles-lettres. — 1781-1782, 2 vol. in-4° (t. I, 1781; t. II, 1782).*

La Gazette de France. — 1781, in-4°.

(Voyez 1779.)

Mémoires concernant diverses questions d'astronomie et de physique lus à l'Académie des sciences, par M. Lemonnier, de la même académie. — 1781, in-4°.

Compte rendu au roi par M. Necker, directeur général des finances, au mois de janvier 1781. — 1781, in-4°.

Recueil des édits, déclarations, ordonnances, arrêts et règlemens concernant l'hôtel royal des Invalides. — 1781, 2 vol. in-4°.*

Règlement pour l'Académie royale des sciences. — 1781, in-4°.

Mémoire sur un nouveau moyen de faire avec exactitude le départ de plusieurs essais d'or, par M. Tillet. — 1781, in-4°.

(Voyez 1779.)

Instruction sur la rage. — 1781, in-4°.

Du claveau. — 1781, in-4°.

Connoissance des temps pour 1784, par Jeaurat. — 1781, in-8°.

(Voyez 1728.)

Principes de morale, etc. par Moreau. — 1781, in-8°. t. X, XI et XII.

(Voyez 1777.)

Recherches sur les végétaux nourrissans qui, dans les temps de disette, peuvent remplacer les alimens ordinaires, par Parmentier. — 1781, in-8°, avec une planche.

Plan d'un journal de médecine militaire publié par ordre du roi. (Prospectus.) — 1781, in-8° (1 feuille).

Buffon. *Histoire naturelle des oiseaux.* — 1781, in-12, t. XV et XVI.

(Voyez 1770.)

Ordonnance du roi portant règlement général concernant les hôpitaux militaires (du 2 mai 1781). — 1781, in-12.*

1782.

Ordonnances des rois de France de la 3ᵉ race. — 1782, in-fol. t. XIII.

(Voyez 1723.)

Description des projets et de la construction des ponts de Neuilly, de Mantes, d'Orléans et autres; du projet du canal de Bourgogne, pour la communication des deux mers par Dijon, et de celui de la conduite des eaux de l'Ivette et de la Bièvre à Paris; approuvé par l'Académie royale des sciences; dédié au roi, par M. Perronet, premier ingénieur pour les ponts et chaussées.—1782, 2 vol. in-fol. grand format, avec 67 planches (t. I, 1782; t. II, 1783).

<small>Il y a un *Supplément* publié en 1789, imprimerie de François-Ambroise Didot.</small>

Histoire de l'Académie des sciences (année 1779). — 1782, 1 vol. in-4°.

<small>(Voyez 1714.)</small>

L'Iliade et l'Odyssée d'Homère, par M. de Rochefort. — 1782, in-4°, t. II.

<small>(Voyez 1781.)</small>

La Gazette de France. — 1782, in-4°.

<small>(Voyez 1779.)</small>

Recueil de règlemens concernant les frais de justice à la charge du domaine. — 1782, in-4° (2° édition).

<small>(Voyez 1760.)</small>

Traité des affections vaporeuses des deux sexes, ou maladies nerveuses, vulgairement appelées *maux de nerfs;* par M. Pomme, médecin consultant du roi; nouvelle édition, augmentée, et publiée par ordre du gouvernement. — 1782, in-4°. *

<small>(Avec le portrait de l'auteur.)</small>

Connoissance des temps pour 1785, par Jeaurat. — 1782, in-8°.

<small>(Voyez 1728.)</small>

Principes de morale, etc. par Moreau. — 1782, in-8°, t. XIII et XIV.

<small>(Voyez 1777.)</small>

Plan des travaux littéraires ordonnés par Sa Majesté pour la recherche, la collection et l'emploi des monumens de l'histoire et du droit public de la monarchie françoise, par M. Moreau. — 1782, in-8° (7 feuilles). *

<small>(Voyez 1787.)
Voyez quelques détails sur ce *plan* en tête du premier volume des *Lettres des Rois et Reines*, etc. publié en 1839, par M. Champollion-Figeac, dans la *Collection des documents inédits de l'histoire de France.*</small>

Traité des maladies vermineuses dans les animaux, par Chabert, directeur et inspecteur général des écoles royales vétérinaires, etc. — 1782, in-8°, avec planches.

Traité du charbon ou anthrax dans les animaux, par Chabert. — 1782, in-8°. *

Avis sur les blés germés, par le comité de l'école gratuite de boulangerie, imprimé et publié par ordre du gouvernement.—1782, in-8° (1 feuille).

Buffon. *Histoire naturelle.* (*Suppléments.*) — 1782, in-12, t. XI et XII.

(Voyez 1774.)

Buffon. *OEuvres complètes.* (*Quadrupèdes.*) — 1782, in-12, t. X et XI.

(Voyez 1775.)

Instruction sur l'usage d'une boîte de médicaments pour les épidémies. — 1782. in-12 (1/2 feuille).

1783.

Table chronologique des diplômes, etc. par Bréquigny. — 1783, in-fol. t. III.

(Voyez 1769.)

Buffon. *Histoire naturelle des oiseaux.* — 1783, in-fol. t. VI, VII et VIII.

(Voyez 1771.)

Description des projets et de la construction des ponts de Neuilly, etc. — 1783, in-fol. t. II.

(Voyez 1782.)

Buffon. *Histoire naturelle des oiseaux.* — 1783, in-4°, t. IX.

(Voyez 1770.)

Buffon. *Histoire naturelle des minéraux.* — 1783-1788, 5 vol. in-4° (t. I et II, 1783; t. III, 1785; t. IV, 1786; t. V, 1788).

Le dernier a été imprimé à l'imprimerie des bâtiments du roi.

Buffon. *OEuvres complètes.* (*Histoire naturelle.*) — 1783, in-4°, t. III.

(Voyez 1777.)

Buffon. *OEuvres complètes.* (*Quadrupèdes.*) — 1783, in-4°, t. VI, VII et VIII.

(Voyez 1771.)

Histoire naturelle des minéraux, par G. L. Le Clerc de Buffon. — 1783-1788, 5 vol. in-4° (t. I et II, 1783; t. III, 1785; t. IV, 1786; t. V, 1788).

> Le dernier volume a été imprimé à l'imprimerie des bâtiments du roi.

La Gazette de France. — 1783, in-4°.

> (Voyez 1779.)

Traité de paix entre le Roi et le roi de la Grande-Bretagne, conclu à Versailles, le 3 septembre 1783, avec les pièces à l'appui. — 1783, in-4°. *

> Voir, 1788, une convention explicative de l'article 13 de ce traité.

La cométographie, ou traité historique et théorique des comètes, par M. Pingré, chanoine régulier et bibliothécaire de Sainte-Geneviève, de l'Académie royale des sciences. — 1783, 3 vol. in-4°, avec 6 planches au trait. *

Traité physique et historique de l'aurore boréale, par M. de Mairan. (Suite des Mémoires de l'Académie royale des sciences.) — 1783, in-4°.

L'agriculture, poëme dédié au roi, par M. de Rosset; seconde partie, contenant trois chants, dont le premier a pour objet les plantes et le potager, le second les étangs et les viviers, et le troisième les bosquets et les jardins. — 1783, in-4°, 2° partie.

> (Voyez 1774 pour la première partie.)

Sermon pour l'assemblée extraordinaire de charité qui s'est tenue à Paris à l'occasion d'une maison royale de santé en faveur des ecclésiastiques et des militaires malades, prononcé dans l'église des religieux de la Charité, le 13 mars 1782, par M. l'abbé de Boismont, abbé commendataire de Grestain, l'un des quarante de l'Académie françoise, et prédicateur ordinaire du roi. — 1783, in-4°.

Description d'une nouvelle presse exécutée pour le service du roi, publiée par ordre du gouvernement. — 1783, in-4°, avec planches.

> Cette presse existe encore à l'Imprimerie impériale : le *Catalogue de l'Imprimerie nationale* indique, p. 91, parmi les livres imprimés au dehors de l'Imprimerie royale : «Premier mémoire sur l'impression en lettres, suivi de la *Description d'une nouvelle presse exécutée pour le service du roi*, par Anisson le fils.» Ce mémoire a été imprimé chez Montard; il est extrait des *Journaux étrangers*, tome X.

Mémoire sur la chaleur (par MM. Lavoisier et de la Place). — 1783, in-4°.

Instruction et avis aux habitans des provinces méridionales de la France sur la maladie putride et pestilentielle qui détruit le bétail. — 1783, in-4°.

> 2ᵉ édition du Louvre. (Voyez 1775.)

Mémoire sur la maladie des femmes en couches. — 1783, in-4°.

Mémoire sur les maladies contagieuses du bétail. — 1783, in-4°.

> 2ᵉ édition, différente de la 1ʳᵉ. (Voyez 1775.)

Connoissance des temps pour 1786, par Jeaurat. — 1783, in-8°.

> (Voyez 1728.)

Journal de médecine, chirurgie et pharmacie militaire, publié par ordre du roi; fait et rédigé par M. Dehorne, docteur en médecine, premier médecin consultant des camps et armées du roi, de madame la comtesse d'Artois et de S. A. S. Mgʳ le duc d'Orléans, et de la société royale de médecine, censeur royal, médecin aux rapports pour la salubrité de Paris, membre honoraire du conseil de santé des hôpitaux militaires. — 1783, in-8°, 4 cahiers.

> Le surplus a été imprimé hors de l'Imprimerie royale.

Traité de la gale et des dartres des animaux, par Chabert. — 1783, in-8°.

Traité du charbon ou anthrax dans les animaux, par Chabert. — 1783, in-8°.

> 2ᵉ édition du Louvre. (Voyez 1782 et 1786.)

Éloge de Nicolas Poussin, peintre ordinaire du roi; discours qui a remporté le prix à l'Académie des sciences, belles-lettres et arts de Rouen, le 6 août 1783, lu à l'Académie royale de peinture et sculpture au Louvre, le 4 octobre suivant. par M. Nicolas Guibal, ancien pensionnaire du roi, premier peintre et directeur de la galerie du duc de Wurtemberg et Teck, etc. — 1783, in-8° (56 pages). *

> Dédié à M. d'Angiviller. On y a joint une gravure dédicatoire, le plan de l'école gratuite de dessin, etc.

Selecta colloquiorum Erasmi fragmenta. — 1783, petit in-8° de 222 pages (papier vélin d'Angleterre).

> Anisson avoit un exemplaire sur papier de soie. — Il l'indique ailleurs avec la date

de 1784. Cela pourrait s'expliquer par l'existence d'un exemplaire avec le *titre refait* qu'il mentionne dans le catalogue de l'Imprimerie royale, sans indiquer la date.

Hymne au soleil, par l'abbé de Reyrac. — 1783, in-8°.

Philippe-Laurent de Reyrac était mort à Orléans, le 22 décembre 1782.

En annonçant l'ouvrage de Reyrac, le *Journal des Savants* (septembre 1783, p. 1913,) ajoute ces réflexions :

«On nous communique le premier essai d'une nouvelle presse à imprimer, approuvée par l'Académie des sciences, et d'une construction différente de celles qui ont été connues jusqu'à présent. Cet essai, qui n'est présenté que comme le résultat d'un travail ni recherché ni laborieux, offre cependant le coup d'œil d'une très-grande perfection, et n'en doit le succès qu'à l'instrument qui l'a produite. Cette importante machine, dont on nous promet bientôt une description exacte et détaillée [voyez plus haut, p. 224], a été exécutée pour le service du roi, dans son Imprimerie royale; elle est plus expéditive d'un quart que les presses ordinaires, et rend la main-d'œuvre moins pénible; elle procure aussi aux ouvrages une perfection indépendante du talent des ouvriers.

«D'après cet essai et les expériences qui ont été faites et consignées dans le rapport de l'Académie royale des sciences du 17 mai 1783, on ne peut douter que, lorsque cet instrument sera connu et multiplié, on ne trouve aisément, dans la simplification des procédés, le moyen de mettre les plus beaux chefs-d'œuvre typographiques à la portée de tout le monde.»

L'éditeur du catalogue manuscrit mentionné dans l'avant-propos, n° 2, ajoute: «On lit avec plaisir un pareil compte rendu par MM. les journalistes des *Savants*. En effet, on peut avancer que M. Du Perron (Anisson) a toujours saisi les occasions de reculer les bornes de son art. On lui doit une nouvelle presse et l'art de donner au papier même imprimé le lissé du vélin.»

Il est inutile de dire que cette invention, qui intéressait le public savant alors, est tout à fait oubliée aujourd'hui. La presse, construite par ordre du roi, et qui existe encore à l'Imprimerie impériale, ne sert plus maintenant.

Mémoire sur l'administration et la manutention de l'école royale gratuite de dessin. — 1783, in-8°. *

Mémoire concernant une espèce de colique observée sur les vaisseaux, lu à l'assemblée publique de la faculté de médecine de Paris, tenue le 1er septembre 1783, par M. de Gardanne, docteur régent de la faculté de médecine de Paris, etc. — 1783, in-8° (1 feuille 3/4).

Buffon. *Histoire naturelle des minéraux.* — 1783-1789. 9 vol. in-12 (t. I et II, 1783; t. III et IV, 1784; t. V et VI, 1786; t. VII et VIII, 1787; t. IX, 1789).

Le dernier volume a été imprimé à l'imprimerie des bâtiments du roi.

École royale gratuite de dessin. (*Prospectus*). — 1783, in-12 (1/2 feuille.)

1784.

Buffon. *Histoire naturelle des oiseaux.* — 1784, in-fol. t. IX.

(Voyez 1771.)

Le pilote de Terre-Neuve, ou recueil de plans des côtes et des ports de cette île, publié sous le ministère du maréchal de Castries. — 1784, in-fol.

(Voyez 1786.)

Instruction nautique relative aux cartes et plans du Pilote de Terre-Neuve. — 1784, in-4°.

Histoire de l'Académie royale des sciences (années 1780 et 1781).—1784, 2 vol. in-4°.

(Voyez 1714.)

La Gazette de France. — 1784, in-4°.

(Voyez 1779.)

Mémoires historiques concernant l'ordre royal et militaire de Saint-Louis et l'institution du Mérite militaire. — 1784, in-4°.

1re édition, supprimée; une 2e édition, tirée à 600 exemplaires, fut interrompue à cause de la suppression de la 1re. (Voyez le catalogue de l'Imprimerie royale, par Anisson, qui cite également un *supplément* à la 1re édition.) L'exemplaire de l'Imprimerie impériale porte la date 1785 : serait-ce une 3e édition ou un fragment de la 2e?

Code des prises, ou recueil des édits, déclarations, lettres patentes, arrêts, ordonnances, règlemens et décisions sur la course et l'administration des prises, depuis 1400 jusqu'à présent. — 1784, 2 vol. in-4° (t. Ier, 1784; t. II, 1785). *

Mémoires concernant diverses questions d'astronomie, de navigation et de physique, lus et communiqués à l'Académie royale des sciences, etc. pour servir de suite à d'autres mémoires déjà publiés en 1781; par Lemonnier. — 1784, in-4°, avec une planche. *

Convention provisoire pour servir d'explication à la convention préliminaire de commerce et de navigation du 25 avril 1741 entre le roi (de France) et le roi de Suède. — 1782, in-4° (14 pages). ⊤

Rapport des commissaires de la Société royale de médecine (MM. Poissonnier, Caille, Mauduyt et Andry, de la faculté et de la société royale de médecine) nommés par le roi pour faire l'examen du magnétisme animal; imprimé par ordre du roi. — 1784, in-4°(?).

Rapport des commissaires (MM. Majault, Sallin, d'Arcet et Guillotin, membres de la faculté de médecine, et de MM. Franklin, Leroy, Bailly, de Bory et Lavoisier, membres de l'Académie royale des sciences) chargés par le roi de l'examen du magnétisme animal; imprimé par ordre du roi. — 1784, in-4°(?).

Instruction pour naviguer sur la côte occidentale de Terre-Neuve (par M. de Chabert). — 1784, in-4°.

Projet d'un tarif sur la valeur du pain, ou observation sur la mouture économique. — 1784, in-4°.

Exposé des expériences faites sur la magnétisme animal. — 1784, in-4° (papier vélin et papier fort).

Instruction sur la rage. — 1784, in-4°.

Connoissance des temps pour 1787, par Jeaurat, présentée au roi par son auteur le 7 novembre 1784. — 1784, in-8°.

(Voyez 1728.)

Mémoire sur les différentes manières d'administrer l'électricité, et observations sur les effets qu'elles ont produits, par M. Mauduyt. — 1784, in-8°, avec planches. *

Extrait des mémoires de la Société royale de médecine, imprimé par ordre du roi.

Description méthodique du cabinet de l'école royale des mines, par Sage. — 1784, in-8°, vélin. *

(Voyez, 1787, une suite.)

Mémoire sur le premier drap de laine superfine du cru de la France, lu à la rentrée publique de l'Académie royale des sciences, le 21 avril 1784, par M. Daubenton, de la même académie. — 1784. in-8° (1 feuille).

Règlement arrêté par M. le maréchal de Ségur, ministre et secrétaire d'état de la guerre, surintendant de l'hôtel de l'école royale militaire, concernant la compagnie des cadets gentilshommes établie audit hôtel. — 1784, grand in-8° (2 feuilles).

Buffon. *Histoire naturelle des minéraux.* — 1784, in-12, t. III et IV.
(Voyez 1783.)

1785.

Gallia christiana. — 1785, in-fol. t. XIII.
(Voyez 1715.)

Mémoire adressé à l'assemblée du clergé pour l'école gratuite de dessin. — 1785, in-fol.

Histoire de l'Académie des sciences (année 1782). — 1785, 1 vol. in-4°.
(Voyez 1714.)

Buffon. *Histoire naturelle des minéraux.* — 1785, in-4°, t. III.
(Voyez 1783.)

Buffon. *OEuvres complètes.* (*Quadrupèdes.*) — 1785, in-4°, t. IV.
(Voyez 1777.)

Mémoires historiques concernant l'ordre royal et militaire de Saint-Louis. — 1785, in-4°.
(Catalogue Claudin, vente de mai 1865.)

La Gazette de France. — 1784, in-4°.
(Voyez 1779.)

Essai sur l'application de l'analyse à la probabilité des décisions rendues à la pluralité, par M. le marquis de Condorcet, des Académies françoise et des sciences. — 1785, in-4°.*
Du même, *Traité du calcul intégral* (interrompu en 1791 à la lettre R).

Extrait des mémoires de l'Académie royale des sciences pour l'année 1783, sur l'usage des horloges marines relativement à la navigation et surtout à la géographie, par Chabert. — 1785, in-4°.*

Extrait de la correspondance de la Société royale de médecine relativement au magnétisme animal, par M. Thouret. — 1785, in-4°.

Examen fait par ordre de M. le maréchal de Castries, ministre et secrétaire d'état de la marine, de deux cartes de la mer Baltique, présentées par M. Le Clerc, ou exposition des erreurs en tous genres qui ont été reconnues dans deux cartes marines gravées sans nom d'auteur : la première ayant pour titre *Carte réduite de la mer Baltique*, 1785, etc. en deux feuilles réunies; la seconde ayant pour titre *Carte hydrographique du golfe de Finlande*, 1785, pareillement en deux feuilles réunies. — 1785, in-4°.

Traité d'alliance entre le Roi et les Provinces-Unies, 10 novembre 1785. — 1785, in-4°, papier ordinaire et papier vélin.

Traité de paix entre l'Empereur et les Provinces-Unies, 10 novembre 1785, — 1785, in-4°, papier ordinaire et papier vélin.

Vers allégoriques de madame Deshoulières à ses enfants (sans lieu ni date). — 1785 (?), in-4°.

> Ce volume, dit M. Brunet, destiné à l'éducation des enfants du comte d'Artois (depuis Charles X), a été tiré à petit nombre. — Il y en a une autre édition de 1785, qui n'est pas de l'Imprimerie royale.

Instruction sur la manière de gouverner les insensés et de travailler à leur guérison dans les asiles qui leur sont destinés. — 1785, in-4°.

Extrait d'un mémoire sur les guldiveries et rumeries. — 1785, in-4°.

Matière médicale des dépôts de mendicité. — 1785, in-4°.

Instruction sur la rage. — 1785, in-4°.

Extrait d'un mémoire sur la destruction des mans et des hannetons (adressé par M. Adam). — 1785, in-4°.

Règlement pour l'Académie royale des sciences. — 1785, in-4°.

Théorie des attractions des sphéroïdes et de la figure des planètes, par de la Place. — 1785, in-4°.

Connoissance des temps pour 1788, par Méchain. — 1785, in-8°.
> (Voyez 1728.)

Rapport des commissaires (Andry, Coquereau, Thouret, Roussille, de Chamseru) de la Société royale de médecine sur le mal rouge de Cayenne ou éléphantiasis; imprimé par ordre du roi. — 1785, in-8° (5 feuille 1/2).

Instruction sur les moyens de rendre le blé moucheté propre à la semence. — 1785, in-8° (1 feuille 1/4).

Instruction sur les moyens de rendre le blé moucheté propre au commerce et à la fabrication du pain. — 1785, in-8° (1 feuille).

Instruction adressée aux artistes vétérinaires (sur les maladies que peuvent causer aux animaux la disette d'aliments). — 1785, in-8° (1 feuille).

Instruction sur la manière de conduire et gouverner les vaches que le roi a fait distribuer aux pauvres familles de la généralité de Paris, par M. Chabert, directeur général de l'école vétérinaire d'Alfort. — 1785, in-8° (2 feuilles).

Instruction sur le parcage des bêtes à laine, publiée par ordre du roi. — 1785, in-8° (1 feuille 1/4).

Instruction sur la culture des navets, sur la manière de les conserver et sur les moyens de les rendre propres à la nourriture des bestiaux. — 1785, in-8° (1 feuille 1/2).

Instruction sur la manière de cueillir les feuilles des arbres, de les conserver et de les donner à manger aux bestiaux. — 1785, in-8° (1 feuille).

Éloge de M. de la Chapelle. — 1785, in-8° (1 feuille).
Extrait du *Journal de médecine militaire*, t. IV, cahier de juillet 1785.

Éloge de MM. Chabrier, de Rick et Renaudin. — 1785, in-8° (1 feuille).
Extrait du *Journal de médecine militaire*, t. IV, cahier d'octobre 1785.

Instruction sur les moyens de s'assurer de l'existence de la morve et d'en prévenir les effets, par Chabert. — 1785, in-8°.
(Voyez 1790.)

Traité de la gale et des dartres des animaux, par Chabert. — 1785, in-8°.

Calendrier de l'école gratuite de dessin pour 1785. — 1785, in-8°.
Il contient la liste des élèves qui ont remporté le prix, la liste des fondateurs, l'*Examen du cheval écorché antique* (pas de planche), le dôme et le plan de l'école. — 1785, in-8°.
Ce calendrier datait de 1783; mais, cette année, il ne fut pas imprimé à l'Imprimerie royale, et il n'y en eut pas en 1784.

Précis des expériences faites, par ordre du roi, à Trianon, sur la cause de la corruption des blés et sur les moyens de la prévenir; à la suite duquel est une instruction propre à guider les laboureurs dans la manière dont ils doivent préparer le grain avant de le semer. — 1785, in-12.

(Voyez 1787.)

L'*Instruction* est imprimée in-8° (1 feuille).

Buffon. *Histoire naturelle des oiseaux.* — 1785, in-12, t. XVII et XVIII.

(Voyez 1770.)

Buffon. *Histoire naturelle des minéraux.* — 1785, in-12, t. V et VI.

(Voyez 1783.)

1786.

Buffon. *Histoire naturelle des oiseaux.* — 1786, in-fol. t. X.

(Voyez 1771.)

Table des dimensions de l'artillerie de la marine, avec les planches. — 1786, in-fol.

Histoire de l'Académie des sciences (année 1783). — 1786, 1 vol. in-4°.

(Voyez 1714.)

Histoire de l'Académie des inscriptions, de 1776 à 1779. — 1786, in-4°, t. XLII.

(Voyez 1717.)

Mémoires de l'Académie des inscriptions, de 1776 à 1779.—1786, in-4°, t. XLIII.

(Voyez 1717.)

Buffon. *Histoire naturelle des minéraux.* — 1786, in-4°, t. IV.

(Voyez 1783.)

Buffon. *OEuvres complètes.* (*Histoire naturelle.*) — 1786, in-4°. t.V.

(Voyez 1777.)

Histoire de la maison de Bourbon, par M. Désormeaux. — 1786, in-4°, t. IV.

(Voyez 1772.)

La Gazette de France. — 1786, in-4°.

>(Voyez 1779.)
>Il y a un supplément à la *Gazette de France*, du 21 mars 1786, contre le sieur Éberlé, essayeur de Francfort. — 1786, in-4°.

Analyse de la carte générale de l'océan Atlantique ou Occidental, dressée au dépôt des cartes, plans et journaux de la marine, et publiée par ordre du roi, pour le service des vaisseaux de Sa Majesté.—1786, in-4°. *

Traité de navigation et de commerce entre la France et l'Angleterre. — 1786, in-4°.

Idem, en petit caractère. — 1786, in-4°.

Ordonnances et règlemens concernant la marine françoise.—1786, in-4°. *

>Il y a deux éditions de l'Imprimerie royale in-4° à la même date, et une in-8° imprimée chez Moutard, mais avec le titre et les tableaux de l'Imprimerie royale.

Extrait des observations astronomiques et physiques faites par ordre de Sa Majesté à l'Observatoire royal, en l'année 1785, sous le ministère de M. le baron de Breteuil, M. le comte de Cassini directeur, MM. de Villeneuve et Ruelle élèves. — 1786, in-4°.

Chronologie des éclipses de soleil et de lune (par le P. Pingré). — 1786, in-4°.

>Extrait des *Mémoires de l'Académie des sciences*.

Mémoires d'astronomie et de physique (par M. Lemonnier). — 1786, in-4°.

>(Voyez 1781 et 1784.)

Réflexions sur le phlogistique, par M. Lavoisier. — 1786, in-4°.

De l'action du feu animé par l'air vital, par M. Lavoisier. — 1786, in-4°.

Rapport de l'Académie des sciences sur le canal du Nivernois. — 1786. in-4°.

Rapport des citoyens Bossut, Rochon, Fourcroy et Condorcet, fait à l'Académie des sciences, sur la navigation intérieure de la Bretagne. — 1786, in-4°.

>Anisson date ce rapport de 1787, et nous apprend qu'à son exemplaire était joint l'éloge de M. de Courtivron.

Rapport fait à l'Académie royale des sciences relativement à l'avis que le parlement de Paris a demandé à cette académie sur la contestation qui s'est élevée à Rochefort au sujet de la taxe du pain. — 1786, in-4°.

Extrait des registres de la même académie.

Extrait des registres de l'Académie royale des sciences, du 22 novembre 1786, et Rapport des commissaires chargés par l'Académie de l'examen du projet d'un nouvel Hôtel-Dieu. Imprimé par ordre du roi. — 1786, in-4°.

Pilote de Terre-Neuve, avec une explication (où se trouvent les découvertes du capitaine Jacques Cook, célèbre voyageur). — 1786, in-4°.

(Voyez 1784.)

Traité sur les moussons de l'Inde, traduit de l'anglois du capitaine Thomas Forrest, par M. Genet. — 1786, in-4°.

Règlement pour l'Académie des belles-lettres. — 1786, in-4°.

Mémoire sur les avantages aux colonies françoises de faire du rum au lieu de tafia. — 1786, in-4°.

Questions (1re, 2e, 3e) sur l'agriculture. — 1786, in-4°.

Instructions sur les prairies artificielles. — 1786, in-4°.

Instruction sur la culture des turneps ou gros navets, etc. — 1786, in-4°, 2e édit.

(Voyez 1785.)

Principes de morale, etc. par Moreau. — 1786, in-8°, t. XV, XVI, XVII et XVIII.

(Voyez 1777.)

Marci Manilii Astronomicon libri V, accessere Marci Tullii Ciceronis Aratæa, cum interpretatione gallica et notis, edente Al. Guid. Pingré. — 1786, 2 vol. in-8°.*

Analyse chimique et concordance des trois règnes, par Sage. — 1786, 3 vol. in-8°.*

Signaux de jour, de nuit et de brume, à l'ancre et à la voile, imprimés par ordre du roi, sous le ministère de M. de Castries. — 1786, in-8° (papier de Hollande).*

Traité théorique et expérimental d'hydrodynamique, par Bossut. — 1786, 2 vol. in-8°.*

Moyens éprouvés pour préserver les fromens de la carie, publiés conformément aux expériences nouvellement faites à Rambouillet, sous les yeux du roi, par M. l'abbé Tessier. — 1786, in-8° (1 feuille).

Avis et questions proposés par la Société royale de médecine, sur l'électricité médicale, sur la nyctalopie ou aveuglement de nuit, et sur les propriétés des lézards dans le traitement de diverses maladies. — 1786, in-8° (1 feuille).

Calendrier de l'école gratuite de dessin pour 1786. — 1786, in-8°, avec planches.

> Ce volume contient la liste des souscripteurs, celle des élèves lauréats, le dôme et le plan, et, de plus, les *Proportions géométrales du taureau*.
> (Voyez 1785.)

Instruction sur la culture des turneps ou gros navets, sur les différentes manières de les conserver, et sur les moyens de les rendre propres à la nourriture des bestiaux. — 1785, in-8° (1 feuille et 1/2).

> (Voyez 1786 et 1788.)

Projet d'instruction sur une maladie convulsive fréquente dans les colonies de l'Amérique, connue sous le nom de *tétanos*, demandé par le ministre de la marine à la Société royale de médecine. — 1786, in-8° (6 feuilles).

Discours sur le droit maritime, ancien, moderne, françois, étranger, civil, militaire, et sur la manière de l'étudier, par M. Groult, docteur en droit, etc. — 1786, in-8° (3 feuilles 1/4).

Instruction sur la culture, l'usage et les avantages de la betterave champêtre, principalement extraite d'un mémoire de M. l'abbé de Commerel, correspondant de la Société royale des sciences et des arts de Metz. — 1786, in-8° (1 feuille 3/4).

Précis des journaux tenus pour les malades qui ont été électrisés pendant l'année 1785, et des mémoires sur le même objet adressés à la Société royale de médecine pendant la même année; travail servant de suite au Mémoire sur les différentes manières d'administrer l'électricité. — 1786, in-8° (3 feuilles).

> (Voyez 1784, p. 228.)

Observations sur la comparaison de la nouvelle laine superfine de France avec la plus belle laine d'Espagne dans la fabrication du drap; lues à la rentrée publique de l'Académie royale des sciences, le 16 novembre 1785, par M. Daubenton, de la même académie. — 1786, in-8° (2 feuilles).

Arrêt du Conseil d'État du roi, contenant le bail de l'entretenement du pavé de la ville, faubourgs et banlieue de Paris, fait aux sieurs L'Écluse et Cheradame. Du 30 décembre 1785. — 1786, in-8° (4 feuilles 1/4).

Instruction sur la culture et les usages du maïs ou blé de Turquie comme grain. — 1786, in-8° (2 feuilles).

Instruction sur la culture et l'usage du maïs ou blé de Turquie en fourrage. — 1786, in-8° (1/2 feuille).

Traité du charbon ou anthrax dans les animaux, par M. Chabert, directeur et inspecteur général des écoles royales vétérinaires de France, correspondant de la Société royale de médecine, etc. — 1786, in-8° (11 feuilles).

3° édit. (Voyez 1782 et 1783.)

Éloges de MM. Thomas, Parant et Paullet. — 1786, in-8° (1 feuille).

Extrait du *Journal de médecine militaire*, t. V, cahier de janvier 1786.

Éloge de M. Rambaud. — 1786, in-8° (3/4 de feuille).

Extrait du *Journal de médecine militaire*, t. V, cahier d'avril 1786.

Instruction sur le service du canon à bord des vaisseaux. — 1786, in-12.

Déclaration du 19 août 1786 contre le faux-saunage par l'introduction des cuirs. — 1786, in-(?).

En caractères d'écriture.

1787.

Glossaire de l'ancienne langue françoise, depuis son origine jusqu'au siècle de Louis XIV. — 1787, in-fol.

Cet ouvrage, commencé du vivant de son auteur, Lacurne de Sainte-Palaye, et qui devait former une douzaine de volumes, n'a été imprimé que jusqu'au mot *asseureté*, c'est-à-dire jusqu'au 92° cahier du tome I", soit 736 pages; quelques exemplaires de ces 92 cahiers ont été conservés, et il s'en trouve deux à la bibliothèque de l'Imprimerie impériale. Il y a un carton à la feuille O 3 pour le mot *apanage*.

Tables et dessins des canons de fer pour la marine, et canons de bronze pour les colonies. — 1787, in-fol. avec planches.*

> Dans cet ouvrage, dit Anisson, dont l'auteur ou plutôt le rédacteur est M. de Manson, sont intercalées, sous le n° 22, les planches et explications extraites du grand ouvrage de M. de Gribeauval.

Extrait du règlement fixant la dimension des canons de l'artillerie de France (par M. de Gribeauval). — 1787, in-fol.

> (Voyez 1792, *Tables des constructions*, in-fol.)

Le pilote de l'isle de Saint-Domingue et des débouquemens de cette isle, comprenant une carte de l'isle de Saint-Domingue et une carte des debouquemens depuis la Caye-d'Argent jusqu'à la partie ouest du Placet des isles Lucayes, par M. le comte Chastenet de Puységur. (Publié par ordre du roi.) — 1787, in-fol. avec atlas.*

Édit de juin 1787, portant suppression du droit d'ancrage. — 1787, in-fol. (2 feuilles sur écu, en italique).

Comptes de la chambre syndicale des libraires (et autres pièces y relatives). — 1787, in-fol.

Essay historique sur la typographie orientale et grecque de l'Imprimerie royale, par M. de Guignes. — 1787, in-fol.

> Extrait du 1er volume des *Notices et extraits des manuscrits de la Bibliothèque du roi*, in-4°, 1787.

Balance du commerce de France. — 1787, in-fol.

> Cette Balance fut continuée en 1788, 1789, et de 1797 à 1816. Elle se trouve à la bibliothèque de l'Imprimerie impériale.

État de situation des pépinières. — 1787, in-fol.

Histoire de l'Académie des sciences (année 1784). — 1787, 1 vol. in-4°.

> (Voyez 1714.)

Buffon. *Œuvres complètes.* (*Quadrupèdes.*) — 1787, in-4°, t. VI.

> (Voyez 1777.)

Détail sur la navigation aux côtes de Saint-Domingue et dans ses débouquemens. — 1787, in-4°.*

Traité de navigation et de commerce entre la France et la Russie. — 1787, in-4°.

Conventions additionnelles au traité de navigation et de commerce entre la France et l'Angleterre (1786). — 1787, in-4°.

Instruction pour la direction des paquebots aux colonies. — 1787, in-4°.

Arrêt du conseil pour l'encouragement du commerce des États-Unis d'Amérique (29 décembre 1787). — 1787, in-4° (en français et en anglais).

Lettre d'envoi dudit arrêt, par M. Lambert, contrôleur général, à M. Jefferson, 29 décembre 1787. — 1787, in-4° (en français et en anglais).

Compagnie des eaux de Périer. — 1787, in-4°.

Pesanteur spécifique des corps; ouvrage utile à l'histoire naturelle, à la physique, aux arts et au commerce; par Brisson. — 1787, in-4°, avec figures.*

Notices et extraits des manuscrits de la Bibliothèque du roi, lus au comité établi par Sa Majesté dans l'Académie royale des inscriptions et belles-lettres. — 1787-1793, 4 vol. in-4° (t. I, 1787; t. II, 1789; t. III, 1793; le tome IV, fort avancé en 1792, ne fut achevé qu'en l'an VII).*

> Un *Avertissement* de A. I. Silvestre de Sacy, placé en tête du 4° volume, nous apprend qu'il fut commencé en 1791 et suspendu en 1792, ce qui explique «la disparate que l'on observera entre les premières feuilles, dans lesquelles se trouvent des expressions et des qualifications maintenant abolies, et le reste de ce volume.»
>
> En effet, on trouve dans la première partie du volume les mots *Bibliothèque du roi* remplacés par ceux de *Bibliothèque nationale* à partir de la page 273, ainsi que sur le titre du livre.
>
> Cet ouvrage a été continué depuis la Révolution dans l'établissement qui a succédé à l'Imprimerie du Louvre.

Mémorial lu au comité des manuscrits sur les recherches à faire concernant la Pucelle d'Orléans, par M. Del'Averdi. — 1787, in-4°.

> Postérieurement, Del'Averdi publia, dans le 3° volume des *Notices et extraits des manuscrits de la Bibliothèque du roi* (1793), un long mémoire sur le procès de Jeanne d'Arc, qui occupe 604 pages, et est accompagné d'un plan de Rouen et d'un autre de Paris au XV° siècle.

Examen des mesures du méridien (par M. de la Place). — 1787, in-4°.

> A la suite de cet ouvrage se trouve «État de la boussole à la Chine.»

Théorie de Jupiter et de Saturne, par M. de la Place. — 1787, in-4°.

Mémoire sur les opérations trigonométriques relatives à la figure de la terre. — 1787, in-4°.

> Extrait des *Mémoires de l'Académie des sciences* pour 1787.

Discours lu à l'Académie des sciences en présence du prince Henri de Prusse, comte d'Oëls, par M. le marquis de Condorcet. — 1787, in-4°.

Mémoires (Quatre) de M. Berthollet sur l'alkali, etc. — 1787, in-4°.
Tirés des *Mémoires de l'Académie des sciences* de 1785.

Qualités de M. Lambert, contrôleur général. — 1787, in-4°.

Répartition des départemens des forêts du royaume pour les constructions de la marine. — 1787, in-4°.

Avis sur les moyens de secours pour les noyés, par M. Portal. — 1787, in-4°.

Remède du sieur Quiret pour guérir la maladie de la gale, et rapport de la Société royale de médecine. — 1787, in-4°.

Connoissance des temps *à l'usage des astronomes et des navigateurs*, pour l'année commune 1789, avec des additions, par M. Méchain. — 1787, in-8°.
(Voyez 1728.)

Principes de morale, etc. par Moreau. — 1787, in-8°, t. XIX.
(Voyez 1777.)

Instruction sommaire sur le traitement des maladies vénériennes dans les campagnes, lue dans la séance tenue au Louvre par la Société royale de médecine, le 12 septembre 1786; rédigée et publiée par ordre du gouvernement. — 1789, in-8° (4 feuilles 1/4).

Supplément à la description méthodique du cabinet de l'école royale des mines, par Sage. — 1787, in-8°.
(Voyez 1784.)

Géométrie souterraine, élémentaire, théorique et pratique, par Duhamel. 1787, — in-8°, avec figures. (T. I et unique.)

Observations sur les effets des vapeurs méphitiques dans l'homme, sur les noyés, sur les enfants qui paroissent morts en naissant, et sur la rage, avec un précis du traitement le mieux éprouvé en pareil cas. — 1787, in-8°.*

6ᵉ édition, à laquelle on a joint des observations sur les effets de plusieurs poisons dans le corps de l'homme, et sur les moyens d'en empêcher les suites funestes, par M. Portal, médecin consultant de Monsieur, etc.

Traité de la gale et des dartres des animaux, par M. Chabert, directeur et inspecteur général des écoles royales vétérinaires, etc. — 1787, in-8° (3 feuilles 1/2).

Progrès des travaux littéraires ordonnés par Sa Majesté et relatifs à la législation, à l'histoire et au droit public de la monarchie françoise, par Moreau, historiographe de France. — 1787, in-8° (4 feuilles).*

(Voyez 1782, *Plan des travaux*, etc.)

Éloge de M. Claude-Esprit Thion de la Chaume. — 1787, in-8° (1 feuille).

Extrait du *Journal de médecine militaire*, t. VI.

Éloge de M. Mac-Mahon. — 1787, in-8° (1/2 feuille).

Extrait du *Journal de médecine militaire*, t. VI, cahier d'octobre 1787.

Éloge de M. Vacher. — 1787, in-8° (3/4 de feuille).

Extrait du *Journal de médecine militaire*, t. VI, cahier de janvier 1787.

Calendrier de l'école gratuite de dessin pour 1787. — 1787, in-8°.

Ce calendrier contient, outre les renseignements généraux habituels, un travail intitulé *Du cheval*, extrait de la «Mémoire artificielle des principes relatifs à la fidèle représentation des animaux.» (Voyez 1785.)

Précis des expériences faites par ordre du roi, à Trianon, sur la cause de la corruption des blés. — 1787, in-12.

2ᵉ édition. (Voyez 1785.)

Buffon. *Histoire naturelle des minéraux*. — 1787, in-12, t. VII et VIII.

(Voyez 1783.)

1788.

Déclaration de la république de Zurich sur les répétitions pour faillite. — 1788, in-fol.

Recueil de mémoires sur la trop grande quantité de places de guerre. — 1788, in-fol.

Tiré des manuscrits de Vauban.

Balance du commerce de France. — 1788, in-fol.

Observations sur le prix des ouvrages de construction, etc. au Port-au-Prince. — 1788, in-fol.

Compagnie des bains orientaux. — 1788, in-fol.

Noms et numéros des régimens des troupes françoises en 1788. — 1788, in-fol.

Histoire de l'Académie des sciences (années 1785 et 1786). — 1788, 2 vol. in-4°.

(Voyez 1714.)

Histoire de la maison de Bourbon, par M. Désormaux. — 1788, in-4°, t. V.

(Voyez 1772.)

Buffon. *OEuvres complètes.* (*Quadrupèdes.*) — 1788, in-4°, t. VII.

(Voyez 1777.)

Convention entre les cours de France et d'Espagne (2 janvier 1768). — 1788, in-4°.

Ratification de la convention des cours de France et d'Espagne (24 décembre 1786). — 1788, in-4°.

Détail pour la carte de Gonave, ajoutée en 1788 au Pilote de Saint-Domingue. — 1788, in-4°.

Mémoire sur le fer, par MM. Vandermonde, Berthollet et Monge. — 1788, in-4°.

Extrait des *Mémoires de l'Académie des sciences* de 1786.

Suite de la théorie de Jupiter et de Saturne, par M. de la Place. — 1788, in-4°.

(Voyez 1787, p. 238.)

Programme du prix de l'Académie des sciences pour 1788 (sur le flint-glass). — 1786, in-4°.

Ordonnance du roi portant règlement sur la hiérarche de tous les emplois militaires. — 1788, in-4°.

Nouveau globe artificiel, par M. Mentel. — 1788, in-4°.

Traité d'équitation, par Montfaucon de Rogles. — 1788, in-4°.*

Traduction du règlement de l'impératrice de Russie pour les courses. — 1788, in-4°.

Traité de vénerie, par d'Yanville. — 1788, in-4°, avec musique gravée.*

Il y a des exemplaires sur papier de Hollande.

Compte rendu au roi, au mois de mars 1788, et publié par ses ordres (par M. de Loménie, archevêque de Sens). — 1788, in-4°.*

Il a été tiré des exemplaires sur très-grand in-folio.

Statuts de l'ordre du Saint-Esprit estably par Henri III° du nom, roy de France et de Pologne, au mois de décembre 1578. — 1788, in-4°.*

Anisson avait un exemplaire unique sur papier grand-jésus. Il nous apprend qu'il avait été imprimé 1,000 exemplaires de ce livre : 200 avec les planches tirées de l'histoire métallique de Louis XIV, et 800 avec les cuivres de l'ancienne édition retouchée.

Convention explicative de l'article 13 du traité du 3 septembre 1783 entre le Roi et le roi d'Angleterre. — 1788, in-4°.

(Voyez 1783.)

Mémoires sur la météorologie, pour servir de suite et de supplément au Traité de météorologie publié en 1774 par le P. Cotte. — 1788, 2 vol. in-4°.*

Rapports (trois) des commissaires chargés par l'Académie des projets relatifs à l'établissement de quatre hôpitaux; imprimés par ordre du roi. — 1788, in-4°.

Extrait des registres de l'Académie royale des sciences.

Instruction sur la culture des turneps ou gros navets, etc. — 1788, in-4°.

3° édition. (Voyez 1785 et 1786.)

Circulaire de la maison de banque Grivel, de Lyon. — 1788, in-4°.

Connoissance des temps pour 1790, par Méchain. — 1788, in-8°.

(Voyez 1728.)

La figure de la terre déterminée par les observations de MM. de Maupertuis, Clairaut, Camus, etc. — 1788, in-8°.

Défauts tolérés dans les canons. — 1788, in-8°.

Calendrier de l'école gratuite de dessin pour 1788. — 1788, in-8°, avec planches.

Contenant, outre les renseignements généraux habituels, un *Essai sur l'expression des diverses passions du cheval.*

La feuille A a été refaite.

Précis des moyens de secourir les personnes empoisonnées par les poisons corrosifs, par MM. Navier fils, docteurs-régens des facultés de médecine de Paris et de Reims. — 1788, in-8° (4 feuilles 1/2).

> Extraits de l'ouvrage des contre-poisons, de l'arsenic, du sublimé-corrosif, du vert-de-gris et du plomb, etc. de M. Navier, conseiller-médecin du roi pour les épidémies, à Châlons-sur-Marne, etc. (Voyez 1778.)

Avis aux cultivateurs dont les récoltes ont été ravagées par la grêle du 17 juillet 1788, rédigé par la Société royale d'agriculture et publié par ordre du roi. — 1788, in-8° (1 feuille).

Supplément à l'avis ci-dessus. — 1788, in-8° (1/2 feuille).

> Extrait d'un mémoire présenté à la Société par M. l'abbé de Commerel, associé étranger.

L'art de guérir radicalement, et sans le secours d'aucun bandage, les hernies, par M. Maget, ancien chirurgien major de la marine et chirurgien de la garde de Paris. — 1788, in-12 (52 pages).

1789.

Balance du commerce de France. — 1789, in-fol.

Histoire de l'Académie des sciences (année 1787). — 1789, 1 vol. in-4°.

> (Voyez 1714.)

Buffon. *Histoire naturelle.* (*Suppléments.*) — 1789, in-4°, t. VII.

> Publié par Lacépède, après la mort de Buffon. (Voyez 1774.)

Buffon. *Œuvres complètes.* (*Quadrupèdes.*) — 1789, in-4°, t. VIII.

> Publié par Lacépède, après la mort de Buffon. (Voyez 1777.)

Notices et extraits des manuscrits de la Bibliothèque du roi. — 1789, in-4°, t. II.

> (Voyez 1787.)

Mémoire sur l'exploitation des mines chez les anciens, par M. Ameilhon. — 1789, in-4°.

> Extrait des *Mémoires de l'Académie des belles-lettres*, t. XLVI.

Théorie de l'anneau de Saturne, par M. de la Place. — 1789, in-4°.

Procès-verbal de l'assemblée des notables tenue à Versailles en 1788. — 1789, in-4°.

Rapport du comité des finances des dépenses de la guerre. — 1789, in-4°.

Mémoire de M. le comte de la Tour du Pin sur les dépenses de la guerre. — 1789, in-4°.

Précis d'un ouvrage sur les hôpitaux, par Le Roy. — 1789, in-4°.

Cérémonial de réception d'un des officiers commandeurs du Saint-Esprit dans le cabinet du roi. — 1789, in-4°.

Arrimage des vaisseaux, publié par ordre du roi, par M. de Missiessy-Quiès, lieutenant de vaisseau. — 1789, in-4°, avec 4 figures.

Compte général des revenus et des dépenses fixes au premier de mai 1789. — 1789, in-4°.

Il y a des exemplaires tirés sur grand in-fol. papier de Hollande.

Connoissance des temps pour 1791, par Méchain. — 1789, 1 vol. in-8°.

(Voyez 1728.)

Précis des faits relatifs à M. le comte de Guibert. — 1789, in-8°.

Lettre de M. le comte de la Châtre à M. de Guibert. — 1789, in-8°.

Instruction sur la manière dont on doit procéder à l'épreuve du salpêtre que fournissent dans les magasins du roi les salpêtriers et entrepreneurs de nitrières; par les régisseurs généraux des poudres et salpêtres. — 1789, in-8° (2 feuilles), avec une gravure.

Projet de déclaration des droits d'un citoyen françois. — 1789, in-8°.

Rapport de M. l'archevêque de Bordeaux sur un projet de constitution. — 1789, in-8°.

Projet d'une contribution nationale, par M. d'Avrange. — 1789, in-8°.

Opinion sur la sanction royale. — 1789, in-8°.

De l'unité du pouvoir exécutif et de la responsabilité de ses agents. — 1789, in-8°.

Opinion sur le mode de recrutement pour l'armée, par M. le duc de Liancourt, député de Clermont en Beauvoisis, décembre 1789. — 1789, in-8° (2 feuilles 1/2).

Projet d'un cours public des arts et métiers, par M. Bachelier. — 1789, in-8°.

Mémoire sur l'éducation des filles, par M. Bachelier. — 1789, in-8°.

Il y a une édition avec dédicace aux États généraux.

Mémoire sur les écoles de dessin, par M. de Camps. — 1789, in-8°.

Calendrier de l'école gratuite de dessin pour 1789. — 1789, in-8°, avec planches.

Ce volume contient, outre les renseignements généraux habituels, *De la position de l'homme à cheval.*

Buffon. *Histoire naturelle.* (*Suppléments.*) — 1789, in-12, t. XIII et XIV.

Publiés par Lacépède, après la mort de Buffon. (Voyez 1774.)

Buffon. *Œuvres complètes.* (*Quadrupèdes.*) — 1789, in-12, t. XII et XIII.

(Voyez 1775.)

Hospice de la Charité (année 1788), par M. Doublet. — 1789, petit in-12.

Observations sur le recrutement et l'emplacement de l'armée active, par cantons ou par départements, par M. le chevalier de Pommelles, lieutenant-colonel du 5° régiment d'état-major. — 1789, in-12 (1 feuille 1/2).

1790.

Ordonnances des rois de France de la 3° race. — 1790, in-fol. t. XIV.

(Voyez 1723.)

Dénombrement du duché de Bourgogne et pays adjacens, et des provinces de Bresse et Dombes, Bugey et Gex, rédigé, en 1786, par les soins de M. Amelot, intendant. — 1790, in-fol.*

Note d'instruction sur le pavillon national de France. — 1790, in-fol.

Il y a eu des changements dans le tirage.

Mémoire sur le département des ponts et chaussées, par M. de la Millière. — 1789, in-4°.

Avec supplément, 1790.

Traité des monnoies des barons, prélats, villes et seigneurs de France, ou représentation et explication de toutes les monnoies d'or, d'argent, de billon et de cuivre, qu'ont fait frapper les possesseurs de grands fiefs, etc. par Ancher du By Tobiesen. — 1790, 2 vol. grand in-4°, avec 122 planches.

> Ouvrage rare, parce qu'une grande partie de l'édition a été détruite.

Compte général des finances au 1ᵉʳ mars 1789. — 1790, in-4°.

> Il y a des exemplaires in-fol. sur grand-jésus.

Observations de M. Necker sur le *Livre rouge*. — 1790, in-4°.

> Il y a une édition in-8°.

Observations sur les enfants trouvés, par M. Montlinot. — 1790, in-4°.

Mémoire sur un projet de fabrication d'une monnoie en fer, par M. Bachelier. — 1790, in-4°.

> Ce Mémoire est resté en épreuve par les raisons déduites dans une lettre jointe à l'exemplaire d'Anisson.

Mémoire sur le blanchissement des cocons jaunes, par M. Baumé. — 1790, in-4°.

Mémoire envoyé le 18 juin 1790 au Comité des rapports de l'Assemblée nationale, par M. de la Luzerne, ministre et secrétaire d'État au département de la marine et des colonies. — 1790, in-4°.

> C'est l'apologie de sa conduite en Amérique.

Découvertes des François en 1768 et 1769 dans le sud-est de la Nouvelle-Guinée, par M. *** [de Fleurieu], ancien capitaine de vaisseau. — 1790, in-4°, avec 12 cartes.*

Traité des champignons, ouvrage dans lequel on trouve (après l'histoire analytique et chronologique des découvertes et des travaux sur les plantes, suivie de leur synonymie botanique, et des tables nécessaires) la description détaillée, les qualités, les effets, les différens usages, non-seulement des champignons proprement dits, mais des truffes, des agarics, des morilles et autres productions de cette nature, etc. par M. Jean-Jacques Paulet, médecin des facultés de Paris et de Montpellier, etc. — 1790, 2 vol. grand in-4°, avec figures.

> Quoique daté de 1790, ce livre n'était pas terminé en 1794, comme on l'apprend

d'une note d'Anisson. — Il y a des cartons et des titres avec la date de 1793, où l'auteur est appelé le *citoyen Paulet*.

M. Brunet s'exprime ainsi au sujet de ce livre : «Il faut réunir à cet ouvrage estimé 1 volume petit in-folio composé de 217 planches coloriées et du portrait de l'auteur. Ces planches ont été publiées en 42 livraisons, dont les 12 dernières, formant ensemble 55 planches, n'ont paru qu'en mars 1835.» Il y en avait déjà un cahier considérable en 1793.

État des finances de Saint-Domingue, contenant le résumé des recettes et dépenses de toutes les caisses publiques, depuis le 10 novembre 1785 jusqu'au 1er janvier 1788; par Barbé de Marbois, intendant des isles françoises sous le vent. — 1790, in-4°.

État des finances de Saint-Domingue, contenant le résumé des recettes et dépenses de toutes les caisses publiques, depuis le 1er janvier 1788 jusqu'au 31 décembre de la même année. — 1790, in-4°.

Notices et extraits des manuscrits de la Bibliothèque du roi. — 1790, in-4°, t. III.

(Voyez 1787.)

Recueil des pièces qui ont remporté les prix à l'Académie royale des sciences, depuis sa fondation en 1720 jusqu'en 1772. — 1790, 9 vol. in-4°.

Principes de composition typographique pour diriger un compositeur dans l'usage des caractères orientaux de l'Imprimerie royale, par M. de Guignes. — 1790, in-4°.

Pièces relatives à l'emprisonnement de M. le comte d'Albert de Rioms, commandant de la marine de Toulon. — 1790, in-4°.

Estimation de l'inventaire général du mobilier de la couronne, fait le 26 décembre 1790. — 1790, in-4°.

Décret du 14 août-1er décembre 1790, qui suspend la continuation de tous les ouvrages imprimés par ordre ou aux frais du gouvernement, jusqu'à ce qu'une nouvelle loi en ordonnât la reprise. — 1790, in-4°.

Journal historique du voyage de M. de Lesseps, consul de France, employé dans l'expédition de M. le comte de la Pérouse, en qualité d'interprète de Louis XVI, depuis l'instant qu'il a quitté les frégates françoises au port Saint-Pierre et Saint-Paul du Kamtschatka, jusqu'à son arrivée en France, le 17 octobre 1788. — 1790, 2 vol. in-8°, avec figures.*

<small>Anisson avait un exemplaire sur papier fin avec quatre épreuves différentes de la figure qui représente un traîneau tiré par des chiens, imprimée sur papier fort, sur papier serpente, à l'encre bleue et à l'encre rouge.</small>

Collection des discours de M. Bachelier, professeur de l'Académie royale de peinture, directeur de l'école royale gratuite de dessin, prononcés à l'occasion des distributions de prix depuis l'origine de cet établissement. — 1790, in-8° (4 feuilles).

Calendrier de l'école gratuite de dessin pour 1790. — 1790, in-8°.

<small>Ce volume contient, outre la liste des fondateurs, le dôme et le plan de l'école : 1° Lettres patentes pour l'établissement d'une école gratuite de dessin à Paris; 2° Projet d'un cours public des arts et métiers; 3° Sur l'utilité des établissements d'écoles gratuites de dessin.</small>

Mémoire sur l'origine, les progrès et la situation de l'école royale gratuite de dessin, chargée de l'instruction de 1,500 élèves; suivi d'un extrait des registres du conseil d'État, d'une attestation et supplication des corps et communautés, et d'observations. — 1790, in-8°.

Instruction concernant la conservation des manuscrits, chartes, sceaux, livres imprimés, monuments de l'antiquité et du moyen âge, statues, tableaux, dessins et autres objets relatifs aux beaux-arts, aux arts mécaniques, à l'histoire naturelle, aux mœurs et usages des différents peuples, tant anciens que modernes, provenant du mobilier des maisons ecclésiastiques, et faisant partie des biens nationaux. — Signé : La Rochefoucauld, président du Comité d'aliénation, etc. — Paris, Imprimerie nationale, sans date (15 décembre 1790), in-8°.

Lettre du directeur de l'Imprimerie royale à M. le président de l'Assemblée nationale, en réponse au rapport de M. de Montesquiou, du 29 octobre, sur l'impression des assignats, 30 octobre 1790. — 1790, in-8° (1/2 feuille).

Autre lettre du même sur le même sujet, adressée au comité des finances. — 1790, in-8° (1/2 feuille).

Observations du directeur de l'Imprimerie royale sur la fabrication du papier des assignats et sur leur impression. — 1790, in-8°.

Instruction sur les moyens de s'assurer de l'existence de la morve et d'en prévenir les effets, par M. Chabert, directeur général des écoles vétérinaires. — 1790, in-8° (4 feuilles).

2° édition.

Des inhumations précipitées. (Mémoire.) — 1790, in-8° (1 feuille 1/2).

Observations sur l'accord de la raison et de la religion pour le rétablissement du divorce, l'anéantissement des séparations entre époux, et la réformation des lois relatives à l'adultère, par M. Bouchotte, député du département de l'Aube. — 1790, in-8°.

Proposition faite à l'Assemblée nationale, sur les poids et mesures, par M. Charles-Maurice de Talleyrand-Périgord, évêque d'Autun. — 1790, in-8°.

Essai sur le goudron du charbon de terre, sur la manière de l'employer pour caréner les vaisseaux, et celle d'en faire usage dans plusieurs arts, sur les différents produits de ce combustible fossile, tels que le bitume solide, l'huile minérale, le naphte, l'alcali volatil, l'eau styptique propre à la préparation des cuirs, le noir de fumée, le coke ou charbon épuré; précédé de recherches sur l'origine et les différentes sortes de charbon de terre, par M. B. Faujas. — 1790, in-8° (9 feuilles).

Mémoire sur l'amélioration des biens communaux, le desséchement des marais, le défrichement des terres incultes et la replantation des bois, avec les moyens de procéder à leur partage : avantage précieux pour notre agriculture, qui, par l'augmentation de pâturage, plus grande multiplication de bestiaux et bonification de nos laines, leur mise en valeur, nous fera conquérir sur nous-mêmes des terrains immenses, par M. C... D. P... (Cretté de Palluel), cultivateur, membre de plusieurs sociétés d'agriculture. — 1790, in-8° (2 feuilles).

Réponses aux mémoires de M. de Montalembert, publiés en 1790, sur la fortification dite *perpendiculaire*, la composition des casemates dites *inexpugnables*, la multiplication illimitée des bouches à feu, le projet d'enceindre le royaume par des lignes imprenables, et autres idées d'une apparence très-importante, pour servir d'apologie aux principes observés dans le corps royal du génie; par le colonel d'Arçon. — 1790, in-8° (8 feuilles).

Suite des réponses du colonel d'Arçon pour éclairer les répliques de M. de Montalembert. — 1790, in-8° (2 feuilles 1/2).

De la réunion des mineurs au corps royal du génie, et de celle du génie à l'artillerie. — Opinion soumise à l'Assemblée nationale par M. Bureaux, capitaine au corps royal du génie, etc. — 1790 (?), in-8° (7 feuilles).

Observations sur les hôpitaux, par M. Cabanis, docteur en médecine et de la Société de Philadelphie. — 1790, in-8°.

Essai sur la mendicité, par M. de Montlinot. — 1790, in-8° (?).

Plan du travail du comité pour l'extinction de la mendicité, présenté à l'Assemblée nationale (en conformité de son décret du 21 janvier), par M. de Liancourt, député de Clermont en Beauvoisis. — 1790, in-8°.

Mémoire sur l'établissement d'une gare à Paris. — 1790, in-8° (1 feuille).

Mémoire sur la nécessité des troupes provinciales, ou d'une armée auxiliaire et permanente, par M. le chevalier de Pommelles, lieutenant-colonel du 5ᵉ régiment de l'état-major. — 1790, in-8° (1 feuille 1/2).

Mémoire sur le mode de formation et de recrutement de l'armée auxiliaire, par M. le chevalier de Pommelles, lieutenant-colonel du 5ᵉ régiment de l'état-major. — 1790, in-8° (2 feuilles).

Prospectus d'une association qui aura pour objet l'amélioration et la multiplication des chevaux en France, par le même. — 1790 (?), in-8°(?) (3/4 de feuille).

Mémoire sur la possibilité d'améliorer les chevaux en France, et plan d'association ayant cette amélioration pour objet (ouvrage approuvé par la Société d'agriculture), par M. Flandrin, directeur adjoint de l'école vétérinaire d'Alfort, ci-devant directeur de celle de Lyon. — 1790, in-12.

1791.

Diplomata, chartæ, epistolæ, leges, aliaque instrumenta ad res gallo-francicas spectantia (par MM. de Bréquigny et La Porte du Theil). — 1791, 1 vol. in-fol.

> Ce volume n'était pas terminé lorsque parut le décret de 1790 qui suspendit jusqu'à nouvel ordre les travaux historiques.
>
> Le texte était imprimé, ainsi que les prolégomènes qui le précèdent; mais les tables restaient à faire : l'éditeur n'hésita pas à le livrer tel quel au public.
>
> Ce travail a été refait depuis par M. Pardessus, en 2 vol. in-folio.

CATALOGUE CHRONOLOGIQUE. 251

État de population de la province de Bourgogne. — 1791, in-fol.

(Voyez 1790, p. 245.)

Histoire de l'Académie royale des sciences (année 1788). — 1791, 1 vol. in-4°.

(Voyez 1714.)

Théorie des satellites de Jupiter, par M. de la Place. — 1791, in-4°.

(Voyez 1787, p. 238, et 1788, p. 241.)

Traité du calcul intégral, par Condorcet (ouvrage interrompu en 1791 à la feuille R). — 1791, in-4°.

L'exemplaire d'Anisson allait jusqu'à la feuille T, probablement en épreuve. (Voyez son catalogue imprimé.)

Conjonction inférieure de Vénus, le 7 août 1788, par M. de la Lande. — 1791, in-4°.

On y joint un second mémoire sur le même sujet.

La Gazette de France. — 1791, in-4°. (*Prospectus.*)

(Voyez 1779.)

Bulletins de la maladie du roi. — 1791, in-4° et in-8°.

Loterie en faveur de l'école royale gratuite de dessin. — 1771, in-4° (4 pages).

Le livre du secret de la créature, par M. de Sacy. — 1791, in-4°.

Extrait du tome IV des *Notices et extraits des manuscrits de la Bibliothèque nationale.*

Connoissance des temps pour 1792, par M. Méchain. — 1791, in-8°.

(Voyez 1728.)

Observations sur les effets des vapeurs méphitiques dans l'homme, sur les noyés, sur les enfants qui paroissent morts en naissant, et sur la rage; avec un récit du traitement le mieux approuvé en pareils cas, par M. Portal. 7° édition. — 1781, in-8°.

(Voyez 1787.)

Aperçu présenté au comité des monnoies de l'Assemblée nationale, des avantages qui peuvent résulter de la conversion du métal des cloches en monnoie moulée, pour faciliter l'échange des petits assignats, par M. l'abbé Rochon, de l'Académie des sciences, membre de la commission des monnoies. — 1791, in-8°.

Acte de navigation; rapport et projet de décret sur la navigation françoise, présenté à l'Assemblée nationale, au nom de ses comités de la marine, d'agriculture et de commerce; suivi d'un projet de décret sur le jaugeage des navires; par M. de Lattre, député du département de la Somme. — 1791, in-8°.

Résultats extraits d'un ouvrage intitulé «De la richesse territoriale du royaume de France,» remis au comité de l'imposition, par M. Lavoisier, de l'Académie des sciences, député suppléant à l'Assemblée nationale, et commissaire de la trésorerie (imprimés par ordre de l'Assemblée nationale). — 1791, in-8°.

Discours prononcé à l'assemblée électorale du département de Paris, le 7 janvier 1791, par M. Thomeret, curé de Noisy-le-Sec, électeur du canton de Pantin, membre de la députation à Paris. — 1791, in-8° (1/2 feuille). *De l'Imprimerie de l'assemblée électorale.*

C'est un éloge de la Constitution.

Instructions pour les gardes nationales. — 1791, in-8°.

1792.

Table chronologique des diplômes, etc. par M. de Bréquigny. — 1792, in-fol. t. IV, inachevé.

(Voyez 1769.)
Le volume n'allait encore qu'au cahier Bbbij lorsqu'un décret de l'Assemblée nationale ordonna de suspendre tous les travaux de ce genre, jusqu'à nouvel ordre. Quelques exemplaires furent ainsi livrés incomplets. Il en existe entre autres un à la Bibliothèque impériale. Le travail a été repris en 1832 par M. Pardessus, qui a publié les tomes IV, V et VI (1850).

Catalogue des livres imprimés de la Bibliothèque royale. — 1792, in-fol. tome VII, inachevé.

(Voyez 1739.)
Il était presque achevé en 1792.

Tables des constructions des principaux attirails de l'artillerie, proposés ou approuvés depuis 1764 jusqu'en 1789, par M. de Gribeauval, exécutées et recueillies par M. de Manson et par plusieurs autres officiers du corps royal de l'artillerie. — 1792, in-fol. 3 vol. en 4 parties, et 3 vol. de planches.

Le titre que nous venons de transcrire est celui qu'on lit sur le frontispice gravé, répété à chaque volume de texte et de planches de cet ouvrage important, qui ne parut toutefois qu'après la mort de l'auteur (M. de Gribeauval), arrivée en 1789. Le faux titre porte : *Règlement concernant les fontes et les constructions de l'artillerie de France*, par MM. de Gribeauval et Manson.

Les volumes de texte ne portent pas de date d'impression ; ceux des planches portent la date de 1792; mais le livre avait probablement été commencé beaucoup plus tôt, peut-être en 1785.

«L'on prétend, dit M. Brunet (*Manuel*, 5° édition), qu'il n'y en a eu de tiré que 40 (M. Quérard, *France littéraire*, dit 120) exemplaires, dont le Gouvernement s'est réservé la distribution.» Voyez au reste sur ce livre : Quérard, *France littéraire*, t. III, p. 473, et Brunet, *Manuel*, 5° édition, t. II, col. 1738.

Notices et extraits des manuscrits de la Bibliothèque nationale. — 1792, in-4°, t. IV.

(Voyez 1787.)

Collection générale des lois, proclamations, instructions et autres actes du pouvoir exécutif, du mois de juillet 1788 au mois de prairial an II (époque de la publication du *Bulletin des lois*), avec les tables chronologiques et de matières. — 1792-1794, in-4°, 18 tomes en 23 volumes (les 5 premiers étant doubles).

1792. — Tomes I, II, III, IV, V (doubles) et VI. Imprimerie royale.
1792. — Tome VII. Imprimerie nationale exécutive du Louvre.
1793. — Tomes VIII, IX, X et IX. Imprimerie nationale exécutive du Louvre.
An II. — Tomes XII, XIII, XIV et XV. Imprimerie nationale du Louvre.
An III. — Tomes XVI et XVII. Imprimerie nationale du Louvre.
An III. — Tome XVIII. Imprimerie de la République.

Mémoire sur la manière d'occuper les forteresses par des moyens rapides. — 1792, in-4°.

Pétition des souscripteurs de l'école de dessin à l'Assemblée nationale. — — 1792, in-4°.

La Gazette de France. — 1792, in-4°.

(Voyez 1779.)

Dissertation sur une ancienne inscription grecque relative aux finances des Athéniens, contenant l'état des sommes que fournirent pendant une année les trésoriers d'une caisse particulière, par l'abbé Barthélemy, garde du cabinet des médailles, etc. — 1792, in-4°, avec une planche.

Connoissance des temps pour 1793, par M. Méchain. — 1792, in-8°.

(Voyez 1728.)

Discours sur l'utilité des écoles élémentaires en faveur des arts mécaniques.

prononcé par B[achelier] à l'ouverture de l'école gratuite de dessin, le 10 septembre 1766. — 1792, in-8° (1 feuille 1/4). *A l'Imprimerie nationale exécutive du Louvre.*

Règlement concernant les hôpitaux ambulants et sédentaires qui doivent être établis dans le service des armées, en exécution du décret de l'Assemblée nationale, des 21 et 27 avril 1792, sanctionné par le roi le 5 mai. Du 20 juin 1792, l'an IV de la liberté. — 1792, in-8° (4 feuilles 1/2). *A l'Imprimerie nationale exécutive du Louvre.*

Recherches sur l'artillerie en général, et particulièrement sur celle de la marine, par M. Texier de Norbec. — 1792, 2 vol. in-8°, avec figures.

Mémoire sur la latitude par la hauteur du soleil, par M. de Mendosa. — 1792, in-8°.

Messe espagnole, avec la traduction française et les contrefaçons. — 1792 (?), in-32.

Anisson, qui seul cite ce livre, ajoute en note : «Nota. Tout le manuscrit et l'édition de cet ouvrage ont été remis à MM. Bossange et compagnie, libraires, avec qui on en a traité, ainsi que des planches gravées, en juin 1792.»

1793.

Observations de la lune, du soleil et des étoiles fixes, pour servir à la physique céleste et à la navigation, par Lemonnier. — 1793 (?), in-fol. livre V.

(Voyez 1751.)
Je dois avouer que je n'ai pu trouver ce V° livre dans aucune bibliothèque de Paris; la bibliothèque de l'Observatoire ne possède pas même le livre IV, qui se trouve pourtant à la bibliothèque Mazarine.

Chroniques de Froissart, publiées par M. Dacier. — 1793, in-fol. t. Ier.

L'ouvrage a été interrompu par la Révolution. — En 1793 il n'y avait que le cahier K 4 achevé (632 pages suivant M. Brunet). Il en fut distribué quelques exemplaires dans cet état.

Collection générale des lois, etc. — 1793. in-4°, t. VIII, IX, X et XI. *Imprimerie nationale exécutive du Louvre.*

(Voyez 1792.)

Répertoire universel de jurisprudence (par L. Rondonneau). — In-4° (t. Ier, commencé en 1792, interrompu en 1793).

D'après le traité passé entre Anisson et Rondonneau, le 28 décembre 1791, le livre de ce dernier devait former 4 vol. in-4°, sous ce titre : «Répertoire général de la Constitution françoise, ou table alphabétique et raisonnée de tous les actes émanés de l'Assemblée nationale constituante et du pouvoir exécutif pendant les années 1789, 1790 et 1791.» Toute la copie devait être remise et l'ouvrage imprimé en 1792. Rondonneau devait recevoir 10,000 livres pour son travail. Les événements ne permirent pas la réalisation de ce traité.

Table des matières contenues dans l'Histoire et dans les Mémoires de l'Académie des inscriptions, du volume XXXIII au volume XLIII. — 1793, in-4°, t. XLIV. *Imprimerie nationale exécutive du Louvre.*

(Voyez 1717.)

Histoire de l'Académie royale des inscriptions, de 1780 à 1784. — 1793, in-4°, t. XLV et XLVI. *Imprimerie nationale exécutive du Louvre.*

Un avis placé en tête de ces deux volumes nous apprend qu'ils étaient prêts dès 1790, mais que leur publication fut retardée par la rédaction de la table qui compose le tome XLIV. (Voyez 1717.)

Mémoires sur diverses antiquités de la Perse et sur les médailles des rois de la dynastie des Sassanides, par Silvestre de Sacy. — 1793, in-4°, avec figures. *Imprimerie nationale du Louvre.*

Histoire des poëtes, par Douletschah ben-Alaeddoulet Algazi Alsamarcandi, tirée de manuscrits persans, par Silvestre de Sacy. — 1793, in-4°.

Extrait des *Notices et extraits des manuscrits de la Bibliothèque nationale*, t. IV.

Mémoire sur la recherche des moyens que l'on pourroit employer pour construire de grandes arches de pierre, etc. par Perronet. — 1793, in-4°, *Imprimerie nationale.* *

Précis de la langue angloise, par le citoyen Blondin. — 1793, in-8°. *Imprimerie nationale.*

Connoissance des temps pour 1794, par M. Méchain. — 1793, in-8°.

(Voyez 1728.)

Principes de morale, de politique et de droit public, etc. — 1793, in-8°, t. XX et XXI.

(Voyez 1777.)

Dominique Garat aux 83 départements. — 1793, in-8°. (Non achevé.)

AN II.

État général des départements, districts, cantons et communes de la République françoise. — An II, 3 vol. in-fol. *Imprimerie nationale.*

Collection générale des lois, etc. — An II, in-4°, t. XII, XIII, XIV et XV. *Imprimerie nationale du Louvre.*

(Voyez 1792.)

Instruction sur la manière d'inventorier et de conserver, dans toute l'étendue de la République, tous les objets qui peuvent servir aux arts, aux sciences et à l'enseignement. (Proposée par la commission temporaire des arts.) — An II (1793), in-4°. *Imprimerie nationale.* *

<small>Cette instruction fut rédigée par Grégoire.</small>

Instruction abrégée sur les mesures déduites de la grandeur de la terre et sur la division décimale. — An II, in-4° (?). *Imprimerie nationale.*

Fondement des cartes du Cattégat et de la Baltique, ou examen et discussion des observations astronomiques et des opérations géodésiques auxquelles ont été assujetties les cartes qui composent le nouveau Neptune de ces deux mers. — An II, in-4°. *Imprimerie nationale.*

AN III.

Collection générale des lois, etc. — An III, in-4°, t. XVI et XVII, *Imprimerie nationale du Louvre*, et t. XVIII, *Imprimerie de la République.*

(Voyez 1792.)

Eschyle. — Ses tragédies traduites en françois par La Porte du Theil (avec texte en regard). — An III, 2 vol. in-8°. *Imprimerie de la République.*

<small>Du Theil nous apprend, page 22 de l'*Avertissement de l'éditeur*, que l'impression de son livre, commencée en 1786, fut suspendue à la fin de 1789.</small>

SUPPLÉMENT

COMPRENANT

QUELQUES OUVRAGES DE DATES INCERTAINES

OU MENTIONNÉS D'UNE FAÇON TROP SOMMAIRE

POUR AVOIR PERMIS DE CONSTATER LEUR IDENTITÉ [1].

THÉOLOGIE.

Bréviaire du roi Louis XIII. — In-fol. avec un frontispice gravé.
> Je tire cette indication de l'inventaire des planches en taille-douce de l'Imprimerie royale en 1691.
> Je pense qu'il s'agit de l'édition in-4° du *Parva pietatis officia*, 1642.

Petites Heures de Louis XIII. — In-24, avec frontispice gravé.
> Je tire cette indication de la même source que ci-dessus.
> Je pense qu'il s'agit de la petite édition in-16 du *Parva pietatis officia*, 1642.

Heures de Mme la comtesse de Toulouse. — In-4°.

Bréviaire de M. le duc de Penthièvre. — In-8°.

Office de la sainte Vierge. — In-16.

Office de la Vierge, latin et français. — In-12.

Office de l'ordre du Saint-Esprit, en 2 parties. — In-12, sans date.

Le même ouvrage. — In-16, sans date.

Heures de l'école royale militaire.

Prières du matin et du soir. — In-8°.

---

[1] Presque tout ce supplément est tiré du catalogue manuscrit d'Anisson. (Voyez l'Avant-propos.)

Enfance de Jésus. — In-8°.

> Ce livre est antérieur à 1691, car il est inscrit dans l'inventaire des livres qui restaient au dépôt de l'Imprimerie royale en cette année.

Brefs de 1744, 1771, 1773, 1775.

Lettre du pape Benoît XIV. — 1745.

Lettres du pape Pie VI. — 1775 et 1776.

Lettres d'attache sur bulles. — 1787, in-fol.

Modèle de lettre du Roi au Pape. — 1788, in-fol.

Jubilés de 1750, 1759, 1770 et 1775.

Mandement du cardinal Dubois sur le jubilé du pape Innocent XIII.

JURISPRUDENCE.

Règlement pour l'ordre de Saint-Michel. — 1728.

Frais de sceau pour commission des chevaliers de Saint-Michel.

Mémoire pour la réception des cardinaux dans l'ordre du Saint-Esprit. — In-4°, avec vignettes.

> Anisson avait des exemplaires petit in-4°, avec vignettes en bois; grand in-4°, avec vignettes en taille-douce.

Frais de sceau pour provision des chevaliers du Saint-Esprit. — In-4°.

Instruction concernant ce qui précède la réception dans l'ordre du Saint-Esprit. — In-4°.

Mémoires sur les limites de l'Acadie. — In-4°.

> (Voyez le *Voyage de Chabert*, in-4°, 1753.)

Esámen sucinto. — In-8°.

Mémoires historiques de la cour de Londres. — In-8° ou in-12.

Observations sur les Mémoires historiques de la cour de Londres et Suppléments. — In-4°.

Négociations des cours de France et d'Angleterre. — In-8°.

Relations des procédés des cours de Rome et de Sicile au sujet des contestations du tribunal de la monarchie.

> Présumé de l'Imprimerie royale. (Anisson.)

Traité avec l'évêque de Liége.

Capitulation avec la Porte-Ottomane.

Édits concernant les protestants. — 3 vol. in-4°.

Actes relatifs à la santé de Marseille, Toulon, Arles et du Gévaudan. — In-12.

Provisions de secrétaire du roi pour le sieur Melin. — 2 feuilles in-folio.

Lettre aux censeurs royaux (par M. de Villedeuil). — In-4°.

Règlemens pour les différens conseils.

Instruction relative à l'ordonnance des consulats.

Formules pour les consuls et chanceliers des échelles du Levant et de Barbarie. — In-8°.

Mémoire sur les droits de la duchesse de Lesdiguières.

Pièces relatives au procès du sieur Dominique Dulac.

Jugement de Calas.

Mémoire de M. Foullon.

Mémoire de M. de Calonne.

Questions de jurisprudence.

Observations du contrôleur des bons de l'Etat contre le sieur Badane.

Contrat d'acquisition par le roi des forges royales de la Chaussade.

Extrait de l'instruction pour la régie et l'administration desdites forges (9 mai 1784).

Provisions d'intendant pour la visite des ports pour M. Chardon. — 1 feuille in-fol. couronne.

SCIENCES ET ARTS.

Établissement de nouveaux lits à la Charité.

Essai sur les monnoies étrangères. — In-fol.

Mémoire pour la recherche d'anciennes monnoies du royaume. — In-fol.

Reconnoissance de louis vieux portés à la Monnoie. — In-12.

Essai sur le rapport des poids étrangers.

Histoire de la Monnoie des médailles. — 1716, in-8°.

<small>On ne connaît rien de semblable ou d'analogue à l'hôtel des Monnaies.</small>

Instruction pour les ingénieurs et sous-ingénieurs des ponts et chaussées de la généralité de Paris.

Mémoire et lettre sur les enfants trouvés.

Liquidation des dettes de la Lorraine.

Nouvelles recherches sur la cause du chaud et du froid. — In-4°.

Explication du principe des thermomètres. — In-12.

Observations physiques faites par les jésuites, à la Chine. — In-4°.

Loix du magnétisme. — 2 vol. in-8°.

Tabulæ plantarum fungosarum. — 1791, in-4°.

Culture et préparation du tabac. — In-fol.

Supplique de Le Dosseur aux états de Bretagne.

Instruction sur les moyens de prévenir la disette des fourrages (avec un Supplément).

Destruction des loups. — 1765, in-4°.

Destruction des taupes. — 17.., in-4°.

Destruction des mulots. — 1770, in-4°.

Destruction des chenilles. — 1775, in-4°, placards.

Observations sur l'acide muriatique oxygéné (par M. Chaptal).

Avis aux bonnes ménagères. — In-8°.

Observations de médecine. — 2 vol. in-4°.

Description des épidémies. — In-8°.

Maladies aiguës (par Richard). — In-8°.

Secours pour les personnes noyées ou suffoquées.

Remède éprouvé contre la rage, par Gaudet. — In-4°.

Topique pour l'hémorragie des artères.

Dissertation historique sur l'inoculation.

Rapport des inoculations faites dans la famille royale. — In-4°.

Lettres pour les sages-femmes.

Méthode pour l'épidémie de Beauvais.

Description et traitement du charbon dans les animaux.

Essai sur les bandages vétérinaires. — In-8°.

Épizooties. Précautions et remèdes pour préserver et guérir les animaux des maladies contagieuses.

Remède pour les chevaux et bestiaux atteints des maladies contagieuses, par Herment. — In-4°.

Précautions et remèdes pour préserver les bestiaux des maladies contagieuses. — In-4°.

Remède pour la maladie de l'élection de Gien. — In-4°.

Manière de désinfecter les villages. — 1775.

Manière de désinfecter les cuirs. — 1775.

Manière de désinfecter les étables. — 1776.

Trigonométrie rectiligne (par Dupain de Montesson). — In-8°.

Mémoire de M. Tillet sur deux machines pour la mesure des grains. — In-4°.

Catalogue des étoiles fixes.

Pendule solaire. — In-4°.

Mémoire sur la planète de Herschel.

Observations de l'abbé de la Caille au cap de Bonne-Espérance. — in-4°.

Histoire des pyramides de Quinto.

Explication et usage des tables d'équation. — 9 feuilles en tableaux.

Mémoire sur la navigation en France (attribué à M. le comte de Maurepas). — In-12.

Mémoire sur la manière d'observer les marées.

Mémoire des sondes de la rade et du port de Diète (Dieppe?). — In-4°.

Niveau d'une nouvelle construction (par M. de Fouchy).

Compagnie des eaux de Périer.

Souscription pour la compagnie des eaux de Périer.

Assurances pour dix sous par mille. — 1787, in-4°.

Fragments d'un dictionnaire à chiffrer et déchiffrer. — In-fol.

Épreuves des planches gravées qui servent à l'Imprimerie royale. — 7 vol. in-fol.

Vignettes, fleurons et cartouches gravés en bois, servant à l'Imprimerie royale. — In-fol.

Figures de géométrie gravées sur bois servant à l'Imprimerie royale. — In-fol.

État divers de formes, modèles, etc. de l'Imprimerie royale.

Police pour une fonte de 50,000 avec voyelles, ou de 25,000 sans voyelles, du moyen arabe (de l'Imprimerie royale), en trois tableaux.

Police pour une fonte de cent mille (lettres).

Épaisseur des piles.

Mémoire sur les cheminées. — In-4°.

Cavalerie grecque. — In-4°.

Manuel de l'infanterie. — In-12.

Ordonnance portant règlement pour la fonte des canons. — In-4°.

Mémoire sur la charge des bouches à feu. — In-fol.

Table des dimensions des canons de fer, gros et petit calibre. — In-fol. oblong, sans date.

Table des dimensions de l'artillerie de marine. — In-4°.

Dissertation sur le papyrus.

BELLES-LETTRES.

Harangues de M. l'abbé Mongin.

Ad christianos principes. — Ode.

Poëme sur la mort de l'impératrice-reine. — In-4°.

Pièces pour le duc d'Angoulême. — In-4°.

Le chêne et l'ormeau. — Fable.

De la corruption du goût.

Apologie d'Homère.

HISTOIRE.

Fragment d'un Mémoire sur Constantinople. — Tableau.
Ce Mémoire a été imprimé par M. le comte de Choiseul-Gouffier. (Anisson.)

Gazette extraordinaire de Londres. — 22 août 1758.

Bataille d'Ouessant.

Prise de Saint-Yago, par M. Cassard.

Prise de Surinam, par M. Cassard.

Prise de Rio-Janeiro, par M. Cassard.

Éloge de M. Bertin.

Éloge de M. de Maurepas. — 1re édit. in-4°.

Éloge de M. de Maurepas. — 2e édit. in-4°.

Éloges de MM. de Jussieu, Bourdelin, Haller, La Condamine, Turgot, de Parcieux, Trudaine père et fils, Macquer, Bergerau, Morand, Cassini, comte de Milly. — In-4°.

Éloges de MM. Tronchin, Hunter, Euler, Bezout, Dalembert, Wargentin, Tressan, duc de Praslin, marquis de Courtrivon, Guettard, du Gua.

Éloges de MM. Pringli, Dauville, Bordinave, Bernouille (Daniel), de Montigni, Margraff, Duhamel, Vaucanson.

APPENDICES.

APPENDICES.

I.

DÉPENSES

DE L'IMPRIMERIE ROYALE

DE 1716 A 1736.

(Archives de l'Empire, O, 11537, 2ᵉ dossier.)

1716.

Garde de mon trésor royal, M. Jean de Turmenyes de Nointel, payez comptant au sieur Rigaud, directeur de mon Imprimerie royale, la somme de 1,400[1] que je lui ai accordée par gratification ordinaire pendant l'année dernière 1715. Fait à Paris, le 8 juin 1716.

Garde, etc.[1] payez au sieur Rigaud de la somme 8,572[1] que je lui ai ordonnée pour reste et parfait payement des avances qu'il a faites dans madite imprimerie pour l'édition des Conciles telle qu'elle devoit être présentée au feu roi, mon bizayeul. Fait le 8 juin 1716.

Garde, etc. payez au sieur Rigaud la somme de 10,000[1] que je lui ai ordonnée à compte des exemplaires qu'il doit fournir pour mon service de huit volumes[2] qu'il imprime de l'ouvrage de *Gallia christiana*, composé par le P. dom Denis de Sainte-Marthe, de la congrégation de Saint-Maur, prieur de Saint-Germain-des-Prez. Fait à Paris, le 18 novembre 1716.

---

[1] Nous avons supprimé toutes les formules, par mesure d'économie.

[2] Il semble qu'alors on pensait pouvoir faire tenir en 8 volumes la nouvelle édition du *Gallia christiana*.

Garde, etc. payez au sieur Rigaud la somme de 1,400¹ que je lui ai accordée par gratification ordinaire pour l'année dernière 1716. Fait à Paris, le 5ᵉ jour de janvier 1717.

1717.

Garde, etc. M. Pierre Gruyn, payez au sieur Rigaud la somme de 1,400¹ que je lui ai accordée par gratification ordinaire pour la présente année. Fait à Paris, le 31 décembre 1717.

1718.

Garde, etc. M. Jean de Turmenyes de Nointel, payez au sieur Rigaud la somme de 1,120¹ que je lui ai accordée conformément à l'arrest de mon conseil du 27 avril 1714, pour son remboursement des impressions et fournitures extraordinaires qu'il a faites pour mon Académie des belles-lettres au par delà des traittez faits entre luy en ladite qualité et mes Académies des sciences et des inscriptions, les 29 avril et 30 mars 1713, suivant qu'il est porté en son mémoire certifié, cy rapporté, avec copie dudit arrest. Fait à Paris, le 10 mars 1718.

Garde, etc. payez au sieur Rigaud la somme de 6,842¹ 10ˢ que je lui ai ordonnée pour son remboursement des fournitures et avances qu'il a faites pour mon service dans madite imprimerie, suivant son mémoire certifié, cy rapporté. Fait à Paris, le 10 mars 1718.

Garde, etc. payez au sieur Rigaud la somme de 1,400¹ que je lui ay ordonnée pour supplément d'appointemens pendant la présente année. Fait à Paris, le 31 décembre 1718.

1719.

Garde, etc. M. Pierre Gruyn, payez au sieur Rigaud la somme de 1,400¹ que je lui ai accordée pour le supplément d'appointemens pendant la présente année. Fait à Paris, le 31 décembre 1719.

1720.

Garde, etc. M. Jean de Turmenyes de Nointel, payez au sieur Rigaud la somme de 1,400¹ que je lui ai accordée pour supplément d'appointemens pendant la présente année. Fait à Paris, le 31 décembre 1720.

1721.

Garde, etc. M. Pierre Gruyn, payez au sieur Rigaud la somme de 1,400^l que je lui ai ordonnée pour supplément d'appointemens pendant la présente année. Fait à Paris, le 31 décembre 1721.

1722.

Garde, etc. M. Jean de Turmenyes de Nointel, payez au sieur Rigaud la somme de 1,400^l que je lui ai ordonnée pour supplément d'appointemens pendant la présente année. Fait à Versailles, le 31 décembre 1722.

1723.

Garde, etc. M. Antoine Paris, payez au sieur Rigaud la somme de 22,915^l que je lui ai ordonnée pour faire, avec 10,000^l à lui cy devant ordonnées à compte de l'impression du *Gallia christiana*, in-folio, le parfait payement de 32,915^l, à quoi montent tant l'impression dudit *Gallia christiana* que celles du *Recueil des ordonnances*, in-folio, tome premier, et du *Sancta Cypriani opera*, in-folio, et les dépenses et fournitures qu'il a faites pour madite imprimerie. Fait à Versailles, le 2e jour de janvier 1723.

Garde, etc. M. Antoine Paris, payez comptant à la veuve Grandjean, graveur, la somme de 12,230^l 17^s 6^d que je lui ai ordonnée, tant pour son payement des poinçons et matrices d'alphabet qu'elle a fait faire et fournir pour mon Imprimerie royale que des fournitures de cuivre et acier faites à ce sujet, le loyer des fonderies et l'entretien et nettoyement des poinçons de madite imprimerie pendant les années 1718 et 1719. Fait à Versailles, le 2 janvier 1723.

Garde, etc. payez comptant au sieur Anisson, directeur de mon Imprimerie royale, la somme de 1,400^l que je lui ai ordonnée pour supplément d'appointemens pour la présente année. Fait à Versailles, le 31 décembre 1723.

1724.

Garde, etc. M. Rolland-Pierre Gruyn, payez comptant au sieur Anisson, directeur de mon Imprimerie royale, la somme de 1,400ᶫ que je lui ai ordonnée pour supplément d'appointemens pendant la présente année. Fait à Versailles, le 31 décembre 1724.

1725.

Garde, etc. M. Jean de Turmenyes de Nointel, payez au sieur Anisson, la somme de 1,400ᶫ que je lui ai ordonnée pour supplément d'appointemens pendant la présente année. Fait à Versailles, le 31 décembre 1725.

Garde, etc. payez comptant au sieur Anisson, directeur de mon Imprimerie royale, la somme de 26,184ᶫ 11ˢ 3ᵈ que je lui ai ordonnée pour son remboursement, tant de la composition de divers livres et des exemplaires qu'il en a fait tirer et retenus pour mon service que des gravures de cartes de géographie, fournitures de papier et autres dépenses avancées à ce sujet depuis et compris 1723 jusques et compris 1725. Fait à Marly, le 18 janvier 1726.

1726.

Garde, etc. payez comptant au nommé Boyet, relieur, la somme de 5,053ᶫ 15ˢ que je lui ai ordonnée pour son payement des livres de mon Imprimerie royale qu'il a reliez pour mon service depuis le 9 janvier 1724 jusques au 25 janvier 1725. Fait le 31 mai 1726.

Garde, etc. M. Antoine Paris de Montmartel, payez comptant au sieur Fourmont, l'aîné, professeur royal en langue arabique, la somme de 3,708ᶫ 18ˢ que je lui ai ordonnée pour faire, avec mille livres qu'il a cy-devant reçues, le parfait payement de 4,708ᶫ 18ˢ, à quoi montent les dessins, gravures et façon de caractères chinois qu'il a fait faire pour mon service depuis 1723 jusques à présent. Fait à Versailles, le 12 juin 1726.

Garde, etc. payez comptant à la veuve Grandjean la somme de 20,088ᶫ 13ˢ que je lui ai ordonnée pour son payement, tant du loyer de la fonderie de mon Imprimerie royale et de l'entretien des poinçons d'icelle que des poinçons de différens caractères qu'elle a fait graver et des fournitures de cuivre et acier faites à ce sujet depuis et compris 1720 jusques et compris 1726, déduction faite de la façon des matières qui n'ont pas été frappées. Fait à Versailles, le 18 juillet 1726.

Garde, etc. M. Gédéon de la Salle, commis pour achever l'exercice de M. Antoine Paris de Montmartel, par arrest du conseil du .... dernier, payez comptant au nommé Gonichon la somme de 17,717^l 11^s que je lui ai ordonnée pour son payement des presses, casses, rangs de casses, armoires et autres ouvrages de menuiserie qu'il a garnis au nouveau bâtiment de mon Imprimerie royale pendant l'année dernière et la présente. Fait à Fontainebleau, le 10 septembre 1726.

Garde, etc. payez comptant au sieur Anisson, directeur de mon Imprimerie royale, la somme de 1,400^l que je lui ai ordonnée pour supplément d'appointemens pour la présente année. Fait à Versailles, le 31 décembre 1726.

Il est ordonné à M. Gédéon de la Salle, commis par arrêt de mon conseil du .... dernier pour achever l'exercice de M. Antoine Paris de Montmartel, garde de mon trésor royal, de payer comptant à Jean Alexandre, graveur, la somme de 17,981^l 11^s que je lui ai ordonnée pour son payement, tant du loyer de la fonderie de mon Imprimerie royale et de l'entretien des poinçons d'icelle que des poinçons de différens caractères qu'il a faiz et gravez et des fournitures d'acier et cuivre faites à ce sujet depuis le mois de juillet 1723 jusqu'au dernier décembre 1725, déduction faite des matières qui n'ont pas été frappées. Fait à Versailles, le 15 février 1727.

Il est ordonné, etc. de payer comptant au sieur Anisson, directeur de mon Imprimerie royale, la somme de 19,710^l que je lui ai ordonnée pour son remboursement, tant de la composition et impression de divers livres et des exemplaires d'autres livres qu'il a fait tirer et retenus pour mon service que des gages des deux fondeurs de ladite imprimerie et fournitures de papier qu'il a faites pour icelle, depuis le mois de janvier 1726 jusqu'à la fin de ladite année. Fait à Versailles, le 15 février 1727.

1727.

Garde, etc. M. Rolland-Pierre Gruyn, payez comptant à la veuve Grandjean la somme de 195^l 16^s que je lui ai ordonnée pour son payement, tant du loyer des lieux occupez par la grande et petite fonderie de mon Imprimerie royale, à Paris, pendant un quartier échu à Noël dernier, que du nettoyement des vitres et autres réparations locatives qu'elle a fait faire. Fait à Versailles, le 24 avril 1727.

Garde, etc. payez comptant au nommé Boyet, relieur, la somme de 18,497^l que je lui ay ordonnée pour son payement, tant des exemplaires de l'Histoire des médailles du feu roi Louis XIV, mon bisayeul, que des livres de mon Imprimerie royale qu'il a reliez pour mon service depuis le 29 décembre 1722 jusqu'au 1er décembre 1726. Fait à Versailles, le 19 juillet 1727.

Garde, etc. payez comptant au sieur Anisson, directeur de mon Imprimerie royale, la somme de 1,400^l que je lui ai ordonnée pour supplément d'appointemens pendant la présente année. Fait à Versailles, le 31 décembre 1727.

1728.

Garde, etc. M.......... Montigny de Nointel, payez comptant au sieur Anisson, directeur de mon Imprimerie royale, la somme de 15,505^l que je lui ai ordonnée pour son remboursement de pareille somme qu'il a avancée, tant pour les dépenses ordinaires de ladite imprimerie que pour les fournitures nécessaires pour les ouvrages d'impression et divers ajustemens qui ont été faits au sujet du nouvel établissement d'icelle pendant l'année dernière. Fait à Versailles, le 13 août 1728.

Garde, etc. payez comptant au nommé Boyet, relieur, la somme de 3,947^l que je lui ai ordonnée pour son payement des ouvrages de reliure qu'il a faits pour mon service à mon Imprimerie royale pendant la présente année 1728. Fait le 13 août 1728.

Garde, etc. payez comptant au sieur Anisson, directeur de mon Imprimerie royale, la somme de 1,400^l que je lui ai ordonnée pour supplément d'appointemens pendant la présente année. Fait à Versailles, le 31 décembre 1728.

Garde, etc. M. Edme-François de Turmenyes de Montigny, payez comptant au sieur Anisson, directeur de mon Imprimerie royale, la somme de 10,373^l que je lui ai ordonnée pour son remboursement, tant des dépenses ordinaires que des fournitures de papier, planches, outils et autres ustensiles nécessaires pour ladite imprimerie, qu'il a faites pendant l'année dernière. Fait à Versailles, le 3 février 1729.

1729.

Garde, etc. M...................... payez comptant au sieur Jean Alexandre, graveur, la somme de 18,633^l 4^s que je lui ai ordonnée pour son payement, tant des poinçons, caractères et matrices qu'il a faits et gravez pour mon Imprimerie royale, à Paris, que des restaurations d'icelles, fournitures, entretien et indemnité de son logement pendant les années 1726, 1727 et 1728. Fait à Versailles, le 18 avril 1729.

Garde, etc. M. Rolland-Pierre Gruyn, payez comptant au nommé Boyet, relieur, la somme de 1,896^l que je lui ai ordonnée pour son payement des livres de mon Imprimerie royale qu'il a reliez pour mon service dans la présente année 1729. Fait à Marly, le 14 décembre 1729.

Garde, etc. payez comptant au sieur Anisson, directeur de mon Imprimerie royale, la somme de 1,400^l que je lui ai ordonnée pour supplément d'appointemens pendant la présente année. Fait à Versailles, le 31 décembre 1729.

Garde, etc. payez comptant au sieur Anisson, etc. la somme de 9,694^l 16^s que je lui ai ordonnée pour son remboursement de pareille somme qu'il a avancée, tant pour la composition et impression du Recueil des ordonnances des rois mes prédécesseurs qu'autres dépenses et fournitures faites pour madite imprimerie pendant l'année dernière 1729. Fait à Versailles, le 7 mars 1730.

M. Louis des Réaux, commis par arrest de mon conseil du 3 janvier dernier pour faire les fonctions de la charge de garde de mon trésor royal), payez comptant à Jean Alexandre, graveur, la somme de 11,064ˡ 4ˢ que je lui ai ordonnée pour son payement, tant des poinçons et matrices en cuivre et acier qu'il a gravez pour mon Imprimerie royale que de l'entretien desdits poinçons et de diverses fournitures d'ustensiles et dépenses qu'il a faites pour la fonderie de ladite imprimerie pendant l'année 1729. Fait à Versailles, le 4 septembre 1730.

1730.

M. Louis des Réaux, etc. payez comptant au sieur Anisson, etc. la somme de 1,400ˡ que je lui ai ordonnée pour supplément d'appointemens pendant la présente année. Fait à Versailles, le 31 décembre 1730.

M. Louis des Réaux, etc. payez comptant au sieur Anisson, etc. la somme de 14,409ˡ 10ˢ que je lui ai ordonnée pour son remboursement, tant des ouvrages d'impression que des tables de caractères, papier, casses, châssis et autres dépenses qu'il a faites et avancées pour madite imprimerie pendant l'année dernière. Fait à Marly, le 3 février 1731.

M. Louis des Réaux, etc. payez comptant à Jean Alexandre, graveur, la somme de 15,584ˡ 3ˢ que je lui ai ordonnée pour son payement, tant des poinçons de caractères et matrices d'iceux qu'il a gravez en cuivre pour mon Imprimerie royale que des fournitures de cuivre et acier faites à ce sujet, de son entretien desdits poinçons et du loyer de son logement, le tout pendant l'année dernière 1730. Fait à Versailles, le 25 septembre 1731.

1731.

Garde, etc. M. Jean Paris de Montmartel, payez comptant au nommé Boyet, relieur, la somme de 2,524ˡ que je lui ai ordonnée pour son payement des livres de mon Imprimerie royale qu'il a reliez pour mon service depuis le mois de novembre 1729 jusqu'en juin 1731. Fait à Versailles, le 25 septembre 1731.

Garde, etc. payez comptant au sieur Anisson, etc. la somme de

APPENDICES.

1,400¹ que je lui ai ordonnée pour supplément d'appointemens pendant la présente année. Fait à Versailles, le 31 décembre 1731.

Garde, etc. payez comptant au sieur Anisson, etc. la somme de 15,495¹ 10ˢ que je lui ai ordonnée pour son remboursement, tant des frais d'impression, fournitures de papier et autres faites à ce sujet, que des dessins et planches de gravure, façons de caractères et gages d'emploiez dans madite imprimerie, qu'il a avancez pour mon service pendant l'année dernière 1731. Fait à Versailles, le 7 mars 1732.

1732.

Garde, etc. M. Pierre-Rolland Gruyn, payez comptant au sieur Fourmont, professeur au Collége royal, la somme de 2,958¹ 19ˢ que je lui ai ordonnée pour son remboursement des dépenses e fournitures qu'il a faites pour les dessins et gravures des caractères chinois qu'il a fait faire pour mon service depuis et compris le 20 novembre 1728 jusques et compris le 19 novembre 1729. Fait à Versailles, le 26 mars 1732.

Garde, etc. payez comptant au sieur Fourmont, professeur en langues étrangères au Collége royal, la somme de 3,251¹ 12ˢ que je lui ai ordonnée pour son remboursement des dépenses et fournitures qu'il a faites pour les dessins et gravures des caractères chinois qu'il a fait faire pour mon service depuis et compris le 20 novembre 1729 jusques et compris le 19 novembre 1730. Fait à Versailles, le 26 mars 1732.

Garde, etc. payez comptant au sieur Anisson, etc. la somme de 1,400¹ que je lui ai ordonnée pour supplément d'appointemens pendant la présente année. Fait à Versailles, le 31 décembre 1732.

Garde, etc. payez comptant au sieur Anisson, etc. la somme de 16,413¹ que je lui ai ordonnée pour son remboursement, tant des frais d'impression, fournitures de papier et autres faites à ce sujet, que des dessins et planches de gravures et gages d'employez dans madite imprimerie, qu'il a avancez pour mon service pendant l'année dernière 1732. Fait à Versailles, le 4 mars 1733.

Garde, etc. payez comptant à Jean Alexandre, graveur, la somme de 10,934¹ 9ˢ que je lui ai ordonnée pour son payement, tant des poinçons de lettres capitales qu'il a gravez pour mon Imprimerie royale que des matrices qu'il a justifiées, leur entretien et réparations, et des fournitures d'acier et de cuivre faites à ce sujet, y compris son logement pendant les années 1731 et 1732. Fait à Versailles, le 8 avril 1733.

Garde, etc. payez comptant au nommé Boyet, relieur, la somme de 4,453^l 5^s que je lui ai ordonnée pour son payement des livres de mon Imprimerie royale qu'il a reliez pour mon service et remis au Louvre pendant les années 1731 et 1732. Fait à Versailles, le 11 avril 1733.

1733.

Garde, etc. M. Pierre-Nicolas Gaudion, payez comptant au sieur Anisson, etc. la somme de 1,400^l que je lui ai ordonnée pour supplément d'appointemens pendant la présente année. Fait à Versailles, le 31 décembre 1733.

Garde, etc. payez comptant au sieur Anisson, etc. la somme de 16,351^l que je lui ai ordonnée pour son remboursement des avances qu'il a faites pour mon service, tant pour l'impression et la composition du premier volume du livre intitulé *Oriens christianus*, et des fournitures de papier et autres frais pour les exemplaires d'icelui et de ceux du 1er tome des *Ordonnances des rois de France*, que pour la pension ordinaire de ceux qui travaillent au livre intitulé *Gallia christiana*, pour l'année dernière 1733, et autres dépenses, fournitures, gages d'employez et entretiens ordinaires de ladite imprimerie pendant ladite année dernière 1733. Fait à Versailles, le 7 février 1734.

1734.

Garde, etc. M. Antoine Paris de Montmartel, payez comptant au sieur Fourmont, professeur en langue arabe, et de mon Académie des inscriptions et belles-lettres, et interprète de ma Bibliothèque royale, la somme de 9,883^l 7^s que je lui ai ordonnée pour son payement, tant des ouvrages de menuiserie et autres dessins et gravures de caractères que des diverses dépenses et fournitures qu'il a faites pour mon service, pour l'impression de l'ouvrage chinois, depuis le 20 novembre 1730 jusqu'au 10 février dernier. Fait à Versailles, le 24 may 1734.

Garde, etc. payez comptant au nommé Pasdeloup le jeune, relieur, la somme de 5,393^l 15^s que je lui ai ordonnée, pour son payement des reliures des livres de mon Imprimerie royale qu'il a faites pour mon service, depuis le mois de février de l'année dernière jusqu'au 13 août dernier. Fait à Versailles, le 11 septembre 1734.

Garde, etc. payez comptant au sieur Anisson, etc. la somme de 1,400^l que je lui ai ordonnée pour supplément d'appointemens pendant la présente année. Fait à Versailles, le 31 décembre 1734.

Garde, etc. payez comptant au sieur Anisson, etc. la somme de 17,782^l que je lui ai ordonnée pour son payement, tant des exemplaires qu'il a fait tirer pour mon service que des autres dépenses ordinaires qu'il a faites pour ladite Imprimerie pendant l'année dernière. Fait à Versailles, le 19 janvier 1735.

1735.

Garde, etc. M. Rolland-Pierre Gruyn, payez comptant au sieur Anisson, etc. la somme de 1,400^l que je lui ay ordonnée pour supplément d'appointemens pendant la présente année. Fait à Versailles, le 31 décembre 1735.

Garde, etc. payez comptant au sieur Anisson, etc. la somme de 13,904^l que je lui ai ordonnée pour son remboursement des avances qu'il a faites pour mon service, tant pour les ouvrages de ladite imprimerie que pour les fournitures de papier, gages d'employez et autres dépenses ordinaires pendant l'année dernière 1735. Fait à Versailles, le 4 mars 1736.

1736.

Garde, etc. M. Pierre-Nicolas Gédéon, payez comptant au nommé Dusueil, relieur, la somme de 1,916^l 10^s que je lui ai ordonnée pour son payement des reliures de livres qu'il a faites et fournies pour mon service à mon Imprimerie royale dans les années 1734 et 1735. Fait à Versailles, le 30 janvier 1736.

II.

EXTRAIT

DE L'INVENTAIRE DE L'IMPRIMERIE ROYALE

FAIT EN 1691.

PLANCHES DE CUIVRE OU GRAVÉES EN TAILLE-DOUCE.

La planche pour le frontispice de la Bible, in-folio (dessinée par Poussin, gravée par Mellan).
Autre pour le Nouveau Testament grec, in-folio.
Autre pour le Nouveau Testament latin, in-folio.
Autre pour le Bréviaire du roi Louis XIII, in-folio.
Autre pour les Conciles, in-folio.
Autre pour le Saint Bernard.
Autre pour le livre de l'Imitation.
Autre pour les Exercices de saint Ignace.
Autre pour l'Introduction à la vie dévote.
Autre pour l'Instruction du chrestien.
Autre pour le livre des Principaux points de la foy.
Autre pour le Térence.
Autre pour le Virgile (dessinée par Poussin, gravée par Mellan).
Autre pour l'Horace (dessinée par Poussin, gravée par Mellan).
Autre pour la Jérusalem du Tasse.
Autre pour les Poésies d'Alexandre VII.
Autre pour la Bible, in-4°.
Autre pour le tome 4° du Mercure de Siri, in-4°.
Autre pour le Nouveau Testament, in-12.
Autre pour les Petites Heures de Louis XIII, in-24.
Quatre planches pour le livre de la Guerre des Suisses, in-folio.
Une planche pour les Congez de la marine, avec deux passe-partout.

Une planche représentant la ville de Constantinople de Bondelmonte.

Une planche de l'Assomption de la Vierge, gravée par Chauveau, in-4°.

Une Résurrection de Notre Seigneur, grand in-8°.

Onze planches des mystères pour le Bréviaire du Louvre.

Une planche de saint Ignace pour servir de fleuron.

Neuf planches des armes du roi de différentes grandeurs pour les titres des livres.

Quinze planches de devises de différentes grandeurs.

Quatre figures grecques pour le *Chronicon paschale.*

Deux petites planches in-12 représentant un empereur grec et une impératrice.

Un sceau du sire de Joinville, in-12.

Quinze petites planches de médailles ou autres figures du Bas-Empire de différentes grandeurs.

Cent soixante et onze planches des figures pour le livre des Tactiques ou Machinistes grecs.

Le frontispice du Suétone, in-12.

Les douze Empereurs en petit, et un fleuron pour ledit livre de Suétone.

Vingt et un fleurons de différentes grandeurs.

Neuf autres petites planches de fleurons.

Soixante-quatre vignettes de différentes grandeurs.

Cent vingt-six lettres grises de différentes grandeurs.

III.

INVENTAIRE

DE L'IMPRIMERIE ROYALE

EN 1791.

INVENTAIRE DES POINÇONS, MATRICES ET MOULES, matières et effets de l'Imprimerie royale et y existant, dressé, en vertu du décret de l'Assemblée nationale du 14 août 1790, par les commissaires soussignés. — Du 15 septembre 1790 et jours suivants. (Déposé aux Archives nationales, le 10 janvier 1791... CAMUS. Aujourd'hui aux Archives de l'Empire. C. S 1, f° 98, n° 386.)

Perle, romain. — 276 poinçons, 251 matrices, 19 tétines à cadrats, 2 moules et 3 rabots. — 20 poinçons cassés.

Perle, italique. — 276 poinçons, 254 matrices. — 17 poinçons cassés.

Sédanoise, romain. — 132 poinçons, 254 matrices, 14 tétines, 2 moules et 3 rabots. — 8 poinçons cassés.

Sédanoise, italique. — 114 poinçons, 185 matrices. — 9 poinçons cassés.

Nompareille, romain. — 293 poinçons, 234 matrices, 24 tétines, 1 moule. — 16 poinçons cassés.

Nompareille, italique. — 275 poinçons, 272 matrices. — 6 poinçons cassés.

Mignonne, romain. — 282 poinçons, 307 matrices, 14 tétines, 2 moules, 3 rabots. — 2 poinçons cassés.

Mignonne, italique. — 277 poinçons, 314 matrices. — 24 poinçons cassés.

Petit-texte, romain. — 366 poinçons, 499 matrices, 13 tétines, 1 moule, 3 rabots. — 16 poinçons cassés.

Petit-texte, italique. — 259 poinçons, 297 matrices. — 12 poinçons cassés.

Petit-romain Alexandre, romain. — 222 poinçons, 372 matrices, 22 tétines, 3 moules, 3 rabots. — 2 poinçons cassés.

Petit-romain Alexandre, italique. — 305 poinçons, 361 matrices. — 2 poinçons cassés.

Petit-romain Grandjean, romain. — 292 poinçons, 334 matrices, 25 tétines, 2 moules, 3 rabots. — 14 poinçons cassés.

Petit-romain Grandjean, italique. — 278 poinçons, 314 matrices. — 4 poinçons cassés.

Cicéro Alexandre, romain. — 298 poinçons, 343 matrices, 16 tétines, 4 moules, 3 rabots. — 10 poinçons cassés.

Cicéro Alexandre, italique. — 277 poinçons, 341 matrices. — 1 poinçon cassé.

Cicéro Grandjean, romain. — 313 poinçons, 283 matrices, 12 tétines, 4 moules, 3 rabots. — 10 poinçons cassés.

Cicéro Grandjean, italique. — 308 poinçons, 336 matrices. — 4 poinçons cassés.

Saint-augustin Académie[1], romain. — 339 poinçons, 380 matrices, 23 tétines, 4 moules, 3 rabots. — 5 poinçons cassés.

Saint-augustin Académie, italique. — 315 poinçons, 321 matrices. — 1 poinçon cassé.

Saint-augustin Tournefort[2], romain. — 300 poinçons, 341 matrices, 2 moules, 3 rabots. — 10 poinçons cassés.

Saint-augustin Tournefort, italique. — 308 poinçons, 350 matrices. — 14 poinçons cassés.

Gros-romain Alexandre, romain. — 309 poinçons, 358 matrices, 23 tétines, 3 moules, 3 rabots. — 5 poinçons cassés.

Gros-romain Alexandre, italique. — 296 poinçons, 245 matrices. — 1 poinçon cassé.

---

[1] On donnait ce nom au saint-augustin qui servait à imprimer les Mémoires de l'Académie.

[2] On donnait ce nom au saint-augustin qui avait servi à imprimer les *Institutiones rei herbariæ*, de Pitton Tournefort, 4 volumes in-4°, 1700 et 1704.

Gros-romain Grandjean, romain. — 316 poinçons, 359 matrices, 12 tétines, 3 moules, 3 rabots. — 12 poinçons cassés.

Gros-romain Grandjean, italique. — 310 poinçons, 328 matrices. — 13 poinçons cassés.

Petit-parangon Alexandre, romain. — 248 poinçons, 297 matrices, 22 tétines, 2 moules, 3 rabots. — 1 poinçon cassé.

Petit-parangon Alexandre, italique. — 243 poinçons, 284 matrices. — 2 poinçons cassés.

Petit-parangon Grandjean, romain. — 315 poinçons, 353 matrices, 13 tétines, 2 moules, 3 rabots. — 8 poinçons cassés.

Petit-parangon Grandjean, italique. — 314 poinçons, 336 matrices, — 1 poinçon cassé.

Gros-parangon, romain. — 315 poinçons, 312 matrices, 12 tétines, 2 moules, 3 rabots. — 4 poinçons cassés.

Gros-parangon, italique. — 310 poinçons, 298 matrices. — 6 poinçons cassés.

Petit-canon, romain. — 313 poinçons, 319 matrices, 25 tétines, 2 moules, 3 rabots. — 13 poinçons cassés.

Petit-canon, italique. — 307 poinçons, 306 matrices. — 4 poinçons cassés.

Gros-canon, romain. — 289 poinçons, 355 matrices, 15 tétines, 3 moules, 3 rabots. — 4 poinçons cassés.

Gros-canon, italique. — 281 poinçons, 316 matrices. — 2 poinçons cassés.

Double-canon, romain. — 260 poinçons, 249 matrices, 26 tétines, 2 moules, 3 rabots. — 7 poinçons cassés.

Double-canon, italique. — 244 poinçons, 251 matrices. — 4 poinçons cassés.

Triple-canon, romain. — 249 poinçons, 299 matrices, 20 tétines, 2 moules, 3 rabots. — 1 poinçon cassé.

Triple-canon, italique. — 243 poinçons, 272 matrices. — 13 poinçons cassés.

Quadruple-canon, romain. — 221 poinçons, 222 matrices, 28 tétines, 2 moules, 3 rabots. — 1 poinçon cassé.

Quadruple-canon, italique. — 218 poinçons, 219 matrices. — 1 poinçon cassé.

Bâtarde, corps de triple-canon. — 75 poinçons, 150 matrices, 1 moule. — 1 poinçon cassé.

Bâtarde sur le 17. — 187 poinçons, 192 matrices, 1 moule. — 9 poinçons cassés.

Gothique. — 164 poinçons, 164 matrices, 1 moule. — 7 poinçons cassés.

Moulures, filets, accolades et vignettes sur tous les corps. — 735 poinçons, 88 matrices, 8 moules, 18 rabots, servant à différens ouvrages. — 15 poinçons cassés.

TYPOGRAPHIE DE LUCE.

1er corps, vignettes et chiffres. — 40 poinçons, 60 matrices, 2 moules.

2e corps, vignettes. — 116 poinçons, 80 matrices, 1 moule.

3e corps, romain. — 116 poinçons, 218 matrices, 1 moule. — 4 poinçons cassés.

3e corps, italique. — 146 poinçons, 218 matrices. — 7 poinçons cassés.

4e corps, romain. — 116 poinçons, 444 matrices, 1 moule. — 2 poinçons cassés.

5e corps, romain. — 164 poinçons, 213 matrices, 1 moule. — 13 poinçons cassés.

5e corps, italique. — 261 poinçons, 216 matrices. — 15 poinçons cassés.

6e corps, romain. — 130 poinçons, 197 matrices, 1 moule. — 11 poinçons cassés.

7e corps, romain. — 155 poinçons, 211 matrices, 1 moule. — 17 poinçons cassés.

7e corps, italique. — 155 poinçons, 252 matrices. — 7 poinçons cassés.

Corps du 7 et 1/2, romain et italique. — 144 poinçons, 491 matrices, 1 moule. — 9 poinçons cassés.

8ᵉ corps, romain. — 151 poinçons, 173 matrices, 1 moule. — 5 poinçons cassés.

8ᵉ corps, italique. — 147 poinçons, 216 matrices. — 17 poinçons cassés.

9ᵉ corps, romain. — 96 poinçons, 203 matrices, 1 moule. — 2 poinçons cassés.

9ᵉ corps, italique. — 49 poinçons, 250 matrices. — 3 poinçons cassés.

10ᵉ corps, romain. — 147 poinçons, 178 matrices, 2 moules. — 5 poinçons cassés.

10ᵉ corps, italique. — 146 poinçons, 179 matrices. — 4 poinçons cassés.

Corps du 10 et 1/2, romain. — 57 poinçons, 140 matrices, 2 moules.

Corps du 10 et 1/2, italique. — 35 poinçons, 145 matrices.

11ᵉ corps, romain. — 83 poinçons, 208 matrices, 2 moules. — 2 poinçons cassés.

11ᵉ corps, italique. — 69 poinçons, 199 matrices. — 3 poinçons cassés.

12ᵉ corps, romain. — 122 poinçons, 202 matrices, 2 moules.

12ᵉ corps, italique. — 116 poinçons, 202 matrices. — 1 poinçon cassé.

13ᵉ corps, romain. — 140 poinçons, 196 matrices, 2 moules. — 2 poinçons cassés.

13ᵉ corps, italique. — 151 poinçons, 210 matrices. — 3 poinçons cassés.

Corps du 13 et 1/2, romain. — 66 poinçons, 107 matrices, 2 moules. — 2 poinçons cassés.

Corps du 13 et demi, italique. — 36 poinçons, 36 matrices.

14ᵉ corps, romain. — 46 poinçons, 204 matrices, 1 moule.

14ᵉ corps, italique. — ...[1] poinçons, 210 matrices. — 2 poinçons cassés.

---

[1] Le chiffre des poinçons a été omis. On voit qu'il y en avait de cassés.

Caractères pour la géographie et la correspondance. — 89 poinçons, 124 matrices. — 11 poinçons cassés.

Ronde sur le 11. — 96 poinçons, 51 matrices, 1 moule. — 2 poinçons cassés.

Ronde sur le 13. — .... poinçons, 123 matrices. — 2 poinçons cassés.

Bâtarde. — 57 poinçons, 121 matrices, 1 moule. — 1 poinçon cassé.

Réglets, fleurons et vignettes sur tous les corps. — 1,535 poinçons, 1,715 matrices, 3 moules.

Cette typographie comprend, de plus, 6 moules à différents usages, 9 rabots, 1 justifieux et son composteur.

TYPOGRAPHIE GRECQUE DE GARAMOND,

DITE GRECS DU ROI.

Gros grec, corps de petit-parangon. — 490 poinçons, 483 matrices, — 16 poinçons cassés.

Moyen grec, corps de gros-romain. — 557 poinçons, 338 matrices, 2 moules. — 46 poinçons cassés.

Petit grec, corps de cicéro. — 448 poinçons, 473 matrices, 4 moules. — 50 poinçons cassés.

AUTRES GRECS.

Grec, corps de gros-parangon (non fini). — 341 poinçons, 109 matrices.

La plupart de ces poinçons ne sont ni finis ni trempés.

Poinçons grecs imparfaits sur différents corps. — 42 poinçons.

Lettres de deux-points et capitales sur le caractère françois n° 8, dit Tournefort (voy. p. 281). — 35 poinçons, 36 matrices.

TYPOGRAPHIE ORIENTALE.

Gros arabe. — 464 poinçons, 216 matrices. — 3 poinçons cassés.

Moyen arabe. — 573 poinçons, 408 matrices, 5 moules. — 2 poinçons cassés.

Petit arabe. — 350 poinçons, 32 (320?) matrices.

Caractères persans et turcs, dits taalik. — 457 poinçons, 285 matrices.

Syrien. — 150 poinçons, 59 matrices.

Arménien. — 48 poinçons, 49 matrices.

Hébreux, 1ᵉʳ corps. — [1].. poinçons, 46 matrices, 1 moule.

— 2ᵉ corps. — ... poinçons, 99 matrices, 1 moule.

— 3ᵉ corps. — ... poinçons, 104 matrices.

— 4ᵉ corps. — ... poinçons, 42 matrices, 1 moule.

RÉCAPITULATION.

	POINÇONS.	MATRICES et TÉTINES.	MOULES.	RABOTS.
Typographie françoise........	13,766	15,708	65	81
—————— de Luce........	4,715	7,910	35	9
Typographie grecque........	1,913	1,439	6	″
—————— orientale........	2,049	1,340	3	″
Totaux.....	22,443	26,397	109	90

Dix mille six cent soixante-deux livres pesant de matières à caractères, et dix presses.

Le surplus de la matière, des presses et ustensiles appartient au directeur.

Nous soussignés, Joseph de Guignes et Jean-Baptiste-Gaspard d'Ansse, membres de l'Académie des belles-lettres, commissaires nommés par le décret de l'Assemblée nationale du 14 août 1790, à

---

[1] Sur cette absence de poinçons des caractères hébraïques, voyez p. 82, note 2.

l'effet de dresser l'inventaire des caractères, poinçons, matrices et autres objets de l'Imprimerie royale, certifions y avoir procédé suivant le détail énoncé en l'état ci-dessus, conjointement avec M. Anisson, directeur de ladite imprimerie, et avoir trouvé tous les articles composant ledit inventaire, tenus, conservés et rangés avec un ordre qui prouve la vigilance, les soins de M. Anisson, son ardeur à remplir les devoirs de sa place et l'amour qu'il a pour son art. En foi de quoi nous avons signé le présent inventaire, que nous avons clos ce jour d'huy, 23 décembre 1790. Fait à Paris, les jour et an ci-dessus.

DE GUIGNES. D'ANSSE. ANISSON.

IV.

LISTE DES DIRECTEURS

DE L'IMPRIMERIE ROYALE DU LOUVRE.

Cramoisy (Sébastien), nommé directeur de l'Imprimerie royale du Louvre lors de la création de cet établissement en 1640, fit donner sa survivance à son petit-fils, Sébastien Mâbre (qui prit le nom de Mâbre-Cramoisy), le 27 novembre 1660, et mourut le 29 janvier 1669.

Mâbre-Cramoisy (Sébastien) succéda à son grand-père en 1669, et mourut le 10 juin 1687; mais sa veuve conserva le titre jusqu'en 1691, époque à laquelle Jean Anisson, de Lyon, fut nommé.

Anisson (Jean) fut nommé directeur le 15 janvier 1691. Il était auparavant imprimeur-libraire à Lyon. Il dut sa nomination à l'impression du Glossaire de la basse grécité, de Ducange, dont il s'était chargé au refus des libraires de Paris[1]. Il se démit de

---

[1] Jean Anisson appartenait à une célèbre famille d'imprimeurs de Lyon. Son père, Laurent, avait publié, entre autres ouvrages remarquables, la Bibliothèque des Pères, en 27 volumes in-folio. Quant à lui, il se signala particulièrement par l'impression du Glossaire de la basse grécité, de Ducange. La Bibliothèque impériale possède de lui une collection de lettres écrites à Ducange durant l'impression de son livre. Ces lettres, qui vont du 18 février 1682 au 5 juillet 1688, renferment des détails très-curieux pour l'histoire du livre de Ducange et pour celle de Ducange et d'Anisson eux-mêmes.

Voici d'abord ce qui concerne le *Glossarium ad scriptores mediæ et infimæ græcitatis* (2 vol. in-fol. 1688), savant livre, très-recherché et devenu peu commun, au témoignage de M. Brunet, dans son Manuel.

Les lettres d'Anisson nous apprennent que ce livre a été tiré à 1,100 exemplaires, d'un seul papier. Il ne devait primitivement former qu'un seul volume; mais les

APPENDICES. 289

la charge de directeur en 1707, en faveur de son beau-frère, qui suit, et mourut en 1721.

Rigaud (Claude), beau-frère du précédent, fut nommé en son lieu et place par ordonnance royale du 16 février 1707. Celui-ci se démit à son tour en 1723, en faveur de son neveu, qui suit.

Anisson (Louis-Laurent), neveu du précédent, lui succéda le

nombreuses additions qu'y fit Ducange, à la sollicitation d'Anisson, forcèrent à en faire deux, et à réimprimer, en conséquence, la feuille du Glossaire proprement dit où s'opéra la coupure.

Spon père et fils surveillèrent la lecture d'une partie du livre. On voulait même d'abord ne pas envoyer d'épreuves à l'auteur, afin d'aller plus vite; mais on dut agir différemment pour éviter les incorrections.

Le privilége est du 7 septembre 1682; il n'étend les droits de l'auteur qu'à six ans. Anisson se plaint de ce que le terme soit si court; il prétend qu'on obtient facilement dix ans pour des livres de ce genre.

Le Glossaire proprement dit forme 1794 colonnes; après cela viennent les additions, dont le premier cahier (2 feuilles ou 16 colonnes) est imprimé par Anisson. Le reste de ces additions, formant 27 feuilles, sort des presses d'un des Cramoisy, celui qui demeurait rue de La Harpe (sans doute André, car les autres demeuraient rue Saint-Jacques), avec lequel on fut obligé de s'entendre, en novembre 1686, pour activer un peu l'impression. Le travail de Cramoisy commence à la colonne 17 des additions, et se distingue à la fois par l'imperfection des caractères grecs et romains, et par celle de l'impression, autrement dit du tirage. Quant au papier, c'est le même que celui employé par Anisson, ce dernier en ayant envoyé la quantité nécessaire.

Anisson, qui n'avait voulu d'abord payer que 12 ou 13 livres à Cramoisy pour chaque feuille, fut forcé de lui donner 15 livres, ce qui était exorbitant, suivant lui, et ce qui serait aujourd'hui un prix dérisoire.

A la suite des additions imprimées par Cramoisy, et qui ont une pagination particulière, viennent plusieurs autres compléments, également paginés à part, et imprimés par Anisson.

Le 30 octobre 1687, Anisson envoie à Ducange les *bonnes* feuilles de son livre par la voie de la *diligence*, qui mettait alors sept jours pour faire le trajet de Lyon à Paris.

Le 5 juillet 1688, le livre était terminé. Anisson consent à en donner trente exemplaires à l'auteur pour ses cadeaux, mais non reliés.

Ducange était alors fort incommodé d'une rétention d'urine. Anisson lui conseille de laisser là le cabinet et de prendre quelque distraction. Le conseil était bon, mais

23 juin 1723, et fut également reçu libraire le même jour. Il fit accorder sa survivance, en 1735, à son frère, qui suit; mais il conserva le titre jusqu'à sa mort, arrivée le 18 octobre 1761. Le 2 mai 1751, il fit signifier aux syndics des libraires de Paris qu'ils eussent à le rayer des rôles de cette corporation, et par conséquent à ne plus le faire contribuer avec elle. Dans cet acte, que nous avons sous les yeux, il se qualifie : «Louis-Laurent Anisson, écuyer, directeur de l'Imprimerie royale, demeurant à Paris, aux galleries du Louvre, paroisse Saint-Germain-l'Auxerrois.»

il arrivait trop tard. Ducange mourut le 23 octobre de cette année : le Glossaire de la basse grécité fut, à proprement parler, son dernier ouvrage.

Anisson, en se chargeant de la publication de ce livre, fit une bonne affaire, non pas peut-être pour le bénéfice que devait procurer la vente, mais bien au point de vue du relief que cela lui donna dans le monde littéraire. En effet, c'est à cela qu'il dut, peu de temps après l'impression de ce livre, sa nomination comme directeur de l'Imprimerie royale. Il ne négligea rien, du reste, pour amener ce résultat. Il sollicita de Ducange une réclame personnelle dans l'introduction du livre, et plus tard une mention élogieuse dans les comptes rendus des journalistes. Il songeait depuis longtemps à transporter son établissement à Paris, et pria Ducange de faire quelques démarches à ce sujet auprès des magistrats de la capitale. Le 1er octobre 1686, il l'engageait à solliciter ce transfèrement de résidence sous le prétexte de faire imprimer son livre sous ses yeux. Mais il avait contre lui M. de La Reynie, lieutenant général de police, qui songeait à réduire le nombre des imprimeurs de Paris au lieu de l'augmenter. Il paraît qu'en février 1687 le bruit courut à Paris qu'Anisson venait d'être nommé libraire dans cette ville; mais deux mois après il désespérait encore d'obtenir cette faveur. Pensant que Ducange voulait dédier son livre au roi (ou peut-être lui suggérant cette idée), il le pria de songer à lui dans cette circonstance pour le recommander à Sa Majesté. Mais rien n'aboutissait suivant ses désirs. Enfin, Mâbre-Cramoisy, directeur de l'Imprimerie royale, étant mort le 10 juin 1688, Anisson se mit sur les rangs pour lui succéder. Ayant échoué d'abord, et craignant de voir donner l'emploi à quelqu'un de ses concurrents, il paraît approuver provisoirement la nomination de la veuve du directeur défunt, en haine de ses confrères de Paris, qui ne le ménageaient pas. Ainsi, faisant allusion aux fautes nombreuses qui, suivant eux, déparaient le livre de Ducange, ils disaient que c'était un glossaire de grec barbare et non un glossaire de bas grec.

Toutefois, en dépit de leur opposition et de celle de M. de La Reynie, il sut si bien mener sa barque, que, malgré la mort de Ducange, son patron, il fut nommé directeur de l'Imprimerie royale le 15 janvier 1691. On lit dans la provision royale :

ANISSON (Jacques-Louis-Laurent), surnommé *Duperon*[1], frère du précédent, ayant obtenu la survivance de ce dernier vers 1735, lui succéda, et se démit en 1760 en faveur de son fils, qui suit. Il survécut longtemps à cet acte, car nous voyons qu'en 1778 il recevait du roi une pension de 2,000 livres, comme *survivancier*.

ANISSON (Louis-Laurent), fils du précédent, fut nommé directeur par ordonnance du 16 janvier 1760, dans laquelle il est qualifié : «Louis-Laurent Anisson l'aîné.» Le même acte nous apprend que son père, «Jacques Anisson Duperon, n'en restera pas moins attaché au service du roi,» et nous venons de voir, en effet, qu'il recevait pour cela un traitement de 2,000 livres. Louis-Laurent mourut le 25 septembre 1788, rue des Orties, et fut enterré le lendemain à Saint-Germain-l'Auxerrois. Il eut pour successeur son fils, qui suit.

ANISSON (Étienne-Alexandre-Jacques), fils du précédent, né en 1748, et qualifié seigneur de Ris, obtint la survivance de celui-ci (qu'il aidait depuis longtemps), en 1783. Il est habituellement appelé *M. Jacques Anisson Duperon*, ou simplement *M. Duperon*. Il inventa en 1783 (voy. p. 224) un système de presse dont le modèle

«Avons fait choix de Jean Anisson, marchand libraire et imprimeur en notre ville de Lyon, étant suffisamment informé de ses sens, suffisance, fidélité, expérience et capacité audit art d'imprimerie, et de plusieurs beaux ouvrages qui ont été donnés au public par ses soins.» Cette dernière phrase fait sans doute allusion au livre de Ducange : ce savant protégeait encore Anisson du fond de son tombeau.

Trois jours après, un ordre du roi prescrivait en outre de recevoir Jean Anisson au nombre des libraires et imprimeurs de Paris, «nonobstant toutes ordonnances, statuts, arrêts et règlemens à ce contraires, auxquels Sa Majesté déroge expressément, et sans tirer à conséquence.» Bien plus, le roi veut que, «nonobstant la translation de domicile dudit Anisson, de la ville de Lyon en celle de Paris, il conserve les droits et jouisse des priviléges de l'échevinage de son père et de la bourgeoisie de ladite ville de Lyon.»

Il était impossible d'être traité plus honorablement, et tout cela grâce à l'impression du livre de Ducange. J'ai donc eu raison de dire que c'était une bonne affaire, car ce fut là l'origine de cette dynastie de directeurs de l'Imprimerie royale qui s'est maintenue jusque sous la Restauration.

[1] On trouve ce nom écrit dans les actes officiels de trois manières différentes : *Duperon, Du Peron, Duperron*.

existe encore à l'Imprimerie impériale. C'est lui qui traita l'affaire de la suppression de l'imprimerie du cabinet du roi, dont il est question ci-devant, pages 94-95 [1]. Ce fut le dernier directeur de l'Imprimerie royale du Louvre. Il fut guillotiné en 1794, comme nous l'avons dit précédemment.

---

[1] Ce n'est pas en 1789, mais en 1787 (le 16 août), que Marie-Nicolle Estienne, veuve de Jean-Thomas Herissant, céda à Jean Anisson Duperon la petite imprimerie qu'elle avait à Versailles pour le service du cabinet du roi. Elle lui céda en même temps la charge d'*imprimeur du cabinet et maison de Sa Majesté*, qui avait été attribuée à son mari en 1763, avec une gratification annuelle de 100 livres. Cette cession, qui comprenait les presses et les caractères, se fit au prix de 55,000 livres. Voici la liste des poinçons et matrices dont elle se composait, et qui doivent se trouver encore aujourd'hui au cabinet des poinçons de l'Imprimerie impériale :

Ronde de 4 points de cicéro (4 cicéros ou 44 points environ)...	122 poinçons,	133 matrices.
Grosse-bâtarde...	41	38
Gros-canon bâtard...	126	142
Petit-canon bâtard...	122	128
Ronde de petit-canon...	170	199
Brisée de petit-canon...	56	64
Grosse-brisée...	19	18
Total...	656	722

TABLE GÉNÉRALE.

TABLE GÉNÉRALE.

Nota. — Nous avons relevé ici tous les noms de personnes, en indiquant, pour celles qui ont écrit, le titre des ouvrages mentionnés dans ce livre. Pour les ouvrages sans nom d'auteur, nous n'avons relevé que le mot du sujet principal, à moins qu'il ne s'agisse d'ouvrages bien connus. Les noms des personnes sont en petites capitales, les titres d'ouvrages en italique, les sujets en caractère romain ordinaire. La lettre s. à la suite d'un chiffre indique les pages suivantes.

Abbonis Floriacensis apologetic. et epist. 148.
Acad. des sciences, 154, 160, 221, 230, 241, 247.
Acad. des belles-lettres, 155, 163, 234.
Acropolitæ (Georg.) hist. Byzant. 130.
Adam, Mém. sur la destruction des hannetons, 230.
Ad christianos principes, ode, 262.
Agathiæ Scolastici de imperio...... Justiniani libri V, 136.
Æschinii et Demosthenis orationes, 17.
Agriculture, 234.
Aides, 145.
Albert de Riom (Le comte d'). Pièces relatives à son emprisonnement, 247.
Alemannus (Nic.), 137.
Alexandre VII, pape. Voyez Philomathi, etc.
Alexandre (Jean), grav. 79, 85 s. 271 s. 281, 282.
Alimentation publique, 165, 168.
Allatius (Leo), 130, 132.
Althen, Instruct. sur..... la garance, 205.
Ameilhon, Mém. sur..... les mines, 243.
Amelot, Dénombrement du duché de Bourgogne, etc. 245.
Amelot de la Houssaye (Abr.-Nic.), 216.

Amyot (Jacq.), 18.
Amyot (P.), Observ. météorologiques, 207.
Anastasii biblioth. hist. eccles. 1649, 128; 1685, 147.
André, Manière de faire usage des sondes anti-vénér. 192.
Anday, 228, 230.
Angivillers (M. d'), 225. — Lettre pour le soulagement des taillables, 168.
Angoulême (Le duc d'), 263.
Anisson (Laurent), impr. à Lyon, 288.
— (Jean), son fils, impr. à Lyon, puis directeur de l'Imprimerie royale, 35, 36, 78 s. 154, 156, 288 s.
— (Louis-Laurent), fils de Jean, directeur de l'Imprimerie royale, 88 s. 267 s. 289 s.
— (Jacques-Louis-Laurent), frère du précédent, directeur de l'Imprimerie royale, 91 s. 290, 291.
— (Louis-Laurent), fils du précédent, direct. de l'Imprimerie royale, 291.
— (Ét.-Al.-J.), fils du précéd. 97 s. 286-287; invent. d'une presse, 224, 226. — Lettres (2) de lui, 248. — Observations, etc. 248. Voyez aussi p. VI et VII.

ANNE D'AUTRICHE, 131.
ANTHEMIUS, 213.
ANTIN (Le duc d'), 87 s.
APOLLODORI..... opera, 150.
ARÇON (Colonel d'), Réponse aux Mém. de M. de Montalembert sur les fortificat. 249.
ARISTOTELIS opera, 164.
ARISTOTELIS et PHILONIS de Mundo, 6.
Artillerie, 158, 172, 232.
Assemblée des notables, 244.
Assignats, 248 (ter).
Assurances, 262.
Astronomie, 146, 149 (bis), 150, 151 (bis), 256.
Ateliers de charité, 210.
ATHENÆI..... opera, 150.
AUDRAN, grav. 157.
AUGUSTIN (S.). Voyez DU BOIS.
Auvergne, 172.
AVICE, La Cérémonie du sacre de Louis XIV, 133.
BACHELIER, Projet de cours des arts et mét. 245. — Mém. sur l'éduc. des filles, 245. — Mém. sur un projet de fabric. de monnoie en fer, 246. — Collect. de discours, 248. — Discours... en fav. des arts mécan. 254.
BAILLY, 228.
Bains orientaux, 241.
Balance du commerce, 237, 240, 243.
BALUZE (Ét.), Hist. Tutelensis, 164. — S. Cypriani opera, 168.
Banque (Maison de), 242.
Banquet des Sept Sages, 205-206.
BARBÉ (Jean), libr. 11.
BARBÉ DE MARBOIS, État des finances de Saint-Domingue, 247 (bis).
BARBERINI (Maphæi) poemata, 124. Voy. URBAIN VIII.
BARET, 153.
BARRE, correcteur, XII.
BARRY (René), 129.
BARTHÉLEMY, Dissert. sur une anc. inscr. 253.
BAUDET (Ét.), grav. 144.
BAUDOT, Essais antihydrophobiques, 203.
BAUMÉ, Mém. sur le blanch. des cocons jaunes, 246.

BEAUVAIS (J.-B.-M. DE), Oraison fun. du comte de Mouy, 212.
BÉLIDOR (Bern. Forest DE), Le bombardier françois, 172. — Tables pour jeter les bombes, 172.
BELLARMIN (Le card.), 40-41.
BENOÎT XIV, pape, 258.
BENSERADE (Is. DE), Les métamorphoses d'Ovide, 142. — Le labyrinthe de Versailles, 143.
BERGERAU, son éloge, 263.
BERNARD (Ch.), auteur d'une Histoire de Louis XIII, 66.
BERNARD (Le P. D.), Maximes pour la conduite du prince Michel, 164.
BERNARDI (divi) opera, 123, 278.
Berne (Canton de), 210.
BERNOUILLI (Daniel), son éloge, 263.
BERTHIER (Le P.), Physique des comètes, 195. — Principes physiques, 198.
BERTHOLLET, Mém. (4) sur l'alcali, etc. 239. — sur le fer, 241.
Bestiaux, 197, 231 (bis), 235.
Bétail, 210 (bis), 211 (bis), 225.
Bêtes à cornes, 174, 197, 203, 210; — à laine, 231.
Betterave champêtre, 235.
BEYS (Ch.), poëte, 128.
BÈZE (Théod. DE), 20.
BEZOUT, son éloge, 263.
Biblia, 1642, 125; 1653, 132, 278.
BIENNÉ (Jean), impr. 16, 17.
BIGNON (L'abbé), 78, 85.
BILAIN (Ant.), 138.
BIRKMAN (Arn.), impr. 9.
BITONIS..... opera, 150.
Blé moucheté, 231 (bis); — germé, 223; — corrompu, 232, 240.
BLÉTERIE (J.-P.-H. René DE), Tibère, 201.
BLONDEL, Résolut. des quatre princip. problèmes d'architecture, 140.
BLONDIN, Précis de la langue angloise, 255.
BOCARD (Jacq.), impr. 7.
BOISMONT (L'abbé DE), Sermon, 224.
BOIVIN (J.), 150, 155.
BONDELMONTE, auteur d'une description de

Constantinople, dont une vue se trouve dans l'histoire de la Conquête de cette ville, par Villehardouin, 279.
BORDA (DE), 215.
BORDES (P.), 153.
BORDINAVE, son éloge, 263.
BORY (DE), 228.
BOSSANGE, libr. 254.
BOSSE (A.), grav. 131, 142.
BOSSUT, Rapport, 232. — Traité..... d'hydrodynamique, 235.
BOTONIATES (Nicéph.), 126.
BOUCHER, fondeur, XII.
BOUCHER (Fr.), peintre, 192, 194.
BOUCHOTTE, Observations sur..... le rétablissement du divorce, 249.
BOUDOT, 176 (bis), 181.
BOUGAINVILLE (J.-P. DE), Les estampes de l'histoire de Louis XIV, 154.
BOUGUER, Fig. de la terre, 182, 191. — Justification des mém. de l'Acad. des sciences, 186.
BOULANCOURT (le jeune), 146.
BOURBON (Louis DE). Voyez CONDÉ et DÉSORMEAUX.
BOURDALOUE (Le P. Louis), Sermons, 158.
BOURDELIN, son éloge, 263.
BOURGELAT (Cl.), Essai..... sur la ferrure, 205.
Bourgogne, 203, 245, 251.
BOURZÉIS (L'abbé DE), 138.
BOYER (J.-B.-Nic.), Méthode à suivre dans le traitement des différ. maladies, etc. 1761, 196; 1762, 196.
BOYET, relieur, 270 s.
BOZE (Cl. GROS DE), Mém. de littérat. 166. — Catalogue de sa biblioth. 181.
BRASSET, ambassadeur, 68.
Brefs des papes, 258.
BRÉQUIGNY (DE), 166. — Rech. sur les communes, 201. — Table des diplômes, etc. 202. — Rech. sur les bourgeoisies, 213. — Diplomata, etc. 250.
BRET, rédact. de la Gaz. de France, 217.
Bretagne, 200, 233, 260.
BRETEUIL (Le baron DE), 233.

BRETONNEAU (Fr.), 158. — Abrégé de la vie de Jacques II, 156.
BRÈVES (François SAVARY DE), 40 s.
Bréviaire de Louis XIII, 257, 278.
Bréviaire de Philippe V. Voy. Prières du matin et du soir.
Bréviaire du duc de Penthièvre, 257.
Breviarium romanum, 127, 279.
BRICE (Ét.), 162.
BRIET (Le P.), 139.
BRIQUET (DE), Code milit. 170.
BRUN (du Cap-Franç.), Traité sur le sucre, 202.
BUCQUET (J.-B.), Mém. sur la manière dont les animaux sont affectés de différ. fluides, 216.
BUDÉ (G.), 3, 6.
BUFFON. (In-fol.) Hist. naturelle des oiseaux, 1771-86, 104. — (In-4°) Hist. natur. génér. 1749-89, 183 (bis). — Hist. nat. des oiseaux, 1770-83, 92, 203. — Suppl. 1774-89, 208. — Hist. nat. des minéraux, 1783-88, 224. — OEuv. compl. 1774-98, 207. — (In-12.) Hist. nat. génér. 1750-89, 184, 185, 186. — Id. nouvelle édit. 1769-70, 202. — Hist. nat. des oiseaux, 1770-85, 204. — Suppl. 1774-89, 208. — OEuvres complètes, 1774-89, 208.
BULLIALDUS (Ism.), 128.
BUREAU, De la réunion des mineurs au corps du génie, 250.
BURETTE (J.-P.), 174.
Byzantine (La). Voy. LABBE.
CABANIS, Observations sur les hôpitaux, 250.
Cadets-gentilshommes, 229.
CAILLE, 228.
CALAS (Jugement de), 259.
CALLIMAQUE, Hymnes, 211.
CALONNE (Mém. de M. DE), 259.
CAMPS (DE), Mém. sur les écoles de dessin, 245.
CAMUS, 176, 191, 280. — Cours de mathém. 186. — La fig. de la terre, 242.
CANANI (Jo.) narratio, 130.
Canons, 236, 237 (bis), 242, 762.
CANTACUZENI (J.) histor. libri VI, 126.

Cantoclarus (Ch.) ou Chanteclair, 127.
Capperonnier (J.), 195.
Caractères grecs de François 1er, 6 s. — orientaux de Louis XIII, 40 s. — romains de Louis XIV, 78 s.
Carlos (Don), inf. d'Espagne. Descript. de son cabinet littéraire, 212.
Carte de l'Océan Atlantique, 233.
Casaubon (Isaac), 21.
Cassard, Prise de Sant-Yago, 263; — de Surinam, ib. — de Rio-Janeiro, ib.
Cassini (J. Dom.), Observations, etc. 145. — Les élém. de l'astronomie, 146, 149, 178. — Découv. de la lumière céleste, 147. Règles de l'astron. indienne, 149. — De l'orig. de l'astronomie, 151. — Les hypothèses et les tables des satell. de Jupiter, 151. — Son éloge, 263.
Cassini (Jacq.), fils du précéd. Réponse à M. Celsius, 176. — Tables astronom. 178.
Cassini de Thury, fils du précéd. 191. — Addit. aux tables astron. de Cassini, 189. — Relat. d'un voy. en Allemagne, etc. 210.
Cassini (J.-Dom.); fils du précéd. 233.
Castelli (Bern.), grav. 125.
Castelnau (de), archev. de Bordeaux, Rapport sur un projet de constitution, 244.
Castille (Comte de), 167.
Castries (Le maréch. de), 227, 229, 234.
Catalogue des livres imprimés de la Bibl. du roi, 176.
Catalogus cod. mss. Bibl. regiæ, 176.
Cavalerie, 187, 189, 216.
Cavalerie grecque, 262.
Caylus (De), 170.
Cedreni (Georg.) compend. hist. 126.
Celsius, 176 (bis).
Cérémonies à Lyon en 1768, 202.
César. Voy. Guerre des Suisses.
Chabert, Traité des maladies vermineuses, 222. — Traité du charbon, etc. 1782, 223; 1783, 225; 1786, 236. — Traité de la gale, 225. — Instruction sur la manière de conduire les vaches, 231. — Id. sur la morve, etc. 231. — Traité de la gale, etc. 1785, 231; 1787, 240. —

Instruct. sur les moy. de s'assurer.... de la morve, etc. 248.
Chabert (Jos. Bern. de), Voyage dans l'Amérique septentrionale, 187. — Instruct. pour naviguer, etc. 228, 258. — Mém. sur l'usage des horloges marines, 229.
Chabrier, son éloge, 231.
Chalcocondilæ (Laonici) hist. Turcarum, 130.
Chambre des comptes, 174.
Chambre de justice, 163.
Chambre syndicale des libraires, 237. Voy. Communauté.
Chamseru (De), 230.
Chant nuptial, 136.
Chaptal, Obs. sur l'acide muriatique, 260.
Chardon (provisions d'intendant), 259.
Charles VI, 132.
Charles VII, 136.
Charles VIII, 147.
Charles IX, 15, 17.
Charnières (Ch.-Fr.-Ph. de), Mém. sur l'obs. des longit. 200. — Expér. sur les longit. 201.
Chartier (Jean), 136.
Chatillon (De), grav. 142.
Chaud et froid, 260.
Chaulnes (De), Suite et arrang. des vol. d'estampes de la Bibl. du roi, 168. — Catal. des vol. d'estampes du cab. du roi, 180.
Chaussade (Forges de la), 259 (bis).
Chauveau, grav. 142 (bis), 144, 279.
Chazelles (Math. de), Le Neptune françois, 151.
Cheffort, peintre, 216.
Chêne (Le) et l'ormeau, fable, 263.
Chereau (Jac.), grav. 170.
Chifflet (J.-Jac.), Assertor gallicus, 126.
Chiffre indéchiffrable, 211.
Chiffrer (Dictionn. à) et à déchiffrer, 262.
Cuirac (De), Observat. etc. 167.
Choiseul-Gouffier (Le comte de), 263.
Chomel. Voy. Tournefort.
Chronicon orientale, 180.
Chrysoloræ (Man.) epist. 133.
Cicéron, Aratœa, 234.

CINNAMI *(Jo.) de rebus gestis a Jo. et Man. Comnenis libri VI*, 139.
CLAIRAUT, *La fig. de la terre*, 196, 242.
CLAUSERIUS (Conr.), 130.
Claveau, 221.
CLÉMENT (Nic.), *Bibliotheca Telleriana*, 151.
CLOS (Sam. Cottereau DU), *Observ. sur les eaux minérales*, 141.
COCHIN (Ch.-Nic.), grav. 131, 154, 168.
COCHIN (Ch.-Nic.), fils du précéd. 193, 194.
Code corse, 215.
Code des prises, 227.
Codex canonum, etc. Voy. PITHOU.
CODINUS (Geo.), *De officiis magnæ ecclesiæ et aulæ Constantinop.* 127. — *De antiq. Constantinop.* 132.
COLBERT, 138, 140, 145.
COLLAS, correcteur, XII.
Collection des lois, etc. 252-3.
Collége des Trois-Langues, aujourd'hui Collége de France, 3, 26 s. — des Lombards, 42; — de Reims, 43.
Collége de chirurg. de Paris, 201.
COLLET (P.), 152 (*bis*).
COLLOMBAT, impr. 87.
Colonies françaises, 234.
COMBEFIX (Franç.), 132, 147.
COMINES, *Mémoires*, 128.
Commerce et navigation, 227.
COMMEREL (L'abbé DE), *Instruct. sur la cult. de la betterave, etc.* 235. — *Mém.* 243.
Communauté des libraires de Paris, 27 s.
Communautés religieuses, 201.
COMNENÆ (*Annæ*) *Alexias*, 130, 139.
COMNÈNES (Isaac), 126. — (Alex.), 127. — (Joh.), 127.
Compagnie des Indes, 174, 202 (*bis*).
Compagnies de libraires, 19, 29, 30, 53.
Conciliorum..... collectio regia, 1644, 126, 278.
Conciliorum (Acta), etc. studio Joann. Harduini, 1714, 160. — *Addit.* 165. — *Arrêt du parlement*, 160, 167.
CONDÉ (Le prince DE), 128.
CONDORCET, *Traité du calcul intégral*, 1765 (?), 199; 1788, 251. — *Essais d'analyse*, 200.
— *Essai sur l'applicat. de l'analyse, etc.* 229. — *Rapport sur la navigat. etc.* 233.
— *Discours lu en présence du prince Henri de Prusse*, 239.
Connoissance des temps, 169.
Constitution (Projet de), 244 (*ter*).
Consuls et consulats, 259.
COOK (Le cap. Jacq.), 234.
COQUEREAU, 230.
CORNEILLE (P.). Vers composés par lui, 128. — *Rodogune*, 194.
Corruption (De la) du goût, 263.
COSSART (Gabr.), 160.
COTTE (Le P.), *Traité de météorol.* 207. — *Suite du traité*, 242.
COUCY (Mathieu DE), 136.
Cour de Londres, 258 (*bis*); — d'Angleterre, 255; — de Rome, 258; — de Sicile, 258.
Courses, 241.
COURTANVAUX (DE), *Journal du voy. sur la frég. l'Aurore*, 200.
COURTIVRON (Le marquis DE), son éloge, 233, 263.
COYPEL (Ant.), peintre, 155, 162.
CRAMOISY (Séb.), directeur de l'Imprimerie royale, 32, 69 s. 130, 131, 288. — (Claude), 73. — (Gabriel), 75. — (André), 134, 140, 289. Voy. MABRE-CRAMOISY.
CRÉBILLON (P. Jolyet DE), OEuvres, 184.
CRETTÉ DE PALLUEL, *Mém. sur l'améliorat. des biens communaux, etc.* 249.
CROIX (DE LA), 60-61.
CROZAT, *Rec. d'estampes, etc.* 170.
CUNAPIUS *Sardianus leg.* 127.
CYPRIANI (*S. Cæcilii*) *opera*, 168, 269.
DACIER (A.). Voy. PLATON et FROISSART.
DACIER (Madame). Voy. HOMÈRE.
DALEMBERT, son éloge, 263.
D'ANSSE, 286-7.
D'ANVILLE, *Analyse géogr. de l'Italie*, 180. — *Éclairciss. géogr.* 187. — *Analyse de la carte de la Grèce, etc.* 190. — *Mém. sur l'Égypte, etc.* 199. — *Traité des mesures itinéraires*, 202. — *L'Empire de Russie*,

206. — *L'Empire de Turquie*, 206. — *Antiquités géogr. de l'Inde*, etc. 210. — *Mém. sur la mer Caspienne*, 214. — *Consid. génér. sur..... les ouvrages géogr.* 214. *L'Euphrate et le Tigre*, 218. — *Mém. sur..... l'ancienne Gaule*, 218.

D'APRÈS DE MANNEVILLE (J.-B.-N.-D.), *Mémoire sur la navigation*, etc. 1765, 199; 1768, 200.

D'ARCET, 228.

DAUBENTON, 183 (*bis*), 184, 185. — *Mém. sur le prem. drap de laine*, etc. 228. — *Obs. sur la compar. de la laine*, etc. 236.

DAUVILLE, son éloge, 263.

DAVIDIS (*Liber psalm.*), 124.

DAVILA, *Storia delle guerre civ. di Francia*, 125.

D'AVRANGE, *Projet de contrib.* 244.

Dédicace..... d'une église, 194.

Degré du méridien, 191 (*bis*).

DEHORNE, *Journal de médecine*, etc. 225. — Voy. le *prospectus*, 221.

DE LATTRE, *Acte de navigat.* 252.

DEL'AVERDY, *Mémorial..... sur les rech. à faire concern. la pucelle d'Orléans*, 238.

DÉMOSTHÈNES, *Orationes*, 16, 17.

Dénombrement, 203, 245, 251.

Départements, districts, etc. de la Républ. française, 256.

Dépôts de mendicité, 230.

DESCARTES, 173, 179.

DESHOULIÈRES (Mme), *Vers allégoriques*, 230.

Désinfection des villages, des étables, des cuirs, 261.

DESMARAIS (Fr.-Séraph. Régnier), *Histoire des démeslez*, etc. 158.

DESMARES (Fr.), 149.

DÉSORMEAUX (Joseph Rigault), *Hist. de la maison de Bourbon*, 205.

DESTOUCHES (Ph. Néricault), *OEuvres dram.* 190.

Destruction des loups, des taupes, des mulots, des chenilles, 260.

DEUX-PONTS (Marie-Élisabeth-Louise, princesse palatine DE), *Le luthéranisme abjuré*, 154.

DEXIPPUS *Atheniensis legat.* 127.

DIDOT (Pierre), 38 (voy. aussi p. XI). — Pierre-François). 96 (voy. aussi p. XI et XII). — (Jules), 91. — (Ambroise), p. XI.

Différends de la France avec les puiss. étrangères : Rome, 158; — puiss. alliées, 159; — Espagne, 138, 164; — Angleterre, 189, 190 (*bis*), 191, 195, 218 (*bis*).

DINET (Jacq.), 134.

Diplomata, chartæ, etc. publié par de Bréquigny et La Porte du Theil, 250.

Divisions décimales, 256.

DODART (Denis), *Mém. pour servir à l'hist. des plantes*, 1676, 142; 1679, 145.

Domaines, 207, 210.

DONNEAU. Voy. VISÉ.

DOUBLET, *Hosp. de la Charité*, 245.

DOUZA (Théod.), 130.

Droits d'ancrage, 237; — d'entrée, 137, 145; — sur les cartes, 205.

Droits de la reine sur divers États, 138 (*quater*).

Droits d'un citoyen, 244.

DUBOIS (Le card.), sa vie, VII. — *Mandem.* 258.

DU BOIS (Ph. Goibaud, sieur), *Les lettres de S. Augustin*, 158. — *Les confess.* 192. — *Le manuel*, 193. — *Les soliloques*, 193.

DUBOY-LAVERNE, suppléant d'Anisson, en 1792, à l'Imprimerie royale, 114.

DUCÆ..... *hist. Byzant.* 128.

DUCANGE, 135, 139, 148 (*bis*), 288 s.

DUFLOS (Cl.), grav. 170.

DU HAMEL (J.-Fr.-G.), *Géométrie souterraine*, 239. — Son éloge, 263.

DU HAMEL DU MONCEAU (H.-L.), *Traité de la fabr. des manœuvres pour les vaisseaux*, 182. — *Mém. sur la garance*, 191. — *Hist. d'un insecte*, 196.

DUJARDIN et PEYRILHE, *Hist. de la chirurgie*, 208.

DULAC (Dom.), son procès, 259.

DUPERON, DU PERON ou DU PERRON, surnom de plusieurs des Anisson. — Voyez ce nom.

Dupuis (Ch.), grav. 165.
Dupuy (L.), *Fragm. d'un ouvrage grec d'Anthemius*, 213.
Duret, grav. 126.
Du Sueil, relieur, 277.
Du Theil (De La Porte). Voy. Plutarque, Callimaque, *Diplomata*, Eschyle.
Eaux de Perrier, 238, 262.
Eaux de salubrité, 212.
Ecchellensis (Abrah.), 131.
École de dessin, 208, 226 (*bis*), 229, 231, 235, 240, 242, 245, 248 (*bis*), 251, 253.
École militaire, 206, 209, 228, 257.
Écoles vétérinaires, 212.
Edelinck (J.), grav. 144.
Électricité, 228, 235 (*bis*).
Éléphantiasis, 230.
Enfants trouvés, 260.
Épidémies, 223, 260, 261.
Épreuve du premier alphabet droit et penché... (de l'Imprimerie royale), 178.
Épreuve du second alphabet (de l'Imprimerie royale), 170.
Épreuves des caractères, etc. de l'Imprimerie royale, 150.
Épreuves des caractères de l'Imprim. royale gravés par MM. Grandjean, Alexandre et Luce, 194.
Epreuves des planches gravées qui servent à l'Imprimerie royale, 262.
Epreuves (premières) des médailles de l'histoire du roi (Louis XIV), 155.
Érasme, *Selecta colloquiorum fragmenta*, 225.
Eschyle, ses tragédies, traduites par de La Porte du Theil, 256.
Estienne (La famille des), 3 s. — Robert Ier, 3, 4, 5 s. — Charles, son frère, 12 s. — Henri II, 17, 21; ses enfants, 21. — Robert II, 12, 14, 17, 18. — Paul, 21, 22 s; ses enfants, 21. — Antoine, 21, 26 s. 129. — Joseph, 21. — Henri IV, 129.
États de Bretagne, 200, 260.
États-Unis d'Amérique, 238 (*bis*).

Euler, son éloge, 263.
Fable de l'Olympe, 195.
Fabrot (Ch.-Ann.), 126, 127, 128, 130, 132, 147.
Fagnon, graveur, 79, 93.
Faillites, 240.
Fata Manciniana, 135.
Faujas (B.), *Essai sur le goudron*, etc. 249.
Faux-saunage, 236.
Felibien (A.), *Les plaisirs de l'isle enchantée, 1673*, 140; *1679*, 144. — *Les divertissem. de Versailles*, 142. — *Les tableaux du cabinet du roi, 1677*, 143; *1679*, 144. — *Statues antiques*, 144.
Felibien des Avaux, *Description de l'église des Invalides*, 157.
Femmes en couches, 225.
Fer (Le), 241.
Fermes, 145, 148, 169, 177, 187.
Fermes-unies, 167.
Feuilles des arbres, 231.
Figure de la terre, 165, 176 (*bis*), 182, 186, 238, 242.
Filleau des Billettes, 78.
Finances, 244 (*bis*), 246, 260.
Flandrin, *Mém. sur la possibilité d'améliorer les chevaux*, etc. 250. — *Prospectus d'une association pour améliorer les chevaux*, 250.
Fléchier (Esprit), *Relations*, etc. 139. — *Panégyriques*, 153.
Fleurieu (De), *Découvertes des François*, etc. 246.
Fleurieu (d'Éveux de), *Voyage fait en 1768 et 1769*, 206.
Flux et reflux, 211.
Foncemagne (De), 89.
Fontaine, *Mém. donnés à l'Acad. des sciences*, 198.
Fontenelle (Bernard Le Bouvier de), Éloge de M. de Tournefort, 152. — *Élém. de la géom. de l'infini*, 168.
Forêts, 239.
Forrest (Th.), *Traité sur les moussons de l'Inde*, trad. de l'angl. par Genet, 234.
Forteresses, 253.

FOUCHY (DE), *Niveau d'une nouv. construction*, 261.
FOULLON (*Mém. de M.*), 259.
FOURCROY, 233.
FOURMONT (Ét.), 63, 85, 176, 271, 275.
FOURNIER, graveur, 38, 81.
FOY (L'abbé DE), *Notice des diplômes, etc.* 198.
Fractures et luxations, 218.
Frais de justice, 194, 222.
FRANCO (Giac.), grav. 125.
FRANÇOIS Ier, 1 s. 98, 99, 100.
FRANKLIN, 228.
FRENICLE, *Traité des triangles*, 143.
FREY (Jac.), grav. 170.
FREZZA (Jér.), grav. 170.
FRISI (Le P.), *Traité des rivières et des torrents*, 207.
FROISSART (*Chronique de*), publ. par M. Dacier, 254.
FURSTENBERG (W. A.). Voyez PHILOMATHI, etc. et PYRMONTANI, etc.
Gabelles, 145, 184.
Gale, etc. 211, 225, 231, 239, 240.
Gallia christiana, 162, 268, 269, 276.
GAMACHE (Le P. Cypr. DE), *Exercices d'une âme royale*, 134.
GANDO, grav. 97.
GARAMOND (Cl.), grav. et impr. 8, 11, 12, 70, 71, 285.
Garance, 204, 205.
GARAT (Dom.), *Aux 83 départements*, 256.
GARDANNE (DE), *Mém. concernant une espèce de colique, etc.* 226.
Gardes françoises, 170.
Gardes nationales, 252.
Gare à Paris, 250.
GAUDET, *Remède contre la rage*, 260.
GAUDION (P.-N.), 276.
GAULTIER (Léon), graveur, 11.
GAULTIER (Pierre), impr. 11.
Gazette de France (La), 217.
GÉDÉON DE LA SALLE, 271 (*bis*), 277.
GENET. Voy. FORREST.
Géographie, 150.
GÉRARD (Ant.). Voyez GIRARD.

GÉRARD DU BOIS (P.), 137.
GIRARD (Ant.), *L'idée d'une belle mort, etc.* 134. — *Recueil des épîtres, etc.* 136.
GIUSTINIANI (Aug.), 2.
GLYCÆ (*Mich.*) *annales*, 136.
GOAR (Jac.), 126, 127, 132.
GODEFROY (Den.), 128, 132, 135, 136, 147.
GODIN, *Conn. des temps*, 170.
GONICHON, menuisier, 271.
GOURMONT (Gilles), impr. 2.
Gouvernement du royaume, 162.
GOUYE (Th.), 150 (*bis*).
GRAMMATICI (*Leonis*) *vitæ recentiorum imperatorum*, 132.
GRAMONT (M. DE), 138.
GRANDJEAN, grav. 35, 79 s. 281, 282. — Sa veuve, 269 s.
GRATIANI (Girol.), *Il colosso sacro*, 134.
GRÉGOIRE, *Instruct. sur la manière d'inventorier les objets qui peuvent servir aux arts, etc.* 255.
GREGORÆ (*Nicephori*) *hist. Byzant.* 155.
Grêle, 243 (*bis*).
GRETSERUS (Jac.), 126, 127.
GRIBEAUVAL (DE), 237 (*bis*). — *Tables des construct. des attirails de l'artillerie*, 253.
GRIVEL (de Lyon), 242.
GROULT, *Discours sur le droit maritime*, 235.
GRUYN (R.-P.), 268 (*bis*), 269, 270 s.
GUA (DU), son éloge, 269.
Guerre (La) des Suisses (par Louis XIV), 131, 276.
GUETTARD, *Hist. de la découverte, etc.* 198. — Son éloge, 263.
GUIBAL (Nic.), *Éloge de Nicolas Poussin*, 225.
GUIBERT (Le comte DE), 244 (*bis*).
GUIGNES (DE), 60 s. 286-7. — *Essai hist. sur la typogr. orientale*, 237. — *Principes de composit. typogr.* 247.
Guldiveries et rumeries, 230.
GUYON, graveur, 97.
GUILLOTIN, 228.
H*** (Mme), *Nouveau syst. typogr.* 212.
HABERT (Is.), *Comment. in B. Pauli epist.* 134.

HALLER, son éloge, 263.
Haras, 164, 167.
HARDOUIN (Jean), jés. 147. — *Acta conciliorum*, etc. 160.
HAURÉAU, 162.
HAUTESIERCK, *Recueil d'observat. de médecine des hôpit. milit.* 200.
Hémorragie, 260.
HENRI III. Voy. *Statuts de l'ordre du Saint-Esprit.*
HENRI IV, 131.
HENRI (P.), 162.
HENRIETTE-ANNE, princesse de la Grande-Bretagne, 134.
HÉRISSANT (J. Th.), imprimeur, 292. — Marie-Nicole Estienne, sa veuve, 97, 99, 292.
HERMENT, *Remèdes pour les chevaux*, etc. 261.
HERONIS... *opera*, 150.
HERRICO (*Poesia... del Scipione*), 1642, 125.
HERSCHEL, 261.
HESRONITA (Jean), 42.
Heures (Petites) de Louis XIII, 257, 278.
Heures de Madame la comtesse de Toulouse, 257.
Heures de l'école royale militaire, 257.
Hiérarchie militaire, 241.
Histoire nat. 149, 169, 188.
Histoire de la Monnoie des médailles, 260.
Histoire de l'édit de Nantes, 156.
Historiæ Byzant. scriptores, 147.
HOESCHELLIS (Dav.), 130.
HOMÈRE, *L'Iliade et l'Odyssée*, traduct. de Mme Dacier, 159; — trad. de M. de Rochefort, 220. — *Apologie d'Homère*, 263.
Hôpital général de Paris, 237. — Projet de quatre nouv. hôpitaux, 242.
Hôpitaux, 244, 250, 254.
Hôpitaux milit. 182, 200, 202, 220, 221, 234.
HORACE, *Opera*, 1642, 124, 278; 1733, 173, 178; 1740, 170.
Hospice de la Charité, 219, 245, 259.
HOSPITAL (Mich. DE L'), 14, 15, 16, 17.
HOSPITAL (G.-Fr. DE L'), *Analyse des infiniment petits*, 1696, 153; 1726, 168. (Par Guill.-Franç.-Antoine de l'Hospital Saint-Mesme.)
Hôtel-Dieu de Paris, 234.
Hôtel des Invalides, 146, 169, 221. — Son église, 157.
HOUEL, *Voyage de Sicile*, 97.
HUNTER, son éloge, 263.
HURET, graveur, 124.
Imitatione (De) Christi, 1640, 71, 123, 278. — *De l'Imitation de J.-C.* 132.
Impositions et droits, 201.
Imprimeries particulières, 65, 87, 88.
Infanterie, 187, 189, 199, 218.
Ingénieurs, 162.
Inhumations précipitées, 249.
INNOCENT XIII, 258.
Inoculation, 260, 261.
Insensés, 230.
JALIGNY (G. DE), 247.
JANOT (D.), impr. 2.
JANSÉNIUS, 137.
JARS, *Différents procédés pour employer le charbon de terre*, 203.
Jauge, 213. — Jaugeage, 168.
JAUGEON (L'abbé), 78, 80.
JEANNE D'ARC, 238.
JEAURAT, *Conn. des temps*, 170.
JEFFERSON, président, puis ambassadeur des États-Unis à Paris, 238.
Jésus (Enfance de), 258.
JOELIS chronogr. 130.
JOINVILLE (Jean, sire DE), *Hist. de saint Louis*, 195.
Journal de médecine, 221, 225. Voy. DEHORNE.
JUSSIEU (Ant. DE), *Appendices ad J. Pitton Tournefort instit. rei herb.* 164. — Son éloge, 263.
JUVÉNAL, *Sat.* 125.
JUVÉNAL DES URSINS (Jean), *Hist. de Charles VI*, 132.
KEMPIS (Thom. A). Voy. *Imitat. de J.-C.*
KEYSER, ses dragées médicales, 202.
LA BAUME (J. DE), 153.
LABBE (Phil.), *De Byzant. hist. script.* 127. — *Notitia dignit. imperii*, 1651, 131, 136.

— *Chronologia*, 139. — *Acta conciliorum*, 160.
La Boissière (De), grav. 141.
La Chapelle (De), son éloge, 231.
La Châtre (Le comte de), *Lettre à M. de Guibert*, 244.
La Chaume (Cl.-Espr. Thion de), son éloge, 240.
La Chevallerie, 76.
La Condamine (Ch.-Marie de), *Fig. de la terre*, 182. — *Journal du voyage fait à l'équateur*, 185. — *Mesure des trois premiers degrés de l'équateur*, 185. — Son éloge, 263.
La Faye (De), *Recherches sur... la chaux*, 214. — *Mém. pour faire suite aux recherches, etc.* 216.
La Fontaine (le fabuliste), 178.
La Galissonnière. Voy. Silhouette.
La Hire (Ph. de), *Ouvrages posth. de MM. de l'Acad. (des sciences)*, 149. — *Mém. de mathém.* 150. — *Divers ouvr. de mathém.* 150.
Lalande (De), *Conn. des temps*, 170. — *Exposit. du calcul astronomique*, 196. — *Conjonct. inférieure de Vénus*, 251.
La Marck (Le chev. de), *Flore françoise*, 216.
Lambecius (Petr.), 133.
Lambert, 238, 239.
Lambin (Den.), 16.
La Millière (De), *Mém. sur le département des ponts et chaussées*, 245.
La Pérouse (Le comte de), son expédition, 245.
La Peyrère (Isaac), *Bataille de Lentz*, 128.
La Place (De), *Mém. sur la chaleur*, 224. — *Théorie des attractions, etc.* 230. — *Examen des mes. du méridien*, 238. — *Théorie de Jupiter, etc.* 238. — *Suite*, 241. — *Théorie de l'anneau de Saturne*, 243. — *Théorie des satell. de Jupiter*, 251.
La Porte (De), 146.
Larcher, *Règlem. pour le spirituel de l'école milit.* 206.
La Reynie (De), 290.

Larmessin (Nic. de), grav. 138.
La Rochefoucauld, *Instruct. concern. la conservat. des manuscrits, etc.* 248.
La Rochefoucauld (Fr. duc de), *Maximes et réflexions morales*, 216.
La Rue (J.-B. de), *Traité de la coupe des pierres*, 169.
La Rue (Le P. Ch. de), *Sermons*, 165.
Lascaris (Janus), 3.
La Tour du Pin (De), *Mém. sur les dépenses de la guerre*, 244.
Laurière (Eus.), *Table chron. des ordonnances des rois de France*, 157-8. — *Ordonn. des rois de France*, 164.
La Vallière (De), *Mémoire sur l'artillerie*, 210.
La Vienne, 76.
Lavoisier, 228. — *Mém. sur la chaleur*, 224. — *Réflex. sur le phlogistique*, 233. — *De l'action du feu*, 233. — *Résultats extraits d'un ouvrage sur la richesse territ.* 252.
Le Bé, graveur, 40, 55, 57, 59.
Le Bouvier (Jacq.), dit *Berry*, 136.
Le Brun (Ch.), peintre, 186.
Le Brun (G.), grav. 134.
Le Brun (l'oratorien), *Système sur le déluge*, 196.
Le Clerc (Nic.), libr. 21.
Leclerc (Séb.), grav. 141, 143, 144, 148.
Leclerc, *Carte réduite de la mer Baltique*, 230. — *Carte hydrogr. du golfe de Finlande*, 230.
Lecointe (Ch.), *Annales eccles.* 137.
Le Dosseur, *Supplique aux États de Bretagne*, 260.
Le Feron (Jean), *Hist. des connestables, etc.* 135.
Le Fèvre (Tanneguy), 70, 73.
Le Fèvre, *Conn. des temps*, 169.
Le Gentil, *Voyage dans les mers de l'Inde*, 218.
Le Jay (Michel), 55 s.; son fils, 56-57.
Lemonnier (Pierre), *Premiers traités... de mathém.* 191.
Lemonnier (P.-Ch.), fils du précéd. 176. — *Observ. de la lune, etc.* 185. — *Observ. du*

passage de Vénus, etc. 195. — *Astronomie nautique,* 205. — *Mém. concernant l'astronomie, etc.* 220. — *Suite* à ces mém. 227. — *Mém. d'astronomie,* 233.

LE PAUTRE (J.), grav. 133, 142 (*bis*), 144 (*ter*), 146, 157.

LE PAUTRE (P.), grav. 146 (*bis*).

LE PELETIER (Cl.), ministre sous Louis XIV, 148, 149.

LÉPICIÉ (Bern.), *Catal. raisonné des tableaux du roi,* 186.

LE QUIEN (Michel), *Oriens christ.* 177, 276.

LE ROY, *Rapport. etc.* 228. — *Précis d'un ouvrage sur les hôpitaux,* 244.

LESCALLIER (Dan.), *Vocabul. des termes de marine,* 214.

LESDIGUIÈRES (La duch. DE), *Mém. sur ses droits,* 259.

LESSEPS (DE), *Journ. hist. du voyage, etc.* 247.

LESUEUR (Nic.), grav. 170.

LE TELLIER (Mich.), ministre de Louis XIV, 138.

LE TELLIER (Ch.-Maurice), fils du précéd. — Cat. de sa biblioth. (*Bibliotheca Telleriana*), 151. — *Mém. présenté au roi,* 152.

LEUNCLAVIUS (Jo.), 130, 132, 136.

Lézards (Propriétés médic. des), 235.

LIANCOURT (Le duc DE), *Opinion sur... le recrutement,* 244. — *Plan pour l'extinction de la mendicité,* 250.

LIBAUDE, *Mém. sur... le cristal, etc.* 210.

Librairie et imprimerie, 181.

Liége (Évêque de), 259.

LIEUTAUD, *Conn. des temps,* 169, 170.

LIONNE (M. DE), ministre de Louis XIV, 138.

Littérature, 166.

Livre (Le) *des tactiques ou machinistes grecs,* 149, 279.

LOMÉNIE (DE), archevêque de Sens, *Compte rendu au roi* (1788), 242.

Longitudes, 205.

Lorraine, 260.

LOUIS IX. Voy. JOINVILLE.

LOUIS XIII, 22 *s.* 40 *s.* 65 *s.* 128, 131, 134, 257. — Voy. *Parva christianæ pietatis officia.*

LOUIS XIV, 34, 37, 73, 74 *s.* 128, 131, 133, 136, 153, 155 *s.* 159, 272. — Voy. *Guerre des Suisses.*

LOUIS XV, 87 *s.* 165, 177, 193.

LOUIS XVI, 39, 87, 209.

LOUVOIS (Le ministre), 146.

LOUVOIS (L'abbé), fils du précéd. 146.

LOYOLA (Ign.), *Exercicia spirit. etc.* 126, 278, 279.

LUBERSAC (L'abbé DE), *Discours sur les monuments publics, etc.* 209.

LUC (Saint), 127.

LUCE (Louis), graveur, 79, 92 *s.* 178, 283.

LUGNY (DE), 65.

Lumière céleste, 147.

MÂBRE-CRAMOISY (Séb.), direct. de l'Impr. roy. 32, 34, 75 *s.* 140, 141, 288 *s.*

MAC-MAHON, son éloge, 240.

MAEQUER, son éloge, 263.

MAGET, *L'art de guérir... les hernies,* 1778, 216; 1788, 243.

Magnétisme animal, 228 (*ter*), 229, 260.

MAILLEBOIS (Le maréchal DE), ses campagnes en Italie, 210.

MAIRAN (Dortous DE), *Extrait... pour le jaugeage des navires,* 168. — *Traité phys. et hist. de l'aurore boréale,* 1733, 173; 1754, 188; 1783, 224. — *Dissertat. sur la glace,* 183.

Maïs, 236 (*bis*).

MAJAULT, 228.

Maladie du roi, 251.

Maladies vénériennes, 239.

MALCHUS *Philadelphus leg.* 127.

MALLARD (Ol.), impr. 2.

MALTRETUS (Cl.), 137.

MANASSIS (Const.) *brev. histor.* 132.

MANCINI (Alph. DE), *Templum Famæ,* 135. — *Rapini lachrimæ,* 135. Voy. *Fata Manciniana.*

MANDONNAT, sous-direct. de l'Impr. royale, 92.

MANILII (*Marci*) *Astronomicon libri V,* 234.

MANSON (DE), 237, 253.

Manufactures et fabriques, 171, 172.

MARALDI (DE), *Conn. des temps,* 170.

MARAN (Prud.), 168.
MARAT, conventionnel, 107 s.
Maréchaussée, 217.
MARGRAFF, son éloge, 263.
MARIETTE, 171.
MARILLAC (Mich. DE), 132.
Marine, 143, 167, 198, 233.
MARIOTTE, *De la percussion*, 142. — *Lettres*, 142. — *Traité du nivellement*, 143.
MAROT (J.), grav. 146.
MARTIN (Edme), impr. 70; — (Edme II), 73; — (Gabriel), 181.
MARTINEAU (Le P.), 158.
MASCARON, son éloge, 205.
MASSÉ (J.-B.), peintre, 186.
MASSON DE PEZAY (Le marquis), *Hist. des campagnes du maréchal de Maillebois, etc.* 210.
Mathématiques, 141, 150 (*quater*), 151, 152, 184.
MAUDUYT, *Rapport..... sur le magnét. animal*, 228. — *Mém. sur l'électricité*, 228.
MAUPERTUIS (P.-L. Moreau DE), *Disc. sur les..... figures des astres*, 1732, 173; 1742, 179. — *La figure de la terre*, 1738, 176; 1788, 242. — *Discours sur la parallaxe de la lune*, 179. — *Astronomie nautique*, 1747, 80; 1751, 185. — *Nouveau zodiaque*, 189.
MAUPIN, *Lettre sur l'art de faire le vin*, 205.
MAUREPAS (Le comte DE), ouvrage qui lui est attribué, 261. — Son éloge, 263.
MAZARIN (Le card.), 130, 134, 135 (*ter*), 136.
MÉCHAIN, *Conn. des temps*, 170.
Médailles sur les princip. évén. du règne de Louis XIV, 1702, in-fol. 88, 155; in-4°, 155. — Id. 1723, in-fol. 166.
MEDONIUS (Bern.), 133.
MELIN, secrétaire du roi, 259.
MELOT (J.-B.), 195.
MENANDRUS Protect. leg. 127.
MENDOSA (DE), *Mém. sur la latitude*, 254.
MENTEL, *Nouv. globe artificiel*, 241.
Messe (*Ordin. de la*), 167.
Messe espagnole, etc. 254.
MESSIER, 200.

METHODII (*S. P. N.*) *convivium virginum*, 135.
MEURSIUS (Jo.), 132, 133.
MILLOT (Anicet), 176.
MILLY (Le comte DE), son éloge, 263.
MISSIESSY-QUIÈS (DE), *Arrimage des vaisseaux*, 244.
Mobilier de la couronne, 247.
MOLIÈRE, *La princesse d'Élide*, 141.
MONCE (Ferd. DE LA), peintre, 146.
MONGE, *Mém. sur le fer*, 241.
MONGIN (L'abbé), *Harangues*, 262.
Monnaies, 259 (*ter*.)
MONTALEMBERT (DE). Voy. ARÇON.
MONTESSON (Dupain DE), *Trigonométrie rectiligne*, 161.
MONTIGNI (DE), son éloge, 263.
MONTLINOT, *Observ. sur les enfants trouvés*, 246. — *Essai sur la mendicité*, 250.
MONTMIRAIL (Le marquis DE), son éloge, 199.
MORAND, son éloge, 263.
MOREAU, *Principes de morale, etc.* 214. — *Plan des trav. littéraires*, 222. — *Progrès des trav. littér.* 240.
MOREL (Guill.), impr. 13 s. 19.
MOREL (Federic), impr. 17, 18.
MORELLET (L'abbé), *Mém. sur..... la comp. des Indes*, 202, 207. Voy. NECKER.
MORIN (André), impr. 84.
MORIN (Le P.), 55.
MORNAY (Ph. DE), 65.
MOROGUES (Bigot DE), *Ordres et signaux*, 192.
MORTAIN, marchand d'estampes, 146.
Morve, 231.
MOULIN (A.), impr. à Lyon, 84, 159.
MOUSKE (Ph.), 135.
Mouture économique, 228.
MOUY (Le comte DE), son orais. funèb. 212.
NANGIS (G. DE), *Annales*, 195.
Navet (Culture du), 231.
NAVIER père, *Précis des moyens de secourir les personnes empois.* 216, 243. — fils, id. 243.
Navigation intérieure, 233.
NECKER, *Réponse au mém. de l'abbé Morellet*, 202. — *Compte rendu au roi*, 320. — *Observ. sur le livre rouge*, 246.

NÉOBAR (C.), impr. 3 s.
Neptune américo-septentrional, 215.
NEWTON, 173, 179. — Son éloge, 179.
NICEPHORI (S.) brev. hist. 127. — Brev. chronogr. 131. — Excerpta, 147.
NICEPHORI Cæsaris Bryennii comm. 137, 139.
NICEPHORUS, 128.
NICETÆ Acominati Choniatæ hist. 127.
NICOLAI (Le R. P.), 129.
NILI (S.) epist. 135.
Nivernais (Canal du), 233.
NOINTEL (Jean de Turmenyes DE), 267, 268 (bis), 269, 270.
NOINTEL (Edme-Fr. de Turmenyes de Montigny DE), 272.
NOORTWICK (Janus Dousa A), 136.
NORBEC (Texier DE), Recherches sur l'artillerie, 254.
Notices et extr. des manuscrits de la Bibl. du roi, 238.
Notitia dignitatum imperii, 1651, 131; 1677, 143.
NOYERS (DE), 26, 46, 48, 67 s.
Noyés, 260.
Nyctalopie, 235.
Office de la Vierge, 1749, 183; 1757, 191; lat. et fr. 257.
Office des chevaliers du Saint-Esprit, — du Mont-Carmel, — de Saint-Lazare. Voy. Ordres militaires.
Oiseaux morts, 181.
Ordonn. des rois de France, 166, 273, 276.
Ordres militaires : du Saint-Esprit, 156, 157, 159, 167, 169, 173, 178 (bis), 199, 201, 241, 244, 257 (bis), 258 (ter.); — de Saint-Michel, 167, 168, 169, 258 (bis); — de Saint-Lazare de Jérusalem, 198, 205, 209; — de Notre-Dame du Mont-Carmel, 198, 205, 209; — de Saint-Louis, 227, 229; — du Mérite militaire, 227.
ORLÉANS (Le duc D'), régent pendant la minorité de Louis XV, 85 s. 170.
OROUX, Hist. eccl. de la cour de France, 212.
OUTHIER (L'abbé), 176.
Ouvrages impr. aux frais de l'État, 247.

OVIDE, Les métamorphoses, 142.
Pacis triumphalia, 135.
PALMA (Caj.), 19.
PAPILLON, grav. 94.
Papyrus, 262.
Paquebots, 238.
PARANT, son éloge, 236.
PARCIEUX (Ant. DE), Mém. sur un moyen de faire venir de belles eaux à Paris, 197. — Mém. sur l'Yvette, 197. — Son éloge, 263.
PARDESSUS, 166, 202, 250, 252.
PARIS (Ant.) de Montmartel, 269 s.
PARMENTIER, Le parfait boulanger, 216. — Rech. sur les végét. nourrissants, etc. 221.
Paroisses des colonies, 212.
Parva christianæ pietatis officia, per christianiss. regem Ludovic. XIII ordinata, 1640, 124; 1642, 125.
Paschalion, 148, 279.
PASDELOUP, relieur, 277.
PASTORET (DE), 166.
PATRICIUS (Fr.), 133.
PAULET (J.-J.), Traité des champignons, 246. — Son éloge, 236.
PAULIN (Ét.), impr. 41 s.
PAUTONNIER (P.), impr. 19.
Pavé de Paris, 236.
Pax inita ad Pyrenæos montes, 136.
Pax Themidis cum Musis, 136.
Péages, 204.
PECQUET, Lettres, 142.
PENE (Ch.), 151.
PENTHIÈVRE (Le duc DE). Voy. Bréviaire.
Pépinières, 204, 237.
PERAN (L'abbé), 157.
PERRAULT (Ch.), Courses de testes, etc. (en latin et en français), 1670, 139. — Le labyrinthe de Versailles, 1677, 143; 1679, 145.
PERRAULT (Cl.), Mémoires pour servir à l'hist. nat. 140, 141, 149. — Lettres, 142. — Descrip. anat. de quatre lions, etc. 148.
PERRON (Le card. DU), 65.
PERRON ou PERON (DU). Voy. ANISSON.
PERRONET, Mém. sur l'éboulement des montagnes, 202. — Descript. des projets.....

des ponts de Neuilly, etc. 221. — *Mém. sur . . . . . les grandes arches de pierre, etc.* 255.

PERSII (A.) *Flacci sat.* 125.

PETAU (Denis), 127, 147.

PETRUS *Patricius leg.* 127.

PEYRESC, 31.

PEYRILHE. Voy. DUJARDIN.

PHÆDRI *fabulæ*, 171.

PHILIPPE de France, roi d'Esp. 162.

PHILOMATI . . . . . *Musæ juveniles*, 134, 278.

PHILONIS de Mundo, 6. — *Opera*, 150.

Physique, 150 (*bis*), 151, 152, 184, 260.

PIC DE LA MIRANDOLE, 1.

PICARD (A.), *Mesure de la terre*, 140. — *Voyage d'Uranienbourg*, 145. — *Tychonis Brahe thesaurus*, 145. — *Connoissance des temps*, 169.

PICARD (B.), grav. 157.

PICARD (Ét.), grav. 144.

PIE VI, 258.

PIERRE Iᵉʳ (Le czar), son éloge, 168.

Pilote de Saint-Domingue, 237, 241.

Pilote de Terre-Neuve, 1784, 227 (*bis*); 1786, 234.

PINGRÉ, 191, 200, 215. — *La cométographie*, 224. — *Chronol. des éclipses*, 233. — *Marci Manilii Astron. etc.* 234.

PITAU (N.), grav. 155, 163.

PITHOU (Fr.), *Codex canonum*, 148. — *Observationes, etc.* 148.

PITHOU (P.), *Miscellanea ecclesiastica*, 148. — *Observationes, etc.* 148.

Places de guerre, 162, 201.

PLATON, *OEuvres*, 154.

PLUMIER (Ch.), *Description des plantes de l'Amérique*, 1693, 151; 1697, 153; 1713, 160. — *Filicetum americanum*, 156. — *Nova plant. americ. genera*, 156. — *Traité des fougères*, 157.

PLUTARQUE, 18. — *Dialogue sur la musique*, 174. — *Traité sur la manière de discerner un ami*, 205.

Poids et mesures, 249, 260.

POISSONNIER, 228.

POISSONNIER-DESPERRIÈRES, *Traité des fièvres, etc.* 219. — *Traité sur les malad. des gens de mer*, 219.

POLIGNAC (Le card. DE), son éloge, 179.

POMME, *Traité des affect. vaporeuses*, 222.

POMMELLE (Le chev. DE), *Observ. sur le recrutement, etc.* 245. — *Mém. sur la nécessité des troupes provinciales*, 250. — *Mém. sur le mode de formation des troupes auxiliaires*, 250.

POMPADOUR (Mᵐᵉ de), 194.

POMPIGNAN (Lefranc DE), *Éloge du duc de Bourgogne*, 195.

PONTANUS (Jac.), 126, 127.

PONTCHARTRAIN (DE), 78, 83.

Ponts, 211.

Ponts et chaussées, 260.

Port-au-Prince, 240.

Port-Royal (Abbaye de), 159.

PORTAL, *Avis sur les . . . . . secours pour les noyés*, 239 et note. — *Obs. sur les . . . . . vapeurs méphitiques*, 251.

Porte ottomane, 259.

POSSINUS (Petr.) ou POUSSIN, 130, 131, 135, 137.

POUSSIN (Le peintre), 70, 124, 125. — Son éloge, 225.

Prairies artificielles, 234.

PRASLIN (Le duc DE), son éloge, 263.

PRÉVOSTEAU (Ét.), impr. 17, 19.

PRÉVÔT (Ben.), impr. 9.

Prières, etc. 190.

Prières (Recueil de), *etc.* 175.

Prières du matin et du soir, 162, 257.

PRINGLI, son éloge, 263.

PRISCUS *Sophista leg.* 127.

Prisonniers de guerre, 180, 192, 220.

PROCOPII *Cæsariensis hist.* 137. — *De ædificiis Justin.* 137.

Protestants, 259.

Provence, 165.

Psalterium, etc. 184.

PUYSÉGUR (Le comte Chastenet DE), *Le pilote de l'isle de Saint-Domingue*, 237, 241.

PYRMONTANI (Ferd. comitis) *poemata*, 147.

QUIRET, *Remède pour guérir . . . la gale*, 239.

Rage, 212, 221, 228, 230.

Rainssant, 186.
Rambaud, son éloge, 236.
Rameau (J.-P.), *Code de musique pratique,* 1759, 193; 1760, 194.
Raphelingue, impr. 40.
Rapin (Renée), *Sereniss. reipubl. Venetæ armorum trophæum,* 135. — *Rapini lachrimæ, etc.* 135. — *Pax Themidis cum Musis,* 136. — *Hortorum libri IV,* 137.
Razan, 171.
Réaumur (De), *Mém. pour l'hist. des insectes,* 96-97, 173. — *Art de faire éclore... des oiseaux domest.* 1743, 180; 1749, 183; 1751, 185, 186.
Réaux (L. des), 273 s.
Recrutement, 244, 245.
Renaudin, son éloge, 231.
Renaudot (Théoph.), *Gazette de France,* 217.
Reyrac (Ph.-L. de), *Hymne au soleil,* 236.
Richard, *Maladies aiguës,* 260.
Richebourg (Macé de), *Essai sur la qualité des monnoies,* 197.
Richelieu (Le card. de), 46 s. 66 s. — *Les princip. points de la foy,* 124, 278. — *Instruct. du chrestien,* 124, 278. — *Perfect. du chrest.* 127. — *Traité pour convertir ceux qui se sont séparés de l'église,* 131.
Richer, *Observ. astronom.* 144.
Rick (De), son éloge, 231.
Rigaud (Cl.), direct. de l'Impr. roy. 83 s. 158, 159, 267 s. 288.
Rigaud (Hyac.), peintre, 160.
Riz économique, 212.
Robert, peintre, 170.
Robert (H.), grav. 142.
Rochefort (De), 220. Voy. Homère.
Rochon, *Rapport, etc.* 233. — *Aperçu, etc.* 251.
Rogles (Montfaucon de), *Traité d'équitat.* 241.
Rondonneau (G.), *Répert... de jurispr.* 254.
Rosset (P. Fulcrand de), *L'agriculture,* poëme, 208.
Rosweyde (Heribert), 132.
Rousselet, graveur, 136.
Roussille, 230.

Routes, 207.
Ruelle, 233.
Russie, 241.
Sacy (Silvestre de), 238, 251. — *Mém. sur diverses antiq.* 255. — *Hist. des poëtes, etc.* 255.
Sage, *Éléments de minéralogie docimastique,* 1772, 206; 1777, 214. — *Mémoire de chimie,* 206. — *Analyse des bleds,* 212. — *Expériences sur l'alcali volatil fluor,* 214. — *Descript... du cabinet de l'école des mines,* 228. — *Suppl. id.* 239. — *Anat. chimique, etc.* 234.
Sages-femmes, 260.
Saint-Cyr (Institut de), 154 (*bis*).
Saint-Domingue, 237, 241.
Sainte-Croix (N. Charpy de), *Elogium apologeticum,* 135.
Sainte-Foix (Germ. Poullain de), *OEuvres de théâtre,* 209.
Sainte-Foy (Ph.-A. de), chev. d'Arcq, *Hist. générale des guerres,* 190.
Sainte-Marthe (Den. de), *Gallia christ.* 162, 267.
Sainte-Palaye (La Curne de), *Mém. sur l'ancienne chevalerie,* 187. — *Gloss. de l'anc. langue françoise,* 236.
Saint-Paul (Don Francisco Bartelli de), 212.
Saint-Rémy, *Mémoires d'artillerie,* 158.
Sales (Franç. de), *Introd. à la vie dévote,* 1641, 124, 278; 1651, 131.
Sallier (Cl.), 176 (*bis*), 195.
Sallin, 228.
Salpêtre, salpêtriers, 244.
Saluces (Le marquis de), *Mémoire contre lui,* 210.
Sandas (Fr.), 156.
Sanlecque (Jac. de), graveur, 47, 48, 55, 58, 59. — Son fils, *id.* 97.
Santé de Marseille, etc. 259.
Sapientis (Leonis) oracula, 133.
Saulx-Tavannes (De), 65.
Sauveur, 151.
Scaliger (Jos.), 136.
Sceaux (Séances des), 196.

SCIALAC (Vict.), 41 s.
SCOUSSE, 166.
SCUPOLI (Lor.), *Combattimento spirit.* 136.
SCYLITZÆ *(J.) curopalatæ hist.* 126.
SÉGUIER, 138.
SÉGUR (Le maréch. DE), 228.
SERREY (DE), 207.
SEYSSEL (Cl.), 11.
SIBERT (Gautier DE), *Hist. des ordres... du Mont-Carmel et de Saint-Lazare*, 205.
Signaux de marine, 234.
SILENTIARII *(P.) descriptio S. Sophiæ*, 139.
SILHON (DE), *Éclaircissements*, etc. 130.
SILHON (J.), *Traité de la certitude*, 137.
SILHOUETTE (DE) et LA GALISSONNIÈRE, *Mémoires des commissaires du roi, etc.* 189.
— Autre mémoire des mêmes, 190.
SILVESTRE, grav. 141.
SIMOCATTÆ *(Theophylacti) hist.* 127.
SIMONNEAU (C.), graveur, 79, 80, 163.
SIONITA OU DE SION (Gabr.), 41 s.
SIRI (Vict.), *Il Mercurio*, 133, 278.
SIRMOND (J.), *Opera varia*, 153.
Sociétés de libraires. Voy. *Compagnies*.
Statuts de l'ordre du Saint-Esprit. Voy. *Ordres*.
STELLA (Jacq.), peintre, 70, 126.
SUÉTONE, *De XII Cæs.* 126, 279.
SULLY (Le duc DE), 65.
SYLVIA (J.-B.), *Traité de la saignée*, 168.
SYNCELLI *(Geo.) chronogr.* 128, 131, 147.
SYRI *(Publii) sententiæ*, 171.
Tabac, 260.
Tabulæ plantarum fungosarum, 260.
Tænia (Traitem. du), 210 (*bis*), 212.
Taille (La) des arbres, 168.
TALLEYRAND-PÉRIGORD (Charles-Maurice DE), *Proposition sur les poids et mesures*, 249.
TARDIEU (N.), grav. 157, 162.
TASCHEREAU (Jacq.), 162.
TASSO *(Il Goffredo... di T.)*, 125, 278.
Taxe du pain, 234.
TEMPESTA (Ant.), grav.
TERENTII *(P.) comœd.* 124, 278.
TESSIER (L'abbé), *Moyens pour préserver les graines de la carie*, 235.
Testamentum (Novum), lat. 1640, 123, 278;
1649, 130, 278. — græc. 1642, 125, 278; 1648 (?), 128.
Tétanos, 235.
THEMISTII *orationes*, 146.
THEODORI *(S.) studitæ epist.* 153.
THEOPHANIS *(S.) chronogr.* 128, 132, 147.
THEOPHYLACTI... *institutio regia*, 131.
Thermomètres, 260.
THOMAS, son éloge, 236.
THOMASSIN (Louis), *Gloss. hebraicum*, 83, 153. — *Traité dogmatique*, 156.
THOMERET, *Discours... à l'assemblée élect.* 252.
THOURET, *Mém. sur le magnét. animal*, 229.
— *Rapport, id.* 230.
TICHONIS BRAHE *thesaurus obs. astron.* 145.
TILLET, *Hist. d'un insecte*, 196. — *Mém. sur... les matières d'argent*, 202. — *Mém. sur le procédé de l'affinage*, 215. — *Rech. sur les... matières d'or et d'arg.* 218. — *Mém. sur un nouveau moyen de faire le départ, etc.* 1779, 218; 1781, 221. — *Mém. sur deux machines à mesurer les grains*, 261.
TOBIESEN (Ancher du By), *Traité des monnoies, etc.* 246.
Tontines et loteries, 160, 202.
TOQUÉ, peintre, 186.
TORY (G.), grav. impr. libraire, 2, 11, 81.
TOULOUSE (Le comte DE). Voy. *Heures*.
TOURNEFORT (Joseph Pitton DE), 152. — *Élém. de botanique*, 152. — *Les figures des plantes*, 152. — *Hist. des plantes, etc.* 154. — *Institutiones rei herbariæ*, 154, 281. — *Corollarium*, 156. — *Relation d'un voyage du Levant*, 164.
Traité d'alliance avec les Prov. Unies (1785), 230.
Traités de paix : avec l'Espagne (1659), 136; avec l'Empire (1738), 177; avec l'Anglet. etc. (1748), 183; avec la Savoie, (1760), 194; avec l'Espagne et l'Angleterre (1763), 197 (*bis*); avec l'Espagne (1777), 211; avec l'Angleterre (1783), 224; avec l'empereur (1785), 230.
Traités de commerce et de navigat. avec la

Suède (convent. provisoire, 1741), 227; avec l'Angleterre (1786), 233; avec la Russie (1787?), 237.

Traités. Convent. addit. avec l'Angleterre (1786), 238; convent. explicat. (1788), 242; convent. avec l'Espagne (1763), 241; ratificat. (1786), 241.

TRESMES (Le duc DE), 159.
TRESSAN, son éloge, 263.
TRICHET (Raph.), 70.
Triomphes (Les) de Louis le Juste, 128.
TRONCHIN, son éloge, 263.
Troupes françaises, 241.
TRUCHET (Le P. Séb.), 78.
TRUDAINE, père et fils, leur éloge, 263.
TULLII (Marci) Ciceronis aratœa, 234.
TURGOT, son éloge, 263.
TURNÈBE (Adr.), 13 s.
Turneps ou gros navet, 234, 242.
Typographia regia, 67, 74, 130.
Unigenitus (Explicat. de la bulle), 165.
URBAIN VIII (Le pape), 31, 134. Voy. BARBERINI.
VACHER, son éloge, 240.
VAIR (DU), 22.
VALDOR (Jean), graveur, 129.
VALOIS (Henri DE), 127.
VANDERMONDE, Mém. sur le fer, 241.
VANSLEBIUS (Mich.), Conspectus operum Æthiopicorum, 140.
Vapeurs méphitiques, 229.
Varech, 205.
VASCOSAN (Mich. DE), impr. 14, 17, 18.
VAUBAN, Recueil de mém. 240.
VAUCANSON, son éloge, 263.
VERDUN (DE), DE BORDA et PINGRÉ, Voyage fait... en 1771 et 1772, 215.
VERGÈCE (Ange), p. 11.
Versailles (Château de). — Bassins, 144;
Fontaines, 144; Gallerie (grande), 186; Grotte, 144; Labyrinthe, 143, 145; Statues, 144; Tableaux, 143, 144; Tapisseries, 139, 144; L'île enchantée, 140, 144; Courses de 1662, 139; de 1664, 140, 141; Fête du 18 juillet 1668, 144; Divertissements en 1674, 142.

VERTUS (Le comte DE), Mém. de l'inspect. des domaines, 207.
Vétérinaires, 231.
Veterum mathematicorum Athenœi, Apollodori, etc. opera, 150.
VIGNE (A. DE LA), 147.
VILLEDEUIL (DE), Lettre aux cons. roy. 259.
VILLEFROY (G. DE), 176.
VILLEHARDOUIN (G. DE), Hist. de l'empire de Constantinople, 134.
VILLENEUVE (DE), 233.
VILLENEUVE, grav. 86.
VILLEVANT, 166.
VIRGILE, Opera, 1641, 124, 278; 1681, 145.
VISÉ (J. Donneau, sieur DE), Mém. pour servir à l'hist. de Louis le Grand, 153.
Visite des ports, 259.
VITRÉ (Ant.), impr. 11, 12, 13, 18, 25, 33, 43, 44 s. 76.
VOLTAIRE, Le poëme de Fontenoy, 181.
VULCANIUS (Bonav.), 136.
WARGENTIN, son éloge, 263.
WECHEL (André), impr. 18.
WHITWORTH (Ch.), Commerce de la Grande-Bretagne, 206.
WILL, grav. 186.
WOLFF (Hier.), 127, 147, 155.
XYLANDRUS (Guill.), 120.
YANVILLE (D.), Traité de vénerie, 242.
ZONARE (Jo.), annales, 147.
Zurich (Républ. de), 240.

AUTRES OUVRAGES DE M. AUG. BERNARD

RELATIFS À L'HISTOIRE DE L'IMPRIMERIE.

1° **De l'Origine et des Débuts de l'imprimerie en Europe.** 2 vol. in-8°, avec plusieurs *fac simile* et tables. Paris, Imprimerie impériale, 1853.

SOMMAIRE DES DEUX VOLUMES.

1ᵉʳ vol. (1ʳᵉ partie). De l'Invention et des Inventeurs de l'imprimerie. — Chap. Iᵉʳ. Des premiers produits de l'imprimerie. — II. Laurent Coster et son école (1423-1450). — III. Jean Gutenberg à Strasbourg (1420-1444). — IV. Gutenberg à Mayence (1445-1464). — V. Jean Fust et Pierre Schoiffer (1455-1466). — VI. Pierre Schoiffer et Conrad Fust (1467-1503).

2ᵉ vol. (2ᵉ partie). De la Propagation et des premiers Propagateurs de l'imprimerie. — Chap. Iᵉʳ. Allemagne (1454-1480). — II. Italie (1465). — III. France. — IV. Angleterre. — V. Espagne. — Tables.

2° **Antoine Vérard et les impressions gothiques.** (Pour paraître prochainement. — M. Bernard a déjà publié une notice sur ce sujet, in-8°, 1860.)

3° **Geofroy Tory, peintre et graveur, premier imprimeur royal, réformateur de l'orthographe et de la typographie sous François Iᵉʳ.** 2ᵉ édition. 1 vol. in-8° avec gravures en bois dans le texte. Paris, 1865.

> NOTA. On peut joindre à ce volume, en les pliant, deux feuillets in-4° lithographiés, le premier représentant l'atelier de Geofroy Tory (*Godofridi Torini officina*), dessin de M. A. Devéria, et le second renfermant une pièce de vers intitulée : RÉVÉLATIONS DE GEOFROY TORY À SON BIOGRAPHE, etc.

4° **Les Estienne et les types grecs de François Iᵉʳ;** complément des Annales Stéphaniennes, renfermant l'histoire complète des types royaux, enrichie d'un spécimen de ces caractères, et suivie d'une notice historique sur les premières impressions grecques. In-8°. Paris, 1856.

5° **Antoine Vitré et les caractères orientaux de la Bible polyglotte de Paris.** Origine et vicissitudes des premiers caractères orientaux introduits en France, avec un spécimen de ces caractères. In-8°, 1857.

6° **Archéologie typographique.** Broch. in-8°.

Les six ouvrages qui précèdent, joints à celui que nous publions aujourd'hui (et qui doit prendre le n° 7), quoique formant une publication distincte, peuvent se réunir, car ils composent un corps d'histoire complet de l'imprimerie française, envisagée au point de vue technique et bibliographique. On peut y joindre comme appendice l'Historique de la proposition de congrès typographique faite par M. Aug. Bernard (1856); une Lettre à M. Berger de Xivrey au sujet d'un passage de son rapport à l'Académie des inscriptions et belles-lettres relatif à l'ouvrage de M. Aug. Bernard sur l'origine de l'imprimerie (1853); une Réponse à une attaque de M. Brunet insérée au Bulletin du bibliophile de Paris (1853); et une Lettre au directeur du *Journal de l'Amateur de livres*, relative à l'introduction de l'imprimerie dans le département de la Loire, etc. (1849).

M. Aug. Bernard a encore publié, en dehors de cette série in-8°, et bien avant elle, un petit ouvrage qui l'a amené sur le terrain de l'histoire de la typographie, intitulé :

Notice historique sur l'Imprimerie nationale. 1 vol. grand in-32. Paris, 1848.

Et des articles dans *la Presse* (6 novembre 1850), le *Journal général de l'instruction publique* (26 août 1851), etc.

www.ingramcontent.com/pod-product-compliance
Lightning Source LLC
Chambersburg PA
CBHW060455170426
43199CB00011B/1219